基于新公共管理理论的中国税收征管绩效研究
——以H市为案例

麻睿 著

中国社会科学出版社

图书在版编目（CIP）数据

基于新公共管理理论的中国税收征管绩效研究：以 H 市为案例 / 麻睿著．—北京：中国社会科学出版社，2020.1
ISBN 978-7-5203-7348-7

Ⅰ.①基⋯ Ⅱ.①麻⋯ Ⅲ.①税收征管—经济绩效—研究—中国 Ⅳ.①F812.423

中国版本图书馆 CIP 数据核字（2020）第 191867 号

出 版 人	赵剑英
责任编辑	车文娇
责任校对	周晓东
责任印制	王 超

出　　版	中国社会科学出版社
社　　址	北京鼓楼西大街甲 158 号
邮　　编	100720
网　　址	http://www.csspw.cn
发 行 部	010-84083685
门 市 部	010-84029450
经　　销	新华书店及其他书店
印　　刷	北京明恒达印务有限公司
装　　订	廊坊市广阳区广增装订厂
版　　次	2020 年 1 月第 1 版
印　　次	2020 年 1 月第 1 次印刷
开　　本	710×1000　1/16
印　　张	13.25
插　　页	2
字　　数	202 千字
定　　价	78.00 元

凡购买中国社会科学出版社图书，如有质量问题请与本社营销中心联系调换
电话：010-84083683
版权所有　侵权必究

摘　　要*

2008年国际金融危机爆发以后，各国政府在协调经济社会发展中逐渐扮演日益重要的角色，2020年年初席卷全球的新冠肺炎疫情更是成为检验各国政府处理重大公共事件能力水平的世界普考，这使以对公共事务处理为核心内容的公共管理问题，日益成为学者和社会各界关注的焦点。税收是国家为实现管理职能参与国民收入和社会产品的分配与再分配而取得财政收入的形式，是公共事务的重要内容，具有重要的战略意义；税收征管业务，作为组织税收的重要保障是公共管理领域的重要内容之一，随着社会经济的不断发展，公共性、服务性等新公共管理的改革理念和措施正在税收征管工作中不断体现，但现实中还鲜有真正将新公共管理的服务与管理理念相结合来分析和评判我国税收征管绩效水平的研究，这使本书在理论和现实层面都具有了一定的意义。

本书正是在这样的理论和现实背景下，先是概述并分析了我国税收征管的历史沿革，后又通过与传统理论框架的对比分析对税收征管作了新公共管理理念背景下的新的理论定位，从现实和理论两个层面论证了其与新公共管理理念的融合。这为我国税收征管绩效改进的必要性和可行性提供了依据，为下一步将新公共管理理念引入实证研究奠定了扎实的基础。

第四章、第五章、第六章作为本书的主体篇章，按照以下思路完成了我国税收征管绩效评估模型的构建和以H市地税为例的征管绩效测算评估与实证分析：第一步，介绍我国税收征管一般模式的内部构成和

---

* 本书系中共山东省委党校（山东行政学院）2019年创新工程重大科研支撑项目成果。

主要业务流程，为我国税收征管绩效评估初步划定了现实的测算范围；同时，因为本书是以 H 市地税的税收征管绩效为研究对象的，在其他影响因素未发生较大变化的前提下，着重对 H 市地税的征管改革进行详细阐述，以期作为后续绩效评估结果变动分析的原因储备。第二步，本书选用了层次分析法建立我国的税收征管绩效评估模型，并按照相关的原则进行了各模块指标体系的构建，对各个指标逐一完成了概念化、操作化的过程；在赋权重的过程中，为使研究更加严谨、全面，本书的一个亮点是采取了"双权重"的方法——以未考虑主观因素的均等赋权的方式为客观参照系，以与实际结合更紧密的层次分析法按指标对体系的重要程度分别予以赋权，目的在于通过对两种权重测算方法下所评估的征管绩效进行趋势对比分析，得出相对更加客观、全面的分析结论。第三步，在完成了模型构建、指标选取和权重确定等一系列基础性工作后，本书又从实证分析的角度，对以 H 市地税为案例的税收征管绩效进行量化评估：一是先对各个基础指标进行跨年度变化趋势分析，从而从总体上能够对各指标值的走向有大致掌握；再通过对各指标的无量纲化处理，使不同指标可以横向对比，实现对影响征管绩效的各个因素全面把握的目的。二是以均等权重和调查权重为两个维度，分别以纵横交叉的方式多维度地对评估结果进行对比分析：纵向，分别对两种权重下模型的指标层、特性层、模块层和税收征管绩效整体的变化趋势进行各自的跨年度分析；横向，通过对同一时间点的不同模块（不同特性）进行对比分析来检验 H 市地税征管创新对税收征管绩效是否存在影响以及影响的程度。三是通过对两个权重维度下的特性层、模块层和绩效总水平分别进行横向的对比分析，找出其中的共性和不同，并在此基础上，结合之前多维度分析的结论，对进一步提高 H 市地税的税收征管绩效总水平提出一些可行性建议。

本书沿着上述的分析思路展开，共分七章。

第一章是绪论。提出问题并简要介绍研究意义、研究文献、研究方法、技术路线、主要的研究内容和可能的创新之处。

第二章是理论基础。对新公共管理理论产生的背景、主要内容和观点进行梳理总结，在此基础上对与研究对象相关的系统理论、交易成本理论、委托代理理论和公共选择理论进行了简要阐释，分别对不同理论同公共部门绩效评估的关联进行了详细分析，为下一步构建研究分析框架和基本思路做了充分的理论铺垫。

第三章进行了新公共管理视角下我国税收征管演进过程及定位分析。从实践和理论两个层面，分别论证了新公共管理的核心理念与我国税收征管实践融合的必要性和可行性，从而为后面将新公共管理核心理念融入税收征管绩效评估模型奠定了理论和现实基础。

第四章探讨了我国税收征管体系的一般构成和H市地税的征管创新。本章概述了我国税收征管模式核心部分（申报征收、税源管理、税务稽查三大模块）的主要业务内容和功能流程，为本书研究搭建了分析框架；再通过梳理H市地税征管改革，为后文模型测算的H市地税税收征管绩效变化分析进行了必要的原因储备。

第五章考察了评估模型和指标体系的构建。先将新公共管理的"强制管理"和"服务引导"特性分别融入"申报征收、税源管理、税务稽查"三大征管绩效评估模块，再在此基础上进行各模块的指标选取和概念化过程，从而完成征管绩效评估模型的构建；本书采取"均等化赋权"和"层次分析法赋权"两种方法确定权重，以期通过"双权重"评估的征管绩效进行趋势对比分析，从而得出更加客观、全面的分析结论。

第六章进行了税收征管绩效的实证研究。在前面构建的模型、指标体系和权重的基础上，本章以H市地税为例，对其税收征管绩效进行全面评估，并对过程和结果进行了详细分析：（1）收集、整理指标层数据并逐一对其进行初步趋势变化分析；再通过对指标进行无量纲化处理，从不同维度对指标进行横向比较分析；综上，可形成对H市地税税收征管水平的直观感受。（2）以"均等权重"和"调查权重"为两个并行维度，分别对模型的特性层、模块层、目标层进行结果测算和多维度趋势对比分析；为更加客观、准确地界定H市地税的征管绩效奠定了过程和结果的数据基础。（3）通过分别对两种权重下特性层、模块层和目标层的测算结果的比对分析，分析原因并以此推定H市地税征管绩效的历年水平和大致趋势，据此形成定性认识并为其进一步提高征管绩效提出了针对性建议。

第七章总结了本书的结论和需要进一步研究的问题。本章系统归纳了本书各章的结论，基本能够反映和解释从新公共管理角度来看的我国税收征管绩效的现状和存在的部分问题，为相关理论研究提供了新视角。同时，受现实条件所限，本书的研究在理论运用和指标体系的确立上可能难做到尽全；方法选择上也有进一步完善改进的空间。

目 录

第一章 绪论 ··· 1
 第一节 问题的提出和研究的意义 ······································· 1
 第二节 研究综述 ·· 3
 第三节 主要研究内容 ·· 19
 第四节 研究方法和技术路线 ·· 22
 第五节 可能的创新之处 ·· 24

第二章 理论基础 ··· 27
 第一节 新公共管理理论（新泰勒主义） ···························· 27
 第二节 交易成本理论 ·· 40
 第三节 公共选择理论 ·· 43
 第四节 系统论 ·· 44
 第五节 委托代理理论 ·· 46

第三章 新公共管理视角下我国税收征管的演进历程及定位分析 ··· 49
 第一节 新公共管理视角下我国税收征管的演进历程 ··········· 51
 第二节 新公共管理视角下税收征管的定位分析 ·················· 62
 第三节 新公共管理对税收征管绩效改进的必要性和
    可行性分析 ·· 67

第四章 我国税收征管模式的一般构成和 H 市地税的征管创新 ······ 70
 第一节 我国税收征管模式的一般构成 ······························· 71

第二节　H市在传承基础上的征管模式创新 …………… 88
　　第三节　H市征管模式中新公共管理核心理念的体现 …… 95

第五章　新公共管理视角下我国税收征管绩效评估模型及
　　　　指标体系的构建 ………………………………… 102
　　第一节　我国税收征管绩效评估模型的建立 …………… 102
　　第二节　我国税收征管绩效评估指标体系的构建 ……… 108
　　第三节　我国税收征管绩效评估体系指标权重的测算 … 119

第六章　新公共管理视角下税收征管绩效的实证分析
　　　　——以H市地税为案例 …………………………… 131
　　第一节　H市地税税收征管绩效模型的指标层数据 …… 131
　　第二节　均等权重下的H市地税税收征管绩效评估 …… 158
　　第三节　层次分析调查权重下的H市地税税收
　　　　　　征管绩效评估 …………………………………… 168
　　第四节　均等权重和调查权重下的评估结果的对比 …… 179

第七章　主要结论及需要进一步研究的问题 ……………… 184
　　第一节　主要结论 ………………………………………… 184
　　第二节　需要进一步研究的问题 ………………………… 187

附　　录 ……………………………………………………… 189

参考文献 ……………………………………………………… 196

第一章 绪论

第一节 问题的提出和研究的意义

一 问题的提出

传统的公共事务领域,尤其是公共行政管理的理论分析和实务操作,普遍偏重于公共部门强制管理的特性,一定程度上忽视了社会各群体对公共领域的影响和作用,对公共事务和服务需求面的关注度较低,从而导致了公共事务的处理效率损失,同时也给该领域的发展提供了可供进一步研究的问题和改革的空间与方向。随着世界经济全球化、信息快速发展和新自由主义思潮的兴起,公共事务领域逐渐呈现出多样化、复杂化等特点。

20世纪80年代初,西方国家掀起了一场公共管理的改革运动,它主张运用市场机制以及社会私人部门中的相关管理理念和方法,来提升公共部门尤其是政府部门对公共事务的处理效率,这场改革运动被理论界称为新公共管理运动。新公共管理运动以顾客导向、市场导向和结果导向为特征,在西方各国普遍展开,对政府公共管理产生了深远影响,公共管理水平得到显著提升。新公共管理理论是在这场广泛的新公共管理运动过程中产生和发展的处理公共事务的新理论框架,为公共管理领域提供了一种新的理论范式与实践模式,所提出的公共部门理念、定位、特性和制度设计等内容,是理论界不断探索和研究的重要范畴。从实践效果来看,新公共管理理论的理念和所提的改革措施,在解决公共领域的众多问题上都起到了积极的作用,得到了社会各个层面的普遍认可。由此可见,新公共管理理论为公共事务的处理提供了改进和完善的重要理论基础与依据。

我国自改革开放以来,市场经济不断发展完善,与之相匹配的行政体制也实现了由"建设型政府"向"服务型政府"的转变,公共部门的行政效率得到不断提高,这一转变的实质是与新公共管理的相关理念和内容相通的。税收是国家为实现其管理职能,参与国民收入和社会产品的分配与再分配以取得财政收入的形式,具有重要的战略意义,作为组织税收重要保障的税收征管业务是公共管理领域的重要内容之一。随着社会经济的不断发展,公共性、服务性等新公共管理的改革理念和措施已经开始与税收征管相融合。在这样的背景下,从公共管理的角度,税收征管的改革实践和理论研究面临新的要求。

1994 年我国实施税制改革后近 20 年来,税收收入实现了快速增长,平均增速达 17.3%,在 2003 年突破 2 万亿元后连创历史新高:2007 年突破 5 万亿元,2011 年突破 10 万亿元,2018 年突破 15 万亿元。税收收入快速增长的背后,除了有经济快速增长、税收政策调整和管理力度增强等因素以外,税收征管绩效水平的提高也是不可忽视的重要原因。问题也由此产生:税收征管作为公共管理的重要内容和影响税收收入变化的重要因素,其研究价值不言而喻,但我国的税收征管与新公共管理理念的融合过程目前进行到什么程度?对于税收征管水平不断提高的定性分析为数众多,但定量分析鲜有学者涉及,怎样用数字对影响绩效水平的税收征管的不同组成部分进行评判、比较?怎样用定量分析的方法反映税收征管绩效水平的发展变化轨迹?怎样对税收征管体系组成部分的核心要素进行评价、分析,以及如何从新公共管理角度分析税收征管体系可能存在的问题,以期能够提出更加有针对性和可行性的改革建议来促进我国税收征管绩效水平,这正是本书写作的出发点和落脚点。

二 研究的意义

随着我国经济发展和改革的不断深入,税收征收管理也逐渐成为我国财税理论界和实务界关注的焦点之一,现有文献对税收征管在公共管理方面的理论研究和实践操作都进行了一些探索,但多数集中于从强化管理角度探讨改进和完善现实工作中的制度安排和管理措施，对新公共管理中注重强制管理与服务引导相结合的公共事务处理理念的研究尚存在很大的研究空间。本书正是在这样的理论和现实背景下，将新公共管理理论及其相关理念与我国税收征管的研究相结合，对税收征管绩效水平在公共管理视角下进行分析。

从理论上来讲，本书将新公共管理理论的相关内容，尤其是公共事务处理的强制管理特性和服务引导特性相结合的观点，融入对税收征管绩效评估的研究。在这样的视角下，对税收征管的属性和定位，以及新公共管理对税收征管绩效的改进和完善进行分析，可以为理论研究提供较为前沿的视角和思路，具有一定的理论意义。

从实践分析来讲，本书在对新公共管理理论相关成果和观点的应用中结合税收征管实际工作的特点，对税收征管体系的功能模块构成、特性维度，以及具体影响因素进行了分析，并在此基础上，结合我国税收征管实际情况，提出了对税收征管绩效评估测算的模式框架，通过对结果进行多层次、多维度的分析，找出当前税收征管组成中影响征管绩效水平的薄弱因素和对绩效水平有较强促进作用的积极因素，从而为提高税收征管绩效水平提供了相对明确的改进方向，也为新公共管理的相关理念与税收征管实际工作相结合提供了操作和分析的基础与依据，具有一定的现实意义。

第二节　研究综述

一　新公共管理研究

（一）新公共管理内涵的界定

（1）克拉克（Clarke）和纽曼（Newman）认为，从管理角度看，公共管理是一种组织信仰和实务，是国家行政部门的一种经营新模式。他们认为，政府管理是门技术和专业，其成功与否取决于有专业技能的管理者的管理水平，通过建设有纪律且能熟练掌握科技的公务员队伍，赋予其管理的权力，能实现公共组织的目标。（2）德国学者考宁（Koning）等认为，公共管理与公共行政是一回事，但观点有二：一是认为公共行政的产生必须依据政治系统的优先顺序，而不能依据市场规则运作，他们特别强调公共行政的"公共"性；二是认为公共行政是国家机关和公民社会间互动平等的连锁关系，包括产出连锁和投入连锁，前提是双向的沟通。（3）林恩（Lynn）和马苏金（Selma Mushkin）将公共管理等同于"政策管理"，认为其是在广泛裁判的基础上，进行需求的认定、备选方案的分析、机会的选择和资源的分配。他们这样认为的理由有三个：一是公共管理和政策分析二者是不可分离的科学活动；二是政策管理者的活动范围广，工作内容与政策分析相互重叠；三是政策管理者的活动受组织能量、行政责任、个人技能的限制。（4）奥斯本和盖布勒是新公共管理理论的代表人物，他们的核心理念是通过引入民间力量和市场机制，借助绩效管理、责任管理、参与管理、契约管理解决官僚体制的僵化与低效，达到"以少胜多"的效果，建立一个"成本最少、回应最快、效率最高、品质最好"的企业型政府。他们认为，应该通过强化策略管理，量化考核组织成效，责任到人，创建一套以市场为导向和发扬企业精神为目标的新公共服务模式，创建弹性的、回应的、学习型的公共组织，将原有科层制把控的恩惠关系转化为买卖双方的契约关系，这样才能实现新公共管理所追求的效率、经济、品质的价值目标。（5）波利特认为，新公共管理理论是由20世纪初发展起来的古典泰勒主义原则构成的，它重视商业管理的理论、方法、模式在公共管理领域中的应用。（6）罗德斯从以下方面定义新公共管理：一是重在管理而非政策；二是要将公共管理机构分解为以使用者付费为基础的相关办事机构，以追求业绩和效率为重点；三是运用市场机制来培育竞争；四是它是一种强调产出目标、金钱诱因、自由裁员的新的管理风格。（7）张成福[①]（2000）认为，政府治理的本质是一个理性价值的追求问题，公共管理的一个重要使命在于要通过发展、弘扬民主治理过程的合法性来发挥作用。

[①] 张成福：《公共管理：现时代的挑战》，《中国行政管理》2000年第5期。

(二) 新公共管理的特征综述

休斯认为,"新公共管理并不是一种改革管理方式的微小变化,而是政府作用以及政府与公民社会关系的深刻变化……新公共管理理论的采纳意味着一种新的范式在公共部门管理部门得以实施"。[①]

胡德则把新公共管理理论归纳为以下几个方面:一是由行政管理向新公共管理转变的过程实质上是政府管理活动向职业化转变的过程;二是严格执行项目预算和战略管理,实施产出控制;三是公共部门的权力由集中向分散化转变;四是对公共管理效果的评价实施标准化和绩效测量;五是积极引入市场竞争;六是将私人部门的管理技术和风格引入公共管理部门;七是注重厉行节约和提高工作效率。

波利特认为,新公共管理强调商业管理的理论、方法、技术及模式在公共管理中的应用,这是由古典泰勒主义管理原则构成的。经合组织1995年的公共管理发展报告将新公共管理的特征概括为:(1)确保公共管理的绩效、产出控制和强化责任制;(2)加强中央政府的指导职能;(3)部分转移行政管理部门的权威;(4)改善人力资源管理,提高管理水平;(5)鼓励发展的竞争,促进择优选择;(6)努力改善公共部门的管制质量;(7)不断优化信息技术,提高公共管理的科技水平;(8)提高公共管理部门的灵活性。

我国学者陈振明在国外学者研究的基础上,将新公共管理研究范式的特征归纳为:一是要明确公共部门管理的绩效标准和绩效评估方式、方法;二是在公共管理部门积极引入市场竞争机制;三是强调对公共部门要实施职业化管理;四是主动提供回应性的服务;五是要加强项目预算,提高战略管理水平;六是改变集中、僵化的公共服务机构,促进其向适应性更强的分散化和小型化方向转变;七是积极引入私人部门的管理理念和管理方式;八是积极改变管理者与政治家、公众的关系,注重顾客导向,增强服务意识。

(三) 新公共管理模式概述

当新公共管理理念被西方发达国家普遍接受并作用于政府改革实

---

① 参见陈振明《从公共行政学、新公共行政学到公共管理学》,《政治学研究》1999年第1期。

践时，经过多年的发展，逐渐形成了多种有代表性的新公共管理模式。皮特斯在《治理的未来》中提出了当代西方行政改革实践中的以新公共管理为基础的四种治理模式：(1) 市场化政府模式，垄断是其主要的表现形式，采取行政分权的组织结构形式，采取绩效工资制或其他私人部门的管理技术，能以较低成本实现公共利益。(2) 参与型政府模式，管理形式仍是等级科层制，但采取了扁平型的组织结构形式，通过全面质量管理和团队管理方式实施管理，增加了参与、咨询等方式促进公共利益的实现。(3) 灵活性政府模式，政府生命力较强，管理灵活，更多采取松散、虚拟的组织结构，管理临时人事，有较高的协调性，能以较低成本实现公共利益。(4) 解除规制政府模式，是指解除政府太多的外部规制，强化较高决策层在管理中的作用，使其拥有更大的管理自由度，更好发挥公共机构的主动性和创造性，打造更富有创造力和效率的政府。

英国学者费利耶则认为并不存在统一的新公共管理模式，只存在不同类型的新公共管理模式。他在《行动中的新公共管理》中认为至少存在四种具有明显差异和特性的新公共管理模式，分别是效率驱动模式（The Efficiency Drive）、小型化与分权模式（Downsizing and Decentralization）、追求卓越模式（In Search of Excellence）和公共服务取向模式（Public Service Orientation）。

我国学者在研究行政改革理论和改革实践过程中，总结出我国公共管理的两个模式：(1) 政府引导为主的多元化的职能管理模式，该模式能够实现管理理念从"政府本位"到"市场本位"的转变；(2) 现代官僚制为主的多元化的行政管理模式，该模式主要是通过转变传统单一的行政管理理念，树立服务理念，建立与社会主义市场经济体制相适应的现代官僚管理体制，通过技术创新和方法改进，提高公共部门的行政效率和服务质量；通过借鉴参与型政府模式和灵活型政府模式，促进管理的民主化过程，发挥组织和个人的积极性、创造性，提升政府的管理效率。

二 公共部门绩效评估

（一）绩效与效率的区别

1. 两者的定义

单纯从语义角度，"绩效"一词表示"成绩、成效"①的含义，是对"成绩"（工作或学习的收获）、"成效"（工作或学习所造成的客观后果、影响）两者的综合；绩效与英文 performance 相对应，从一般意义来讲，是对组织的成就、效果的全面、系统的表述，通常是与生产力、效果、质量、责权等概念紧密关联的。"效率"一词从严格意义来讲是从投入、产出比例角度来解释，指以最少的资源完成一项工作任务，强调投入和产出比例的最大化。

公共绩效与行政效率目标一致，关注行政组织和工作人员在行政活动中获得的各种直接与间接、有形与无形、定量与定性的行政效果和过程中所消耗的人力、物力、材料等多因素的比率最大化。但两者又有不同，行政效率更多关注的是具体的行政行为，侧重内部行政关系，注重刚性规章促进机制，通过行政后果评判效率高低；公共绩效既有具体的又包含抽象的行政行为，更注重与外部社会、公民的关系，有效运转不仅靠刚性机制，也靠工作作风、态度等柔性机制。

2. 两者的异同

（1）关注点。效率是传统行政管理的核心，关注重点在行政部门自身的内部机制；而公共绩效管理是新公共管理运动的本质，两者的一个重要的区别在于绩效管理更注重顾客导向，顾客满意是衡量绩效的重要指标。

（2）指标特性。效率注重速度、经济等数量特征，而绩效指标的选取，不仅关注数量特性，更重视质量品质，保证服务质量，将公民满意度作为重要的衡量质量高低的指标。

（3）概念本质。效率本质上是个经济学概念，行政管理效率也是从以企业为研究对象的一般管理学嫁接过来的；而绩效不单是经济范畴，还有政治、伦理等范畴的意义。在绩效的评估框架中，公平与效

---

① 《现代汉语词典》（第 5 版），商务印书馆 1992 年版，第 472 页。

率同等重要。

（4）提高途径。效率提高主要依靠制度规范等刚性机制，而绩效除了刚性机制，还涉及工作作风、管理态度等柔性机制，不仅要能快速完成任务，还要注重服务对象在过程中的内心感受。

总之，效率是一个单向度的概念，而绩效则是一个在影响因素、测评机制等多方面都比效率复杂的综合性范畴。国际普遍认可的绩效观点是英国财政部对"3E"（经济、效率、效益）的界定——经济是用尽可能少的成本去购买规定质、量的物品；效率指的是投入、产出的比率关系；效益指的是产出（结果）与工作目标的关系。1989年英国审计委员会对概念进行了重新修订，对"结果"的定义是"服务的最终价值或利益和迎合使用者需要或实现它的根本目的"[①]，这在一定程度上反映了人们对效益、质量、顾客满意的与日俱增的关注。

（二）绩效评估的特点和意义

宁有才（2004）、杨皓然（2005）、梁萍等（2009）认为，公共部门的绩效评估具有以下特点：（1）公共部门的绩效管理大多以政府改革为背景，英国、美国以及其他的发达国家的政府绩效改革历程已经从侧面验证了这一点。20世纪70年代，在撒切尔夫人担任首相后，英国便掀开了全面实施政府管理改革的序幕。自1979年开始的十多年里，英国先后进行了包括"私有化""分权化""竞争机制""企业精神"等七个领域的行政改革，并在这一过程中逐步确立了公共部门的绩效管理制度。美国政府绩效管理的发展进程也与英国相似，也是在经历了自20世纪70年代末十多年的持续的政府改革后，才有了较为完善的政府绩效管理体制，其实质是将企业管理理念、方法引入政府部门管理的过程。（2）公共部门绩效管理的健康发展要以完善的法律、法规为依托。英国、美国、日本等发达国家都采取了通过建立相关的法律、法规，保障公共部门绩效管理发展的措施，从而使其绩效评估管理逐步发展成了一项制度化、规范化的工作。（3）公共部门绩

[①] 于军编译：《英国地方政府行政改革研究》，国家行政学院出版社1999年版，第184页。

效评估的主体是由多方构成的。除了内部主体以外，西方发达国家公共部门还将大量的具体程序性工作交由社会第三方机构来实施，这样既可以增强公共部门内部对绩效管理的认识，提高工作积极性，也可通过外部制衡，避免单方评估的局限性和主观性，从而确保评估结果的客观性和公正性，为提高公共部门的工作质量和效率提供可以参考的量化标杆。（4）西方发达国家的公共部门绩效评估管理工作都有一套完整的工作程序。一般的流程主要包含以下几个环节：一是各职能部门依据职能定位确立工作计划，并在此基础上提出清晰的绩效目标，作为绩效考核的参考标准；二是依据科学考核方法，由内外考核主体对各部门实际完成绩效任务的情况进行考核评估，通过量化分析找出管理中的弱项、差距，明确今后工作的改革方向；三是依据评估的结果进行相应的奖惩，提出切实的改革建议，并在后期的工作实践中予以落实。

由此可知，公共部门的绩效管理工作是贯穿公共管理始终的，绩效管理的过程实质上是确立目标、发现不足、改进完善的过程，绩效管理是手段而非目的本身，旨在通过科学、严谨的方式方法，评估公共部门的工作质量，进而促进其不断改善，提高管理服务的水平。

（三）公共部门绩效评估的主要方法

绩效评估模型的使用价值在于它能够为评估机构收集绩效数据，并对分析、报告和使用这些绩效信息提供系统的方法。由于公共部门的目标多元化、产出的非市场化和业务与结构的差异等客观因素，当前没有一个绩效评估模型能够适用于所有的公共部门。因此，选择合适的绩效评估模型，对于正确评价不同公共部门的绩效、合理运用评估结果以及采取有效的改进措施等方面都能起到积极的作用。

从国内外的研究基础和管理实践来看，绩效评估的主要方法包括目标管理、全面质量管理模型、竞争标杆、卓越运行模型、股东附加值、平衡计分卡、六西格玛计分卡、360度反馈评价、作业成本、质量成本、关键绩效指标、绩效棱柱等多种方法。每种方法和工具都有自身的优势特点，同时也存在各自的局限性。比如，卓越绩效评估模型主要用于组织的自评，因为模型里有众多需优先关注的事项，运行模型包含不可测量的结果（领导、方针策略等方面很难进行客观可靠的测量，使模型比较复杂）；全面质量管理模型则过于偏重客户方面的绩效，内部管理方面相对薄弱；质量成本法、作业成本法都存在过于强调流程，而忽视股东、客户等人的因素的问题。

综上所述，所有的绩效评估方法模型工具都只能是次优选择。公共部门绩效评估工作因为受政治体制、运行模式、社会倾向、内外部组织关系等因素影响，不能完全照搬企业所应用的成熟工具和方法，需要结合自身的实际，依据不同评估目的，选取适合的评估工具和方法。

（四）当前公共部门绩效评估的问题和改革建议

1. 问题

董贺亮等（2009）认为：（1）公共部门主要提供的是服务性产品，而这类产品大多具有无形的特点，因此也就无法进行测量和计算。公共部门的生产要素也不同于企业，相对于企业更注重资金、物力、技术等要素的投入而言，公共部门中人的要素在公共服务中占有更重要的地位，但对人进行定量分析难度很大。（2）公共部门绩效评估还存在指标体系不完善、评估主体单一的问题。一方面，现行的公共部门绩效评估多是非开放的内部评估，评估主体单一，缺乏社会第三方组织、民主的广泛参与，评估结果的社会认可度不高，评估的科学性有待提高；另一方面，当前的公共绩效评估普遍存在指标体系构成不尽合理，经济发展指标比重过高，而社会、人文、生态环境等社会发展指标比重偏低的问题，导致了一些部门过度干预经济发展，以期通过加大政府投资获得刺激经济快速增长的"政绩"，在一定程度上忽视了社会其他领域的发展，不利于整个国家的全面、协调、可持续发展。（3）公共部门绩效评估尚存操作程序不规范、形式重于实质的问题。由于我国的公共部门绩效评估尚处于起步阶段，存在程序不规范、随意性强的现象，评估方式方法也不够严谨、科学，缺乏统一的规划和指导，评估工作的连续性不强，工作开展缺乏长期性。同时，由于对公共部门绩效评估工作意义的认识不够，一些部门开展此项工作的出发点更多的是将其视为一项"面子工程"或"形象工程"，从而决定了评估工作更多的是为了满足形式的需要，而非有实质的意义。

李俊霞（2011）认为：（1）公共部门绩效管理受组织内部人员利己动机的影响，因为无论在经济领域还是政治领域，人类都不可避免地存在追求私利的动机，这是由人的天性决定的，公共管理部门也同样存在，因此当绩效管理为了追求收益最大化和成本最小化而要对组织中不合理的资源浪费进行削减时，就会与人的自利动机相悖，从而不可避免地面临公共部门内部人员的消极抵制。（2）公共部门绩效管理计划制定不力，目标缺乏准确性，在公共管理过程中，许多项目表述过于笼统，计划目标的描述模糊、不具体，会使评估测度标准的选择混乱、衡量评估项目的目标实现程度存在困难，评估结果的实际参考意义不大。（3）公共部门的绩效管理尚未与现行管理制约机制相结合。当前，我国公共部门中对工作人员的绩效管理主要体现为对其个人的绩效考核，即"德能勤绩"的考核。对公共部门绩效的考核实质上是对组织绩效的考核，组织绩效和个人绩效两者的关系并非相互独立的、割裂的，而是相互联系的，个人绩效的高低在很大程度上影响组织绩效的水平。而当前，对个人绩效考核的目标设置普遍较为模糊、空泛，没有与公共部门的组织绩效目标建立关联，所以在实际中绩效考核更多流于形式，绩效目标的设立也未起到应有的考核参照标准作用，这些客观因素都在一定程度上制约了公共部门绩效评估管理的发展进程。

我国公共部门绩效评估研究发展迅速，但近年来我国政府绩效评估研究中存在的问题也不容忽视：（1）陈振明（2003）、吴乐珍（2006）、吴绍琪（2007）等认为，我国长期缺乏对公共部门绩效评估的全面、系统的理论分析研究，现有的研究大多还停留在对西方国家公共部门绩效评估的理念与方法体系的引进、介绍和对我国政府绩效评估现状的探讨层面上，而在公共部门绩效评估的基本概念、操作原则、实施步骤、作用原理等方面都尚未达成共识；从研究角度来看，我国公共部门绩效评估工作目前理论研究居多，个案研究较少。（2）我国公共部门绩效评估研究横向联系方面存在问题，具体如下。尚虎平（2007，2008）认为，当前我国地方政府绩效评估的研究大都没能够将其与国内其他领域的制度变迁结合起来，存在彼此割裂的现象，一定程度上影响了公共部门绩效评估结果的现实适用性和参考借鉴意义。蔡立辉（2007）认为，我国政府绩效评估的研究与本土化结合程度不够，研究相对孤立，不能与体制改革研究结合进行，实践指导意义有限。尚虎平（2009）通过对美、中两国公共管理研究领域的顶尖刊物《公共管理评论》（PAR）和《中国行政管理》（CPA）2002—2007年所刊载的所有政府绩效评估的论文进行归类、比对、分析，得出了如下的结论：一是研究内容方面：PAR历年研究内容的重点都是"绩效评估相关性"，也就是探讨到底哪些因素与绩效结果相关；而CPA研究重点更多放在"基础理论"和"其他"方面，六年来学者撰写的关于"问题描述"的文献占到了总体文献的83%，从而得出了"后者的研究内容尚处于公共部门绩效评估研究的初级阶段"的结论。二是从研究方法应用的角度来比较：总的来说，PAR以实证研究为主，CPA则以理论研究为主。尽管CPA中有一些"实地研究"，但大多是作者通过参加学术研讨会而撰写的会议总结、综述之类，不属于严格意义的"实地研究"；而对于"实验研究"，则无论PAR还是CPA，目前都未曾涉及。三是从文献篇幅的角度来比较：PAR刊登的文章大多都达到了10个或者以上版面，六年间此类篇幅的文章数占到总文献数的64%；而CPA的差距较大，大多以"豆腐块"论文为主，六年间1—2个版面的文章数达到27篇，占到该类文献总数的27%，比例已经很高。由此可以看出，我国公共部门绩效评估管理的研究工作与发达国家还存在较大差距，尚处起步阶段。

2. 改革建议

刘任平等（2008）、李俊霞（2011）等从以下几个方面提出了公共部门绩效评估的改革建议：(1) 要持续改进我国公共部门的绩效评估体系。基于我国区域间差别大的客观事实，各地政府部门需要因地制宜地设计不同的绩效评估指标体系。指标体系的建立，一方面要满足指标选取的独立性、代表性和可得性的要求；另一方面也要从关注绩效结果、改进流程、改进组织管理的角度组织建立效率、经济、效益相结合的公共部门绩效评估体系。(2) 应使绩效评估的目标更加明确。现实中确实存在一些公共部门的具体目标难以量化的情况，但这并不意味着其目标就只能模糊、笼统。目标设定只有明确、可测、翔实、易理解，公共部门的绩效评估才有现实可操作性，通过以结果为导向的绩效评估的实施，促使各个部门领导和工作人员全力关注改进目标。（3）要确保指标体系的设计和评估主体的多元化，公共部门作为公共责任的承担者，决定了绩效评估不能只是政府内部组织评估，也需要接受社会的评估；同时，公共部门工作的复杂性和多样性也决定了绩效评估工作的主体不能是单一的，因为每个群体（政府工作人员、学者、公众等）虽各有其相对优势，但同时也存在自身局限性，都无法独立对公共部门绩效进行全面、客观的评估。因此，应积极吸纳各类主体参与到绩效评估中来，形成整体优势，确保公共部门绩效评估的有效性。（4）通过完善公共部门绩效评估的激励机制，促进部门领导对此项工作的重视程度；通过建立奖励、惩罚机制和采取绩效结果与部门预算、领导政绩考核等方面相挂钩的方式，促使领导与工作人员共同参与部门绩效评估，落实绩效改进。（5）通过建立完善的法律、法规等制度保障，促使公共部门绩效评估工作走上制度化、规范化轨道。

尚虎平（2009）认为，一是要在研究内容上适时实现"跨越式发展"，公共部门绩效评估实质上是一项实践性事业，除了基础理论研究外，我国学者应加强实证研究，扩大研究范围，加大对绩效预算、实施评估、绩效审计、评估结果运用、电子政府绩效评估等方面的研究；二是研究方法要力求多样化，对公共部门绩效评估研究除了定性分析以外，也要增加实证研究的多种方法，特别是实地研究和非实验研究；三是在研究阶段上，要尽快从较低阶段升级到较高阶段，实现"跨越式"式发展，努力尽早开展变量间因果关系、控制以及评估替代性政策或项目等高阶段的研究，使理论研究发展能及时赶上我国实践层面的步伐；四是在研究质量上，要努力实现"质"的飞跃，杜绝东拼西凑的"伪研究"，去除对我国公共部门绩效评估无多大帮助的文章，鼓励多做有质量、有方法、有实效的研究文章。

黄红梅等（2009）认为：（1）要建立多层次的 GDP 核算机制。

与中国经济发展落实科学发展观相适应,我们现在追求的已不是单纯的经济增长,而是要以获得经济社会的可持续发展为目标。因此,对公共部门的绩效评估也不能仅以 GDP 的增加为唯一目标,而应为其赋予更多内容,将绿色 GDP、人文 GDP 相关内容也纳入考核的标准之中,只有这样,才能建立科学、完善的公共部门绩效考核指标体系。(2)进一步规范公共部门绩效评估的程序,使其步入制度化、法制化道路,这需要我们既要立足国情,又要积极吸收国外先进的做法、经验,通过完善法律、法规的建设,促使评估程序更加科学,从而确保结果的客观、公正、有参考价值。(3)采取多种措施,规范公共部门绩效评估参与者的责任和权利,一方面要对评估的组织者、实施者、监督者、评价对象等规定明确、规范的责任和权利界限,防止混乱可能带来的评估错位、缺位的问题;另一方面要积极促进审计监察部门、组织人事部门发挥其功效,通过加强管理、效益审计,增强效能检查、监督,完善公职人员、干部考核制度等举措,规范公共部门绩效评估的策略、步骤、措施,促进绩效评估成果更加科学、严谨,具有更高的借鉴参考意义。

三 税收征管绩效

(一) 影响我国税收征管绩效的因素分析

税收征管绩效是税务机关征收税款本身的效率,它要求政府在取得税收收入过程中消耗的征收和缴纳成本最小。

李建军(2012)认为,我国的税收征管效率具有空间影响效应,本地国税征管效率的改善能影响临近地区国税征管效率的提升。另外,纳税人避税能力的提高、逃税意识的增加会降低税收征管效率,而城镇化水平的提升、对外开放的不断深入、人口接受高等教育比重的增加、就业率的提高等因素都会促进国税税收征管效率的提高。

杨得前(2010)通过 DEA 方法对我国 30 个省份的税收征管效率进行测算得出经济发展水平、技术手段和税收征管效率成正相关的结论,而税务人员数量则与征管效率成负相关的结论。陈工等(2009)通过面板数据随机前沿模型得出影响税收征管绩效的主要影响因素:

经济效率、市场发育程度和人均资本三个因素能够明显促进税收增长,"分税制"财政体制改革则对地方税收增长起到显著的抑制作用。钱淑萍(2000)认为,造成我国税收效率较低的主要原因有:一是税制设置不够合理;二是征管手段相对落后;三是机构分设导致的工作人员数量大幅上涨影响了人均征税额;四是税务人员素质能力水平普遍不高。

应亚珍、陈洪仕(2004)认为,影响税收征管效率的主要因素有:(1)科学合理性的税收法律制度是税收收入质量的重要保证;(2)与社会经济条件、税收法律制度、征管科学技术相适应的税收征管模式是确保税收质量、降低征税成本的重要因素;(3)对税收法律制度的依存度也是实现征管效率的基础条件;(4)税务工作人员较高的主观努力程度,既有利于降低税收征管成本,又有利于防止税收流失;(5)严格、规范的经济组织形式能更好地降低征税成本。

刘清军等(2005)认为,我国税收征管效率较低的主要因素有以下几方面:一是我国税制结构和征管的双向作用影响税收效率,因为我国实施的是以间接税为主的税制结构,更注重效率原则,"重征管、轻稽查"的问题影响了征管水平的提高,忽视了征管的管理效率;二是当时的国地税分设的体制是我国税收管理效率损失的根源,两套体系的同步运转,会造成重复征收、重复管理、重复检查等问题,促使征纳双方的成本倍增;三是征纳双方信息不对称是导致税收征效率低的重要原因,在我国税收管理实践中,普遍存在纳税人不了解税收政策而税务机关也很难全面把握纳税人真实情况的现象,双方均衡的结果是彼此让步,导致税收效率不高;四是征纳税主体素质不高也影响征管效率:(1)纳税人素质参差不齐,对于素质低导致财务乱的纳税人,税务机关需要花费更多的人力、物力、财力对其进行辅导和管理,税收管理成本增高;(2)现有的税务机关工作人员也普遍存在着业务素质不高的问题,一定程度上制约着税收管理效率的提升。

（二）税收征管绩效的评价方法及结论概述

1. 国外研究

在国际范围内，税收领域的学者通过采取不同的方法，对税收征管绩效进行了相关实证研究，但该领域的关注度不够高，研究成果也不算丰富，主要的研究有：Kay（1988）使用资源效用的 Debreu 系数来测度征税系统的无效率程度。Manasan（1995）通过税款征收率、人均征税额等指标，在菲律宾地方政府数据的基础上，对其税收征管绩效进行了实证研究，并分析了人均收入、城镇化、转移支付、经济发展等因素对当地税收努力的影响。McCluskey 和 Franzsen（2005）以坦桑尼亚的财产税为实证研究的对象，得出了由于缺乏足够的税基和较低的税收征管绩效，该国的财产税不能长久满足支出需要的结论。Pascalis 等（2006）提出对税收效率的测量既要从资金层面进行，也要考虑很多非效率问题，他通过构建税收乐观指数（TOI）来测定税收征管效率。Aizenman 和 Jinjarak（2008）收集了 1970 年以来 30 年的跨国面板数据，通过实际平均税率与标准税率的比值来评价增值税的征管效率，结合计算结果分析了影响其征管效率的因素，得出了收入差距拉大、农业比重高会降低增值税的征管效率，而经济发展、政治稳定、扩大对外贸易、推进城镇化进程等措施则有利于提高增值税征管效率的结论。Ruggiero（1996）、Woodbury 等（2003）、Afonso 等（2006）将 DEA 技术引入公共部门效率评价体系，为税收征管绩效的研究提供了一个全新的分析思路。Hybka（2009）通过选择税收生产率指标，对波兰在加入欧盟前后的增值税征管效率进行了对比分析，得出了税制结构和经济发展水平影响税收征管效率的结论。

2. 国内研究

吕冰洋、樊勇（2006）利用数据包络分析技术，分析了我国分税制改革以来各省税收征管效率的差异和税收征管效率进步水平，他们认为：受省际税收征管水平的差异和税源集中程度的影响，税收征管效率差异很大；而实施分税制改革后，各省税收征管效率的大幅度提高，是税收超常增长的重要原因。

李建军（2011）通过随机前沿分析 SFA 的技术方法，通过收集全国 30 个省、直辖市、自治区的面板数据，构建了税收超越对数生产函数，对我国 1997—2007 年的税收征管效率进行了评估分析，得出了以下结论：一是税收征管效率总体水平偏低，但各地区征管水平均处于逐年上升趋势；二是我国的税收征管效率存在明显地区差异，东部高于西部，而西部却高于中部；三是从税务内部工作人员因素角度实证得出，总人员数应适度减少，适度增加女性工作人员的比重，适度增加经验知识、专业技能相对丰富的 36—45 岁年龄段的工作人员都能够在一定程度上提高我国的税收征管绩效水平；四是继续扩大对外贸易规模，发挥引进国外先进的经验、技术对税务等公共部门的溢出效应，管理理念、纳税服务的改善等多个因素都对我国税收征管效率的提高有不同程度的正相关效应。

杨得前（2008）通过对 1994—2005 年我国 29 个省份的面板数据进行定量计算，实证算出税收征管效率对税收增长的贡献率接近 30%，他认为税收征管效率的提高是税收快速增长的重要原因之一；杨得前（2010）又以我国各省 1997—2007 年的面板数据为基础，利用数据包络分析（DEA）的 Malmquist 生产效率指数法对我国税收征管的动态效率进行了定量测算与分析，得出的结论是：税收征管效率的提高主要源于征管中新技术的应用，而非管理水平的提高；更重视积极引入新技术这个外在条件本身，而忽视了通过调动人的主观能动性而使新技术得以充分利用，从而影响了我国税收征管绩效的最大限度地提高。

谢滨（2008）认为，税收理论界对税收征管绩效进行定量分析的较少，他较早地提出了运用模糊综合评价法，考虑到指标的可得性和代表性，选取了登记率、申报率、入库率、滞纳金加收率、税收完成计划率等 12 个指标建立一套较完整、科学的税收征管绩效评价指标体系，从而为量化分析我国税收征管体系的绩效勾画了较为清晰的实现路径。

刘穷志、卢盛峰（2010）以 1998—2006 年省级数据为基础，采用改进的三阶段 DEA - Malmquist 模型分析税收征管绩效；他们认为，技术进步是促进我国税收征管全要素生产率快速增长的重要原因；分地区来看，沿海地区的征管技术效率高于内地，西部较东北地区增长更快，中部地区和东北地区的征管投入呈现正效应，而东部、西部地区则存在投入过度问题。

（三）我国税收征管绩效的改革建议

钱淑萍（2000）认为，只有通过改进税收征管的模式，提高税收征管的手段，不断完善税制，提高税务工作人员的工作素养，才能实现降低税收成本、提高税收效率的目标。

李大明（1998）认为，提高税收征管效率关键要做好以下几方面工作：一是要完善法制建设，建立严密的征管机制，加强对违法行为的处罚力度，体现税法的贯彻执行力；二是适度分权的税收征管方式，有利于中央、地方合理划分权限，精简机构，促进各级管理机构的责权利统一，提高税收征管绩效；三是科学界定稽查的密度、广度，提高稽查的工作效率，从而促进征管总体水平的提升。

冯伟（2011）运用 AHP 法对税收征管评价体系进行实证定量分析，认为申报率、按期入库率是评价税收征管质量的重要指标，普通发票验旧比对异常率、税务登记户增减率是次重要的指标，据此得出税源管理、发票管理等综合的治税管理指标在衡量税收征管质量中起着日益重要作用的结论。

孙静（2008）通过建立 DEA 模型，以湖北省国税局为研究对象，得出结论：提高税务征管的绩效应该从改进工作方式方法、提升税务工作人员整体素质、提高税务稽查效率等方式实现。研究发现，税务稽查效率与税收征管绩效之间有着显著的正相关关系，但基于我国目前稽查面宽、成本高的现状，她提出要进一步提高稽查效率应更多依靠改革稽查的方式方法，实现以查促管。

李亚民（2011）认为，为提高税收征管效率，重在做好以下几方面的工作：（1）对税源实施专业化管理：①按企业规模实施分类管理，在管好中小企业的基础上，按照"重点稽查"的思路抓好大企业的管理，做好日常的纳税评估工作，有针对性地选择税务稽查对象，提高纳税评估选案的准确率、税收稽查的准确率和审理准确率，提升税务管理水平和绩效；②税源实施地方分级次管理，按照省、市、县（区）、基层分局合理划分税源管理区域，分工要做到科学合理，集中优势兵力用于优势税源；③将纳税人按照所属行业、风险等级、行业特色等要素实行分类管理，针对不同行业的特性制定不同的管理制度，通过提升管理的针对性，提升税源管理水平。(2) 对税收征管方式进行改革，实施"扁平化"管理。以现代化科技水平为改革前提，打破传统科层制管理已具备现实条件，将通过管理方式转变释放出的行政管理资源补充的税收征管的前线，在搞好纳税服务的前提下，充实税源管理和税务稽查队伍力量，提高税收征管的整体水平。(3) 夯实科技基础，实行信息管税。现代化的科技手段是提高税收征管效率的重要保障，通过减少管理环节和层级，使大量的税务工作人员摆脱重复、烦琐的案头管理工作；通过减少流程、信息共享，提高税收服务工作的质量和税源管理、稽查工作的广度和深度，从而实现税收征管体系绩效的整体提升。

应亚珍（2004）、刘清军（2005）、杨得前（2010）、王云（2011）等认为，提升税收征管绩效的主要途径包含以下方面：一是要创新征管服务模式，充分依托信息化高速发展的技术基础，加快税务机构的改革力度，按照征管职能设置方式重设征管机构，将不合理的机构设置去除，有效提高税收征管绩效水平。二是按照"依法治税、科学治税"的方针，合理优化我国的税制结构，今后可以考虑通过"减少税种、降低税率"的原则实现集中征税的目标，将会在一定程度上促进我国税收征管效率的显著提高。三是要通过普遍培训、强化考核等方式全面提高税务人员的业务素质，这也将会在一定程度上促进税收征管效率的提高。

第三节　主要研究内容

本书以新公共管理和其他相关理论为理论依据，对我国的税收征管绩效评估进行研究，主要内容是在对面临的问题、选题意义和研究综述进行论述的基础上展开的，包括以下七章的内容。

第一章提出问题。先对本书所期待解决的问题和研究的意义进行阐述；再从新公共管理、公共部门绩效评估、税收征管绩效三个方面分别对当前的研究成果进行了系统的文献梳理，有助于全面掌握与本书相关领域的研究进展和面临的问题，更好地明确本书写作的立足点和研究方向；接下来介绍了本书写作所采用的研究方法和技术路线，使贯彻全文的研究思路和技术工具的使用能够更清晰、明确；最后通过归纳本书可能的创新点，凸显本书写作的价值所在。第一章是全文写作的重要的逻辑起点，起到统领全篇的作用。

第二章是理论基础。本书是在新公共管理视角下对我国税收征管绩效进行的研究，因此，本书研究的理论基础是新公共管理理论及其相关理念。在对理论基础的论述中，对新公共管理理论产生的背景和主要内容、观点进行梳理总结，在此基础上，也对与研究对象相关的系统理论、交易成本理论、委托代理理论和公共选择理论进行了简要阐释，从而为全篇写作构建了一个以新公共管理理论为核心，以其他相关理论为辅助的理论支撑体系。本章写作的亮点在于，分别对不同理论同公共部门绩效评估的关联进行了详细的分析，为下一步构建研究的分析框架和基本思路做了充分的理论铺垫。

第三章对我国税收征管的演进历程和定位进行了分析。本章由两部分构成，第一部分主要分析了我国税收征管发展历程中新公共管理的核心理念与征管实践的融合过程，为后文以新公共管理理论为视角研究我国税收征管绩效奠定了现实基础；第二部分第一小节先从对象、性质、机制、权利、原因和理念方面对税收征管与市场交换进行了比较，从而明确了税收征管的传统定位，核心是税收征管的公有性，由此总结出税收征管在供给层面的强制性、行政性等特征；第二小节又以新公共管理理论为研究视角，通过对税收征管过程中权力本质、交易本质和目的本质的综合分析，得出了应注重公共管理领域与市场交换领域的理念融合观点，从而为税收征管的理论研究和实践分析提出了新的视角和观点。

第四章探讨了税收征管的一般构成和 H 市地税的征管创新。对我国现行税收征管模式的核心组成部分——申报征收、税源管理、税务稽查三大模块的主要业务内容和功能流程进行了全面介绍，为本书的研究对象搭建了现实的分析框架；后又从管理和服务两个维度分别对H市地税征管改革的创新举措进行了系统概述，为后文通过建立模型对以H市为案例的税收征管绩效进行定量变化分析，从定性角度进行了可能的原因阐释。

第五章构建了评估模型及指标体系。为了对所构建的新公共管理视角下的税收征管体系进行有效性论证，本章第一节借鉴层次分析法相关内容确立了对系统绩效进行评估的模型，为进一步对税收征管绩效进行评估分析奠定了工具基础。第二节，在按照"申报征收、税源管理、税务稽查"三大征管核心业务内容对税收征管绩效评估模型进行模块化的过程中，将新公共管理中的强制管理性和服务引导性相融合的理念融入模型体系构建，再分别对各子模块中强制管理层面和服务引导层面进行指标选取和概念化、操作化过程，以此来论证新公共管理理念在系统构建中的影响及其作用机理。第三节是在完成征管绩效评估指标体系构建后，依据重要程度对各指标进行权重测算；为体现研究的严谨性和客观性，本章采取两种赋权方法——均等化赋权和层次分析法赋权，以未考虑主观因素的均等赋权的方式为客观参照系，以与现实结合更紧密的层次分析法对指标体系按重要程度进行赋权，对我国征管绩效评估体系的指标权重进行分别测算，以期通过对两种权重下评估的征管绩效进行趋势对比分析，从而得出相对更加客观、全面的分析结论。

第六章是税收征管绩效的实证研究。在第五章所构建的系统模型、指标体系和指标权重的基础上，本章以H市地税为例，对其税收征管绩效进行了相对全面客观的评估，并对过程和结果进行了详细分析。第一节，首先，对指标层数据进行了全面的收集和整理；然后，结合实际对指标逐一进行了初步的纵向趋势变化分析；最后，通过对指标进行无量纲化处理从不同维度对指标进行横向比较分析；这节的分析形成了对H市地税税收征管的直观感受。第二节，在均等权重下，分别对系统模型的特性层、模块层和目标层进行结果测算和多维度趋势对比分析。第三节，在调查权重下，分别对系统模型的特性层、模块层和目标层进行结果的测算和多维度趋势对比分析，为更加客观、准确地界定 H 市地税的税收征管绩效奠定了计算过程和结果的数据基础。第四节，在第二、三节计算的基础上，本节通过对两种权重下绩效评估的特性层、模块层和目标层的结果分别进行比对，分析了差异产生的原因，并以此推定了 H 市地税税收征管绩效各年的总水平和大致的发展趋势，通过数据分析形成了对 H 市地税征管绩效水平的定性认识，为 H 市地税进一步提高征管绩效提出了针对性建议。

第七章说明了本书的结论和需要进一步研究的问题。第一节，系统归纳总结了本书各章写作所得出的结论，基本能够反映和解释从新公共管理角度看我国税收征管绩效的现状和存在的部分问题，为税收征管绩效的理论研究和实践分析提供了一个研究思路和视角。第二节，在说明本书研究的理论意义及相关成果的同时，承认由于税收征管系统的复杂性和新公共管理理论的多样性等现实原因，本书的研究在理论运用和指标体系的确立上可能存在难以全面包含的问题；同时，为保险起见，权重采取的是"双权重"对比分析的方法，但仍存在进一步完善改进的空间。

第四节　研究方法和技术路线

一　研究方法

（一）规范分析法与实证分析法

本书在对新公共管理视角下的税收征管理论和实践研究的过程中，运用了规范分析和实证分析的方法。具体而言，通过规范分析法对税收征管的理论属性和定位，以及功能模块、特性和影响因素进行了理论层面的分析，以解决"应该是什么"的问题；通过实证分析法对税收征管发展历程和现状，以及存在的问题进行了现实层面的分析，同时，以税收征管的实际情况为例，运用本书所建立的模型方法对现象问题进行评价，以说明"是什么"的问题。

（二）定性与定量相结合分析法

本书在对税收征管绩效评估的研究过程中运用了层次分析法，这一方法本身就是一种定性与定量相结合的分析方法，本书通过定性分析的方法确定了对我国税收征管绩效产生主要影响的因素并将其指标化，通过从上到下对各因素重要程度进行两两比较分析，并采用1—9标度比较打分法将各指标的重要性予以量化，从而建立了税收征管绩效评估的指标权重测算和绩效水平测算模型，以此对指标体系中各层级指标进行相应测评，从而实现了对我国税收征管绩效的定性分析和定量分析相结合，以期达到既能从定性角度说明新公共管理与税收征管绩效相融合的现实，又能以定量的方法将新公共管理理念对税收征管的影响程度进行量化，增强观点的说服力。

（三）比较分析法

这个方法主要应用于本书的两个内容：一是对我国税收征管发展三个阶段的对比分析，来说明新公共管理理念与征管改革历程的融合过程；二是对指标体系权重测算方法的选择上，通过比较等值权重和层次分析法测算的权重对税收征管绩效水平的影响程度，能够对征管绩效水平的变化趋势及影响因素的分析做出更加客观、全面的判断、分析。

（四）概念分析法

本书在对新公共管理视角下的税收征管研究中，对税收征管的定位分析运用了概念分析法，通过对不同理论框架内税收征管内涵的属性和特点分析，明确税收征管的不同边界。具体而言，通过对税收征管概念中强制管理特性和服务引导特性的分析，在传统理论框架下将其界定为与市场机制相对的政府机制强制性定位，在新公共管理框架下将其界定为市场机制与政府机制相融合的公共性定位。

二 技术路线

本书的技术路线如图1-1所示。

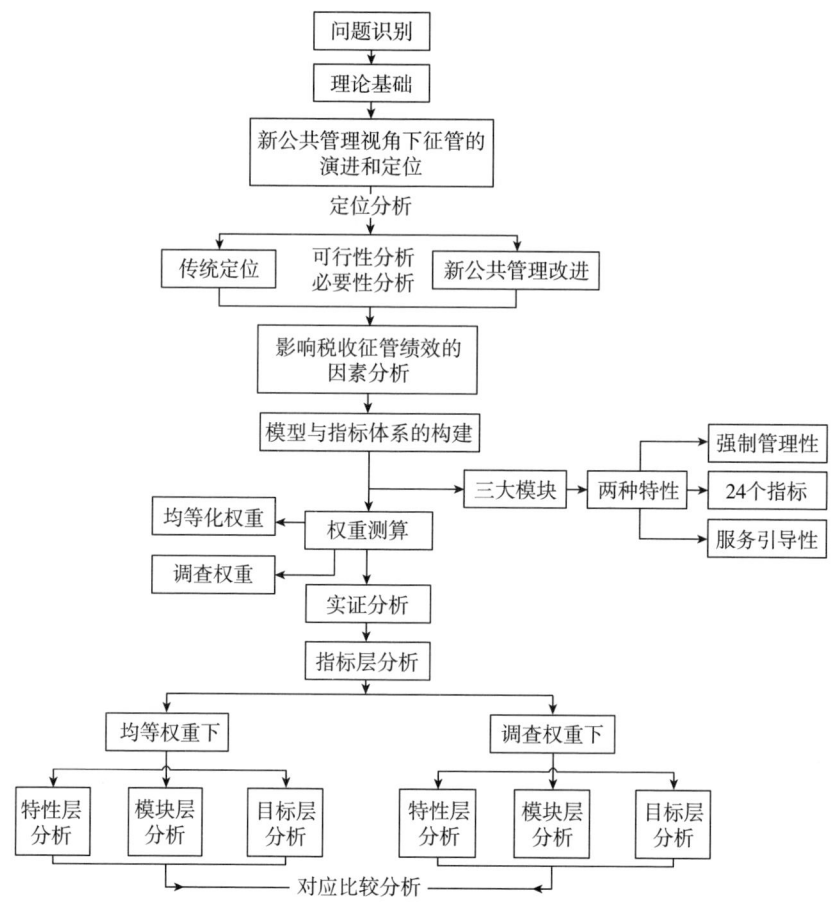

图1-1 技术路线

第五节 可能的创新之处

本书在新公共管理视角下，运用新公共管理及相关理念对我国税收征管系统的绩效水平进行了研究。通过对税收征管进行新公共管理视角下的定位分析，构建了包括不同子模块的税收征管绩效评估模型和"双权重"指标评价体系，并以H市地税为例进行了税收征管绩效的实证分析，实现了对理论研究的应用和补充。在本书的研究过程中，有以下可能创新之处。

第一，从新公共管理的角度对税收征管进行定位分析。本书将新公共管理中关于公共事务处理的强制性和服务性相融合的理念应用于税收征管改进和完善的分析框架中，用公共管理领域的前沿理论和观点对税收征管的传统定位进行对比研究，在新的理论视角下提出了税收征管的定位理念和改进方向，并从理论和实践两个方面对这种改革的必要性和可行性进行了阐述。

第二，将新公共管理的相关理念引入构建税收征管绩效评估模型和建立指标评价体系的分析过程。本书对系统中各子模块影响因素的分析融入了将强制管理性和服务引导性相结合的理念，在指标体系的准则层中建立了体现"强制管理"和"服务引导"特性的特性层。为我国税收征管系统的绩效研究和评价指标体系分析提出新的视角和思路，并从定性和定量两个方面对系统和指标体系的两种特性进行了分析和测算，实现了将新公共管理的理念引入税收征管理论研究和实践运用中的目标。

第三，为体现研究的规范性和严谨性，本书采用"双权重"对比分析的方法对税收征管绩效进行相对客观的评估。具体而言，一是对税收征管绩效评估模型每个层级的指标进行均等化分配权重，从而排除了主观因素的影响，为准确评估税收征管绩效水平确立了客观参照系；二是以层次分析法为理论依据设计指标两两比较形式的问卷来获取相对更能反映现实情况的调查权重，为测算更能体现当前征管实际的绩效水平奠定了权重基础；三是通过实施权重"双保险"的方式，以期提高税收征管绩效评估结果的靶向性。

第四，运用本书所提出的理论分析框架和相关方法，对我国税收征管的绩效评估进行了实证分析。在本书所构建的系统模型、指标体系和两种权重的基础上，以 H 市地税的税收征管实际情况为例，对其税收征管绩效按照以下步骤进行了相对全面客观的评估：首先，对指标层数据进行了收集和无量纲化处理，在此基础上对各指标进行初步的趋势分析和横向对比；其次，以平均权重和调查权重为两个研究分支，分别对特性层、模块层和目标层进行了结果的测算和多维度趋势对比分析，为相对准确地测算税收征管绩效奠定了计算过程和结果的数据基础；最后，对两种权重下评估体系各个层级的结果分别进行了对比分析，明确了差异的成因，据此推定了征管绩效以往各年的总水平和大致的发展趋势，并在此基础上为更好地改善绩效水平提出了针对性的建议。

综上所述，本书研究的创新之处主要体现在对新公共管理理论的运用以及具体分析方法的改进两个方面。本书将理论研究中的相关前沿理念与我国税收征管改革相结合，从新视角对所研究的问题进行分析，以得出对认识和解释相关问题更为科学的结论；在研究过程中，对所应用的分析方法通过采用分别侧重主客观的"双权重"方式进行了一定程度的改进，以得出能够更加全面、准确反映实际问题的结果，为问题识别和原因探寻提出更为合理的具体思路和分析框架。

第二章　理论基础

本书是针对新公共管理视角下我国税收征收管理绩效的研究，为了对此问题进行分析，首先需要对所涉及的理论进行梳理和综述，通过对这些理论中与本书研究对象有关的主要内容和观点的总结分析，建立本书研究的理论分析框架。

本书研究所涉及的理论内容主要包括目前在国内外兴起和流行的交易成本理论、代理理论、公共选择理论的主要研究成果和理念，以及为构建我国税收征管系统体系而参考和运用的新公共管理理论相关的知识和内容。本章通过对这些内容进行描述和分析，为本书研究的进一步展开奠定理论基础。

第一节　新公共管理理论（新泰勒主义）

新公共管理理论是在西方社会特定的政治、经济、科学环境发展条件下的产物，体现了西方公共行政以及政府管理发展的趋势和方向。自20世纪70年代末80年代初开始，西方各国掀起了一场声势浩大且旷日持久的政府改革运动，尽管各国改革的性质、规模和途径不同，但是各国经过这一系列理念上和实践中的变革，不约而同地产生了一个共同或相类似的理论框架和实践过程，这就是新公共管理或管理主义范式的研究和改革，这场新公共管理运动对于西方公共部门管理尤其是政府管理的理论与实践产生了重大而深远的影响。到目前为止，新公共管理已经成为世界范围内许多国家的政府实施行政改革的主要方向和目标，对各国政府的组织、行为、制度等方面都产生了重要的影响。从近几年的发展趋势来看，新公共管理改革在发达国家呈现出向更广、更深层次发展的趋势，同时，发展中国家在这方面的改革也在普遍、快速地推进。

与此同时，在这一实践过程中，随着经济全球化的发展和社会管理理念的融合，以经济上的新自由主义思潮、政治上的公共选择理论和市场化机制的管理理念的理论交叉为基础，依托新兴信息技术的飞速发展，在国内外公共管理学界逐渐形成了新公共管理的相关理论和研究成果，以及由此而提出的政府对公共事务管理过程改革的一系列理念、方法和制度设计的思想和措施。在此基础上，逐渐形成了新公共管理理论的主要内容。

一 新公共管理理论产生的背景

（一）学科背景

公共管理涉及管理学、政治学、经济学、社会学、心理学等多门学科，但其核心内容是在公共行政学基础上发展起来的。从研究范式的角度讲，公共管理的研究范式是在公共行政研究范式基础上产生的新的行政研究范式。从本质上来讲，公共行政是以行政概念为基础的公共服务模式，而公共管理是以管理概念为基础的公共服务模式。目前，在该领域的研究中，普遍认为作为政府管理研究领域的行政管理研究和实践经历了三次主要的范式转换过程，即从传统的公共行政学到新公共行政学，再到公共管理的三次重大突破。[①]

1. 传统的公共行政阶段（1900—1940年）

1887年，自美国学者伍德罗·威尔逊发表的《行政研究》文章第一次将行政与政治分开，标志着公共行政学的诞生。公共行政学的特征是以政府组成部门和公务员的活动过程为主要研究对象，以提高行政效率为主要的目标，探索公共行政的一般规律和原则。传统公共行政阶段的理论来源于四个主要方面。

一是威尔逊的政治与行政分离理论，他认为"行政学研究首先要弄清政府能够且适合承担的是什么任务，继而弄清政府怎样才能以最

---

① 王志荣：《税收管理公共化研究》，博士学位论文，厦门大学，2007年。

高的效率和最少的金钱或人力资本完成这些任务"。威尔逊还提出了政治与行政的二分法原则——政治是在重大且带有普遍性事项方面的国家活动,而行政管理则是在个别和细微事项方面的国家活动,即政治是政治家的特殊活动范围,而行政管理却是技术职员的事情。

二是英国诺斯科特·屈威廉报告。率先完成工业革命的英国资产阶级从建立高效政府角度出发,起草了《关于建立英国常任文官制度的报告》并提出建立公开竞争、考试、择优录用的文官制度建议,为公务员制度的正式建立奠定了基础。

三是德国社会学家韦伯提出的行政组织体系理论。韦伯认为"官僚制"应具备以下特征:(1)合理分工;(2)层级节制的权力体系;(3)依规程办事的运转机制;(4)形成正规的决策文书;(5)组织管理的非人格化;(6)适应工作需要的专业培训机构;(7)合理合法的人事行政制度。韦伯将官僚制度看作建立在理性、权威基础上的最有效率的组织形式,这一制度在指挥和控制现代社会方面发挥主要作用,对传统公共行政学重点研究的政府组织和结构形式产生了重要的影响。

四是泰勒在20世纪二三十年代提出的科学管理思想,他在《科学管理原理》中提出了管理的四类责任[①]:(1)认真收集基层劳动者多年积累的知识和经验;(2)对工人要进行科学挑选和开发;(3)把挑选、培训工人和管理科学相结合;(4)以公平为原则,合理划分管理者和工人的工作职责。科学管理理论对传统行政学的形成产生了重要影响,行政学者将其原理、方法和技术广泛地应用于公共部门。

四个核心理论共同确立了传统公共行政理论的基本原则——政治与行政分离原则、公务员中立原则、官僚制组织原则和科学管理原则,它们在西方近现代百年行政管理实践中得到了充分的体现和发展。

2. 新公共行政学阶段(1941—1970年)

传统的公共行政理论长期秉持价值中立与行政中立,过分追求效

[①] Frederick W. Taylor, "Scientific Management", in Jay M. Shafritz and Albert C. Hyde, eds., *Classics of Public Administration*, Moore Publishing Company, Inc., Oak Park, Illinois, pp. 17-20.

率这一基本目标而忽视了公共行政所承担的社会责任，导致随着经济的不断发展，各种社会问题层出不穷，政府却无力解决的现象，传统公共行政面临着合法性危机。在20世纪30年代末，传统公共行政学因其内在缺陷开始受到严厉批评，批评来自各个方面，但最有影响的是罗伯特·达尔（Robert A. Dahl）的《公共行政学的三个问题》和赫伯特·西蒙（Herbert A. Simon）的《管理行为》。这两部论著对传统公共行政学进行了深刻的批判。达尔因为系统指出了传统公共行政学"未考虑社会价值因素""忽视与社会环境的关系""未将心理导致人类行为因素纳入研究范围"三个最主要的缺陷，成了新公共行政学研究的先导。西蒙[①]对传统公共行政学的批判主要集中在两方面：一是对古利克和厄威克等提出的行政原则成对出现、相互矛盾的批判，二是从事实与价值的划分角度对传统行政学的"政治、行政二分法"观点进行批判，他认为政治与行政不可能绝对分离。在此基础上，西蒙尝试建立一种以决策过程为核心的新行政学理论。

《新公共行政学》和政策科学的兴起，标志着传统公共行政学主导地位的终结和政府管理领域研究新范式的形成。新公共行政学具有的主要特征：（1）以公平为核心，抛弃了政治—行政二分法的观点。（2）更倾向于放弃传统的过于稳定的官僚体制，追求能够体现灵活性的行政组织结构、官僚组织形式。新公共行政学认为：应多"规范"少"描述"，多"顾客—效果取向"少"体制取向"，多"价值考量"少"中立态度"。[②] 新公共行政学的出现，既是该学科自身发展的必然结果，也是20世纪60年代美国社会改革实践在公共行政理论研究层面的回应。它提出的一系列新范式促进了公共行政学的发展，但因其缺乏概念和理论上的连贯性，未能最终取代传统的公共行政学而成为行政学研究的主导范式。

---

① 参见 Herbert A. Simon, "The Proverbs of Administration", *Public Administration Review*, Vol. 6, Winter, 1946；西蒙：《管理行为》，北京经济学院出版社1988年版。
② H. George Frederickson, "Toward a New Public Administration", in Jay M. Shafritz and Albert C. Hyde, eds., *Classics of Public Administration*, Moore Publishing Company, Inc., Oak Park, Illinois, pp. 392–394.

3. 新公共管理阶段（20 世纪 70 年代末至今）

随着时代的发展，科层制已陷入严重困境，韦伯的以官僚制为基础的行政管理体制已难以适应时代的需求。传统科层制对法律法规的极度推崇更适应于分工精细、外部环境稳定的工业社会，而以信息为基础的知识经济更追求多元，强调创新，传统的公共行政理论已经难以适应社会发展的需求。21 世纪 80 年代中后期美国发动了一场新公共管理运动，旨在通过融合各种学科的相关知识和方法，创立一个公共管理的新知识框架，以解决政府和其他公共部门管理问题，更好地适应当代公共管理实践发展的迫切需求。

新公共管理理论在发展过程中逐渐形成了自己的特点：一是创新性，在保持传统行政学理论主题基础上，又对研究领域、内容进行了大量的创新，奥斯特罗姆[①]曾将新公共管理理论的创新归纳为以下方面：（1）以个人为研究的基本单位；（2）用外在事物、公共财产、公用事业等概念来说明行政管理事务的结构；（3）分析不同组织、不同决策对公用事业、公共服务的作用；（4）用效益理念及方法评估上述分析的意义。二是更多从经济学角度来研究公共部门管理问题，新公共管理模式的核心理论基础来源于布坎南的"公共选择"理论，而公共选择理论的理论基础便是用经济人假设、方法论个人主义等经济学的途径来研究传统政治学和行政学的研究范畴（特别是政府决策问题）。三是新公共管理学是一种多学科、跨领域的理论知识架构，它突破了传统行政学的学科界限，把政治学、经济学、管理学、社会学、心理学等学科相关知识、方法融入新公共管理的研究。绩效管理、人力资源开发、政策分析的技术和方法、顾客至上等理念都在新公共管理理论体系中体现，充分体现了新公共管理广泛、包容的理论特性。

但也应看到，虽然新公共管理学的相关理论来自行政学、经济学、政策分析、组织与管理理论等多学科，但迄今研究公共管理的学

---

① ［美］奥斯特罗姆：《美国行政管理危机》，江峰等译，北京工业大学出版社 1994 年版。

者尚未形成"一致"的理论立场，也没有创造出相对成熟的理论框架和范式，目前应定位为仍处于发展过程中的新理论体系。新公共管理理论需要面对各种质疑声音，如该理论过分依赖经济途径，过分强调对绩效、产出的计算，忽视公共部门和私人部门管理的区别等，但不能忽视其对促进公共部门管理改革的推动作用，新公共管理理论和范式会在与经济社会发展相适应的过程中不断完善、成熟。

（二）社会背景

实践是理论创造的源泉。第二次世界大战之后，西方发达国家政府权力、职能范围不断扩大，随着经济的恢复和发展，政府为保障公民的社会福利，不断提高福利支出在财政支出中的比重，一度曾占到30%—50%。而从20世纪60年代开始，西方发达国家先后进入了高通胀和低增长并存的"滞胀"阶段，政府的财政赤字尤其是福利赤字不断攀升，高福利政策难以为继。经济衰退、失业率上升对各国政府造成了巨大的改革压力，探求政府管理的理论创新和改革出路以摆脱财政压力成为当时西方发达国家面临的重要课题。

与此同时，政府体系庞大、层次复杂的科层制结构也已疾病难掩：管理方式僵化、效率低下、等级森严、程序烦冗等问题层出。政府管理的错位、越位、缺位现象严重，寻租、腐败等问题严重制约着社会资源的合理配置和社会财富的公平分配，社会矛盾凸显。由于科层制管理模式的失灵，公共服务成本高、效率低、质量差已经成为西方国家面对的共同难题。政府不是解决问题，而成为问题的本身。

20世纪后半叶，随着科技的迅猛发展，全球处于一种急剧变革的不稳定状态，文化发展也呈现出日益普遍化和理性化的趋势，虽然在一定程度上对人类社会的进步能起到积极的推动作用，但也对人类社会发展造成众多不良影响，引发一系列社会问题。科学研究的态度使人类改变了原有的终极信仰，而只对客观知识和工具存在理性信仰，从而导致道义沦丧和精神空虚，促使人类的追求更加功利、世俗；科技的发展不断打破原来价值规范体系的权威，而新的价值规范系统却未建立，致使个人的价值观念缺失，治安、环境污染、事业、犯罪等社会问题丛生，社会管理广度、深度都在不断延伸，政府既有的管理模式已经力不从心。正是在这样的历史背景下，20世纪末"新公共管理运动"席卷发达国家，它的本质是采用商业管理的理论、方法和技术，引入市场竞争机制，以提高公共管理水平和服务质量为目标的一系列政府管理创新活动。

二　新公共管理理论的主要内容

新公共管理理论自20世纪80年代以来在英、美等国家出现，是对当代西方行政改革实践经验的系统总结，先后有不同的欧美学者对其核心内容做过归纳总结。1991年，英国学者胡德（Hood）归纳了新公共管理的七个基本特征：（1）采取标准化和绩效测量；（2）引入竞争；（3）实施职业化管理方式；（4）积极引入私人部门的管理技术；（5）对产出结果而非过程实施控制；（6）行政权力分散化；（7）注重节约和提高效率。

1992年，美国"重塑政府"理论代表人物戴维·奥斯本和特德·盖布勒将新公共管理改革的政府定位归纳为十条：（1）竞争性政府——公共服务的全过程要贯穿竞争机制；（2）讲究效果的政府——按照效果而非投入拨款；（3）起推动作用的政府——是掌舵者而非划桨者；（4）以顾客为中心的政府——满足顾客的需要而非官僚政治的需要；（5）由社区组成的政府——授权而非服务；（6）有远见的政府——预防为主而非治疗；（7）分权的政府——从科层等级制到协作参与制的转变；（8）以市场为导向的政府——使市场机制成为政府变革的推动力；（9）有使命感的政府——有明确目标，改变照章办事的工作方式；（10）有事业心的政府——有收益而不浪费。

1995年，经济合作与发展组织（OECD）总结了世界范围内新公共管理运动的主要特征：（1）权力转移，提高灵活性；（2）发展竞争和鼓励选择；（3）完善人力资源管理；（4）保障绩效、控制和责任制；（5）提高管理质量；（6）提供回应性服务；（7）强化中央的指导作用而非干预职能；（8）优化信息资源的管理。

从前面概述可知，从客观方面来讲，各国的行政改革正处于实践进程中，新公共管理运动不断发展；从主观方面讲，各国学者的研究角度多有不同，当前学界并未对新公共管理理论达成统一的认识，尚存在许多分歧。但是，通过对新公共管理运动实践过程以及理论研究的概括，从本质上来看，还是存在学者被基本认同并且已经被实践所证明的一些内容，归纳起来主要包括以下几个方面。①

（一）强调对公共事务的分层管理

新公共管理理论指出，由于信息技术的迅猛发展，政府组织需要对不断变化的社会做出迅速的反应，而传统的官僚管理制政府的低效不能适应公共事务发展的要求，因此决策管理系统的效率成了政府管理处理公共事务的"瓶颈"。新公共管理理论主张政府应该采取授权或分权的管理方式，应该将社会服务或管理的指责和权力的某些内容下放给社会组织，使其进行自我服务和自我管理，以实现从等级制转变为参与和协作制，以此来对环境的变化迅速做出反应。具体而言，新公共管理理论一般将公共管理部门分为三个层面：（1）法律制度设计层面。主要包括对公共事务管理的立法、政策制定、组织设计、文化理念倡导等。（2）管理运行层面。主要包括按照法律规章制度具体对公共事务实行具体操作、监督、考核以及突发问题处理等。（3）辅助服务层面。主要包括为了在对公共事务管理过程中取得更加有效的结果而采取的相关配套流程或措施，如信息处理、技术改进等。其中，在法律制度设计层面，负责相关法律、政策、规章制定的部门应当主要是属于政府意义上的组织，社会具有参与和影响的权力。在辅助层面，负责公共事务管理过程中相关间接服务的提供部门可由社会组织或者政府外公共管理组织来承担，政府为了保障效果，可以具有根据一定标准进行一定程度规制和检查的权力。而在管理运行层面，对公共事务管理的部门可以以政府和社会部门相结合的形式进行构建。这样，政府具有公共政策制定的职能，运用公共政策来引导、保证政府以外的社会组织或公共组织能够有效承担对公共事务管理的职能，从而实现将政策职能与服务职能分开。而通过对管理运行层面的属性划分，可以进一步完善具体管理过程的社会参与，以此来实现管理层面

---

① 王志荣：《新公共管理"5C"战略与税收管理公共化》，《税务研究》2009年第10期。

的分割。这样的属性划分和职能分离可以为政府角色的定位提供依据和基础。

（二）强调政府对公共事务进行分权管理

在传统的政府官僚制组织结构中，权力是由上而下高度集中的。权力上层对下层发号施令，由下层按照指令具体执行，这种权力的高度统一会导致下层部门往往缺乏对突发问题自行处置的主动性和相关权利。随着经济社会的发展，对公共事务的管理和公共服务的提供的效率要求越来越高，传统的管理模式逐渐难以适应快速多变的外部环境。新公共管理理论在这一问题上，强调政府管理应该采用授权和分权的方法来应对越来越复杂多变的外部环境，以做出及时的反应，提高管理的效率。这种分权或者授权的模式可大致分为两种，第一，内部分权的方式，即上层管理部门向下级部门的授权，如上级管理部门在制定流程标准与结果评价的基础上，将对公共事务的管理权限授予下级部门或一线工作人员，提高对事务处理的效率以及下级部门的灵活性和主动性；或者是同级部门之间对相关事务管理权限的划分，这种分权结构可以实现各部门对所辖事务的针对性管理，提高管理效率，避免各项权力集中所带来的越权行为和自我保护行为。第二，外部分权的方式，即政府管理部门将一部分权力授予特定的社会组织或私人部门，如现实中的社区服务，由于在社区生活的民众对该社区的具体需求和工作内容有着更清晰的了解，因此，扩大和保障社区在处理公共事务上的权限，可以提高管理的及时性和准确性，同时也避免了管理部门"纸上谈兵"的弊端。在新公共管理理论中，普遍认为分权结构比集权制更有效率，因此强调政府部门应该实行分权管理和授权管理，实行各管理部门和社会的广泛参与，通过协作制、分散制削弱公共机构的集权，以简化管理内部结构上的等级和外部范围上的规模，以此来处理公共事务和提供公共服务的效率。

（三）强调私人部门对公共事务的处理

传统的政府管理部门在对公共事务处理的过程中的重要特征是凭借权力的强制性和行政资源的垄断性，这在理论研究和实践经验中均被证明存在一定程度的效率损失，且无法对其处理结果进行有效的评价和衡量。随着经济社会的发展和变化,公共事务中存在许多方面的产品或服务并不一定必须由政府官僚机构来提供。新公共管理理论的研究成果和相关理念表明,社会私人组织或部门的管理在处理公共事务过程中,其管理的经济性、效率水平、创新性以及所提供的产品质量和服务的水平等方面均优于政府部门。基于管理的"共通性"原理,新公共管理理论认为应积极将私人部门理念和市场机制引入对公共事务的管理,取消原有管理和供给的垄断性。具体可体现在以下方面:一是强调在政府管理部门中引入相应的市场机制,使管理机构之间展开竞争,从而提高服务供给的质量和效率。二是主张建立具有企业家精神的政府,要求重视成本效益关系、重视绩效评估、重视选择和竞争。三是开放对公共事务管理的进入渠道,强调政府部门与私人部门的竞争,通过市场机制来识别政府部门与社会组织在公共事务领域的边界,同时也能够迫使政府垄断部门重新审视自身的位置和自身的公共服务,从注重供给向注重供给与需求相结合转变,同时也可以在一定程度上缩减政府的规模,降低管理成本,提高实际效率。

(四) 强调顾客导向的公共事务管理理念

随着经济社会的发展和逐步成熟,市场机制中的顾客导向性越来越强,社会民众也越来越关注对公共产品和服务需求的供给效率。传统的只注重供给面的政府管理理念已经逐渐不能够满足社会经济的需求,而以需求为导向的市场机制是解决该问题的较为合理的方法,因此,以顾客为导向的行政管理理念能够改进政府对公共事务管理的效率和水平。新公共管理理论强调将公众视为顾客,建立以顾客导向为基础的需求驱动型政府,并且认为政府对公共事务进行管理的社会职责就是以公众的公共需求为工作出发点,努力满足他们不同层次的需求,以尽可能高效率、高质量的公共产品的生产与服务争取公众的支持。这种理念的提出和应用改变了传统官僚垄断模式下政府与公众的关系,对政府的管理职能和权限以及社会公共事务的关系做了重新定位。以顾客为导向的管理思想和管理模式可以改变政府封闭、自我服务并且凌驾于社会之上的地位,削弱其官僚和垄断地位,成为社会事务的提供者和参与者,同时,社会公众也从被动接受管理和服务的角色向享受政府服务的顾客或客户转变。在这一改革过程中，政府通过调查、统计顾客的需求和意见，在汇总分析的基础上，制定明确的服务质量和水平的标准，并向顾客做出承诺以及赋予顾客选择的权利，以此来实现改善公共服务质量的目的，提高处理公共事务的效率。新公共管理理论认为，这种考虑需求的顾客导向型管理模式的引入，有利于评价政府工作效果，是一个推动政府改善服务质量的良好机制。

（五）强调对公共事务的管理应该以绩效为导向

传统的政府管理理念强调政府的规制，其主要目的是考量公共管理部门是否遵守相关的法律法规或规章制度，是否完成了既定的任务量，而轻视对管理绩效的测量和评价。随着经济社会对公共事务关注的不断深入，公共管理的效率评价标准逐渐由注重任务完成情况向任务完成效果和成本收益等绩效方面转变，传统的管理导向机制越来越无法满足社会对公共管理的要求。新公共管理理论提出，公共事务的管理应该不仅仅关注制度的遵守情况和在制度框架内的投入情况，而是更加关注公共管理的产出或者结果，以及在此过程中效率水平的高低，强调用绩效标准和绩效评估对公共事务管理工作的完成情况进行考量和控制。新公共管理主张实行严格的绩效目标导向，反对严格的行政法律、法规、规章，通过明确各个层级的组织、个人工作目标，以成本收益为原则，对绩效目标的完成质量和实行进度进行测量和评估。绩效评估是通过科学的方法、程序和标准，在确定考核目标的基础上，对考核目标进行指标化分解，在这一过程中，所确定的指标要全方位地考虑到制度、供给、需求、成本、收益、服务质量、社会满意度等社会所关注的各个方面，并根据实际情况的变化发展进行实时的调整，在此基础上，运用科学的评价计算方法，对各项定性指标和定量指标进行统计、整理和测算，以此来全面反映公共事务的处理情况，从而对公共管理和服务部门的效果和业绩做出客观准确、科学合理的评价。

（六）强调公共管理部门对社会生活的广泛参与

传统公共行政管理是构建在政治、行政分离的基础上的，新公共管理指出，虽然这样的划分可以减少政治力量变动对行政体系的影响，避免公共领域管理不确定性的加强，但是，这种过分地强调行政功能的独立化，使行政功能仅仅局限在具体事务层面，把管理的重心集中放在行政机关预算、人事、组织等中性问题上，导致了公共管理部门与社会环境和需求变化的脱节，无法重视与社会、政治密切相关的政策制定与政策分析等研究，使公共行政管理远离于社会公共问题处理的需要。况且，从实践中也可以看出，完全要求公共部门和相关行政人员保持政治中立并不切合实际，也很难达到预期效果，这样的制度在一定程度上反而影响了对公共事务的处理。在这一领域，新公共管理理论所提出的理念与传统公共行政存在明显的分歧。新公共管理理论认为，公共事务的管理本身就是一个完整的系统，其中任何子系统之间均存在一定的联系，公共管理部门与政治之间的相互影响是不可避免的。因此，政治与行政很难完全分开，而且也没有必要过分强调行政和政治的相对独立性。相反，管理执行部门与相关人员对政治和社会事务一定程度的参与，能促使制度和政策的制定更加准确地反映导向需求，更加有效地发挥相应的社会功能。因此，新公共管理主张公共事务管理部门广泛地参与社会生活的各个方面，以保持其管理服务理念的更新和相关经验、能力的积累和提高。

以上是本书对新公共管理主要内容的梳理和分析，从中可以看出新公共管理的研究成果和相关理念，针对现实情况中传统行政管理和公共管理出现的问题，提出了相应的解决思路和方法，为社会公共事务管理领域的发展和改进提供了新的视角和理论基础。

三　对新公共管理理论的评价

新公共管理理论是在西方国家广泛兴起的新公共管理运动过程中产生和逐渐发展起来的处理公共事务的理论框架，同时，也是在传统的行政学和行政管理理论基础上发展起来的，包含了众多相关理论的研究成果和观点，涉及社会管理和科技发展过程中的许多学科的前沿成果。目前新公共管理理论虽然在西方各国的公共事务管理中被普遍应用，但从实践情况来看，新公共管理运动真正推行的时间并不长，而且在许多国家也只是刚刚开始，尤其是在发展中国家的应用尚处于探索阶段，因此，其积累的实践经验还不充足，相关理论的研究还有待得到现实情况的进一步检验。事实上，在实际研究中，也存在许多对该理论和改革措施的质疑与否定。然而，新公共管理改革作为目前全球性的公共行政改革运动，在一定程度上仍然表明新公共管理是政府应对公共事务管理发展复杂多变的一种选择，也反映了经济社会进入全球化、信息化、市场化与知识经济时代对各国公共管理尤其是政府管理在相关领域的变革要求。在此基础上产生的新公共管理理论作为一种新的理论范式与实践模式，也是值得理论界不断探索和研究的重要内容和领域。从目前学术界对新公共管理理论和实践效果的评价来看，基本认为，与传统公共行政管理相比较，新公共管理理论的研究成果和所提出的一系列改革理念与措施，在应对公共事务管理的许多方面都起到了积极的作用，得到了许多国家公共部门和公众的认可和支持。

新公共管理兴起的初衷，是为了使官僚主义、权威作风和消极性民主的政体转换为有效率、回应性、顾客导向性的新治理模式。在信息高科技化、传统行政管理效率低下、公私部门界限日益模糊的时代背景下，以新公共管理取代传统行政管理已是大势所趋。新公共管理在经历不断的发展过程后，逐渐形成以下实务特点：（1）采取理性方式处理问题，在设定政策目标和阐明政策议题时，强调在战略管理中扮演的角色和发挥的作用；（2）通过改革创新，改变组织结构，促进管理体制组织更为扁平化，将更多的权责下放，促进绩效目标的顺利实现；（3）发展完善绩效指标，以便精细比较、测量组织管理状况，并在量化基础上明确下一步改革发展方向；（4）重新设计组织结构，目的是使政策、行政相分离，从而建立一个赋予责任的行政单位，更好地为公众提供公共服务；（5）完善现行政策，使公共组织从行政管理文化理念转变为与"新公共管理"服务理念相融合的新型公共管理理念；（6）试图建立一种有弹性、回应力，学习型的公共组织，努力发展一种将大众视为顾客、消费者及市场的"公共服务导向"，公共服务不再由专业供给者支配，而是以回应公众真实需求来提供公共服务；（7）以契约关系替代传统信托关系。无论是政府组织或非政府组织，还是相关购买者、供给者，都以价格、数量、品质为互动基础，通过预算和层级管理结构来实现控制。

从实践的角度来讲,新公共管理改革运动先后在西方各国普遍展开,已经并正在对政府公共管理产生着深远影响,在相当程度上改善了西方国家的公共管理水平;从理论研究来讲,新公共管理理论及相关理念的提出,为公共事务的管理领域变革提供了新的、有效的理论基础和依据,为经济社会在处理公共事务领域的改进和完善奠定了理论基础。

四 新公共管理理论之于我国税收征管

传统的公共事务领域,尤其是公共行政管理方面的理论分析和实务操作,普遍偏重于公共部门强制管理的特性,一定程度上忽视了社会各群体对公共领域的影响和作用;新公共管理运动以顾客导向、市场导向和结果导向为特征,纠正了传统公共事务领域过分偏重管理的特性,兼顾管理与服务,在西方各国普遍展开并对政府公共管理产生了深远影响,公共管理水平得到显著提升。

作为组织税收重要保障的税收征管业务是公共管理领域的重要内容之一,随着社会经济的不断发展,公共性、服务性等新公共管理的改革理念和措施不断地与税收征管相融合,这为税收征管的进一步发展提供了一定的理论基础和依据。同时,将新公共管理理论的"服务导向"理念作为一个重要的绩效考量维度纳入我国的税收征收管理工作,对于促进我国税收征收管理的改革具有重要的引导、推动意义。

第二节 交易成本理论

一 理论阐释

新制度经济学认为,节约交易成本是制度存在的主要作用,而制度创新的实质是选择使交易费用更少的制度组合的过程。阿罗认为,制度运行所耗费的资源的价值就是交易成本,但这些概念相对抽象。1937年科斯在其经典论文《企业的性质》中正式提出了交易成本的概念,他认为,市场经济存在摩擦(交易成本),其本质是利用市场机制的制度成本,比如,为了获取市场信息、贸易谈判、签订贸易契约、契约执行过程中的监督和必要的调解、仲裁等一系列交易费用成本,而这正是企业存在的主要原因——通过组建企业达到内化并降低市场交易成本的目的。张五常也认为,可以把交易成本看作一系列制度成本,它包括一切不直接发生在物质生产资料过程中的成本。威廉姆森进一步拓宽、细化了交易成本的研究范围,将交易成本划分为包括谈判、签约、保障等在内的事前交易成本和包括议价、运营以及约束成本在内的事后成本。林毅夫则将交易成本按照直接和间接方式进行了分类。

20世纪80年代以后,交易成本理论的适用领域不断扩大。先是诺斯用该理论解释了制度绩效和制度变迁等问题,后来新制度经济学的学者们又将交易成本理论广泛应用于如企业内部考核、寻租、公共产品外部性、代理问题等各种类型的经济组织中。在公共管理领域,基于服务对象的特殊性和服务目标的公益性,公共部门管理面临的是更为复杂的交易过程,其管理活动也存在对不同管理模式的选择问题,因为各种模式间存在不同的交易成本,这也成为各级公共管理部门选择不同管理策略时的重要参考因素,如何降低交易成本也成为公共管理发展长期追求的目标。

二 交易成本理论之于公共部门绩效评估

公共部门绩效评估管理是现代公共管理和公共服务的重要手段,对于提高公共部门的管理水平和服务质量都有重要意义,而合理选择评估类型、客观分析评估结果对于充分发挥公共部门的绩效评估功效能够起到重要的基础作用。由于评估主体不同,公共部门绩效评估组织模式也有不同类型,当前主要分为目标责任制考核、公正满意度评估、专业"第三方"评估三种模式。不同的评估主体对问题认知、信息获取、利益关切等方面存在明显的差异,使得不同评估类型在交易成本、评估结果等方面都存在不同。因此,交易成本理论对于公共部门进行综合权衡、理性选择合适的评估类型具有很强的现实意义。一般而言,交易成本可被划分为协调成本、信息成本和监控成本三类,不同的绩效评估类型所对应的各类交易成本也不相同,具体分析如下。

(一) 目标责任制考核

这是一种公共管理部门内部上级对下级的绩效评估方式,评估工作的参与者都来自公共部门的内部机构,评估目的在于通过掌握下级任务完成情况,来实现组织内部的自我管理。(1) 由于当前的行政部门内部管理强调的是上级对下级的权威管理,执行力强,该种绩效评估模式存在协调成本低的优势;(2) 同时,基于我国公共部门的重要信息大部分由部门所掌握的现实,对于目标靶向的完成情况比较容易掌握,因此这种方式的信息成本也相对较低;(3) 公共部门因其存在"经济人"的天然特性,使美化绩效结果、违背公众利益具有现实可能性,因此,对绩效评估工作实施监控具有现实意义。目标责任制的考核类型的绩效评估,因其目标清晰、可验性强,监控成本相对较低。

(二) 公众满意度评估

公共部门绩效评估实施以来,部门内部考核始终占据主流地位,而随着服务型政府的建设和公众民主意识的提升,改变传统封闭式的自我评价模式,允许公众参与公共部门绩效评估日益成为一种趋势,在提高评估结果的客观性、社会认可度和明确改革方向等方面,都有积极的促进作用。(1) 公众满意度评估参与者众多,过程中的沟通协调问题会比较多,协调成本相较于目标责任考核型要高。(2) 公众满意度评估方式虽然很好地践行了"以人为本"的执政理念,但这种方式客观上要求评估结果的真实性要建立在公众充分掌握信息的基础上,因此信息成本相对较高。(3) 公民积极参与公共部门绩效监管,能从客观上对公共部门形成提高绩效的动力和压力,对于确保评估结果的真实可靠性也具有重要的现实意义。

(三) 专业的"第三方"绩效评估

这种评估类型的优势在于,相较于公共部门内部的目标责任考核和公众满意度考核,"第三方"绩效评估既能以局外人身份参与,保证评估结果的客观性,又能凭借其专业的知识、技能背景保证评估结果的真实性,"第三方"评估方式将会在公共部门绩效评估发展进程中扮演越来越重要的角色。(1) 要保证这种评估结果的客观、真实,过程中评估方需与被评估方进行多次沟通、互动,因此其协调成本相对内部考核方式要高；（2）作为"局外人"对"局中人"的绩效评估方式，客观存在信息不对称的问题，因而这种评估方式的信息成本也较高；（3）专业的外部监督主体具有较强的公信力，因而其评估行为会对公共部门产生一定的影响和压力，监督成本的存在对评估结果的客观性有现实意义。

第三节 公共选择理论

一 理论阐释

传统意义上，人们将公共部门看作持有中立立场的"仁慈人"，基于此种观点由政府提供公共产品和服务成为单一选择。但20世纪70年代以来，以布坎南为代表的公共选择学派认为公共部门的选择是建立在"经济人"假设的基础上的，他们认为公共部门的工作人员也具有追求自身利益最大化的人的本性问题，所以政府不应成为公共管理过程中的唯一主体。

詹姆斯·布坎南对该理论的定性是："公共选择是政治上的观点，它以经济学家的工具和方法大量应用于集体或非市场决策而产生"；保罗·萨缪尔森和威廉·诺德豪斯在其合著的《经济学》中对公共选择理论的定义是："这个理论是一种研究政府决策方式的经济学和政治学，指出了没有一种理想的机制能够将所有的个人偏好综合为社会选择；研究了当国家干预不能提高经济效率或改善收入分配不公平时所产生的政府失灵。"

公共选择理论不同意一个人在两种场合能够受不同的动机支配并追求不同的目标的说法，它认为这是自相矛盾的，应将个人在经济市场和政治市场的行为纳入统一的分析框架进行研究，从而消除传统经济学在经济、政治两个学科间的隔阂，建立使两者能够相结合的新政治经济学体系。公共选择理论的实质就是用经济学的方法来研究非市场领域的决策，它研究的范围与政治学的相同，涉及国家理论、投票规则、投票者行为、官僚机构、政党政治等方面，它的贡献在于基于

"经济人"假设前提下，证明了存在政府行为局限的"政府失灵"问题，分析了政府行为的效率并寻求政府有效运作的规则和制度体系。

二 公共选择理论之于公共部门绩效评估

布坎南认为，在制度或规章等基本规则确定后，一些问题的结果常常在还未表决前就已经被决定了。政府行为的非理想化，从根本来讲不是人的原因，而是用于确保目标实现的制度规范方面出了问题。结合公共部门绩效评估来讲，因当前绩效评估结果往往直接与部门领导、工作人员的个人职位升迁等有直接的关联，出于"经济人"的站位考虑，参与绩效评估的主体都在一定程度上存在美化考核结果的动力倾向，因此，依据公共选择理论的核心思想，为确保公共部门绩效评估工作的科学性、有效性，很重要的前提条件是要认真选择产生结果的程序和规则。这就要求公共部门在进行绩效评估管理过程中，努力做好以下几方面的工作：一是进行充分的信息交流，做好绩效评估指标体系的选取工作，确保所选指标客观、代表性强，能够很好地反映所评估的工作水平；二是结合部门工作特点，设定较多的考核等级，将绩效评估结果和考核等级相联系，通过阶梯等级体现人员的贡献差别；三是努力将部门的奋斗目标与个人的利益结合起来，尽可能多地了解内部人员的现实需要，通过加强量化考核内容，使更多的人员能参与到考核工作中来，通过选择合理、恰当的制度规定，实现公共部门绩效评估的最终目标。

第四节 系统论

一 理论阐释

系统论的核心理念是强调系统的整体观念。贝塔朗菲认为，任何系统都是一个有机的整体，它不是各个组成部分的简单相加，它所体现出的整体功能是各组成部分单独存在时所不具有的性质，亚里士多德的"整体大于部分之和"的论断证明了系统存在的价值。系统中的各个要素都有自己的位置，发挥独特的作用，但彼此之间并非孤立而是相互关联，共同构成一个不可分割的整体。系统论是研究系统的结构和规律的学问，它强调的是系统的整体观念，通过研究各个系统的相同特征，通过对其功能进行定量描述，寻求、建立适用于一切系统的原理和模型。研究系统的目的在于调整系统结构，协调系统内各组成部分的关系，使其达到效能的优化。

二 系统论之于公共部门绩效评估

公共部门的绩效管理本身就是一个全面、动态的体系，它包括绩效评估的主体、对象、组织机构、指标体系、评估定位等一系列的构成要素，这些要素彼此相互联系，各自的功能都是由系统总体目标所决定的，通过每个要素的作用力，形成系统的整体合力，并产生出系统绩效管理的全部过程（见图 2-1）。

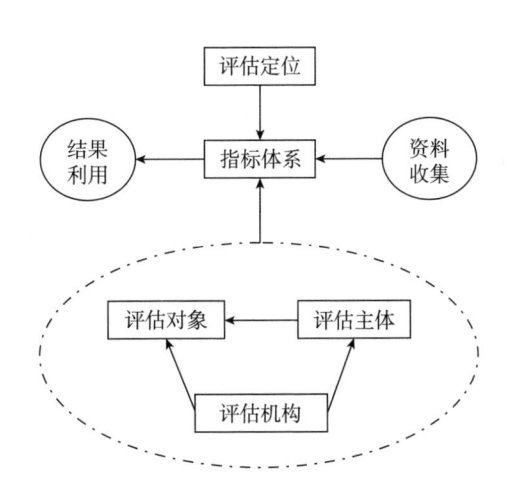

图 2-1 系统绩效管理流程

对于公共部门绩效评估管理工作来说，它的基础是组织群体而非个人，因为公共部门有不同于私人部门的特殊性：管理权力归属于部门而非个人，其主要职能在于为社会提供公共物品和服务，因此以组织为绩效评估的基础是客观必然。虽然公共部门的管理与绩效是以整体的形式呈现，但管理结果的形成却源于公共部门内部每个成员所发出的具体行为。因此，公共部门的绩效评估管理需分三个层面来考量：微观层面对最底层公共部门内部工作人员的个人绩效考核、中观层面对组织群体的绩效管理考核和宏观层面对整个公共部门的绩效管理考核。而系统论理论作用于公共部门绩效管理的意义就在于，宏观层面的整体绩效评估管理不仅是以微观层面的个体绩效管理和中观层面的群体绩效管理为基础，更重要的是它能产生大于这两个较低层面绩效之和的特殊绩效。这也为我们的公共部门绩效评估管理提出了要求：不能够简单地把一个层面的绩效直接延展到另一个层面去分析，采取定量加和的方式是不正确的，对于分层管理来说，需要认真、细致地分析每个层面的具体问题；反之，对于整体的绩效变化情况，也不能简单地归结为某一层面的某个因素。

第五节　委托代理理论

一　理论阐释

委托代理理论是过去40余年契约理论的重要发展。起源是一些经济学家不满在阿罗体系中企业被单纯看作一个"黑箱子"的做法，认为这种观点忽略了企业内部的利益冲突和信息不对称问题，20世纪70年代初，经济学家从这两方面入手，深入探究企业内部的组织结构，并在此基础上发展了委托代理理论。该理论是建立在"经济人"假设的经济学理论分析框架基础上，以"两个假设"为依据：一是存在信息不对称，也就是委托人不能掌握代理人的工作努力程度，而代理人则可以利用工作中的信息优势为自己谋求利益最大化，这就使委托人的利益被损害具有现实可能性，为避免这种被动局面，委托人需主动设计契约以达到激励代理人主动调控行为，以实现委托人利益最大化的目的；二是双方存在利益冲突问题，因为双方都是追求自身利益最大化的"经济人"，委托人看重的是结果，而代理人更注重过程的付出，双方关注焦点的不同导致彼此利益点的错位甚至冲突，客观上也需要建立一种制约机制使双方所追求的利益达到相对均衡。

两个假设所阐述的问题，正是委托代理理论产生的意义所在，它的实质是委托人为最大限度地实现自身利益而采取的把其所掌控资源的部分决策权授予给代理人,以求其能够提供有利于委托人利益的服务的一系列举措。委托代理理论的作用逻辑是,委托人先行制定好契约,代理人据此分析作出接受或者拒绝的决定,一旦选择接受代理人必须为履行契约提供不断的努力,最后委托人根据代理人履行契约的实现情况支付契约约定的资金。委托代理理论的核心内容就是委托人要努力设计出最能激励代理人的契约,经过多年的研究发展,该理论已经由最初的传统双边委托代理,扩展出单一委托人、多代理人的多代理理论,多委托人、单一代理人的共同代理理论和单一委托、单一代理、多委托事项的多任务代理理论。

二 代理理论之于公共部门的绩效评估

当前,在公共部门的绩效评估类型中,以内部考核为标志的目标责任制考核仍占据主要位置,这与我国目前的经济社会发展程度、政治体制等因素相关。目标责任制考核强调公共部门内部上级对下级完成任务情况的考核,上下级的关系是决定绩效评估效果的关键因素,而委托代理理论对解释、规范公共部门内部的上下级关系能起到重要的理论支撑作用。

在我国的政治体制中,公共部门内部的上下级之间是"下级需向上级负责并报告工作"的关系。单一集权式的政治体系赋予上级政府下达任务的权力,下级政府有完成任务的义务,下级政府公职人员的升迁是巩固双方关系的重要激励因素,因此,我国公共部门内部的上下级关系虽在一定程度上具有强制意味,但仍可被看作一种委托代理关系。但也应注意到公共部门内部上下级之间的委托代理关系与企业间的委托代理关系存在很大的不同:企业代理人的工作动力单纯来源于货币收入的物质激励,双方能否就资金支付达成共识成为决定委托代理关系的核心因素;而公共部门内部上下级之间能够对绩效评估效果起到重要决定作用的是下级部门的领导层,因为现行的"一把手"负责制的行政管理体制决定了部门领导人要通过付出积极的努力,才能做好整个管理区域内的统筹协调工作,而职位升迁在调动下级部门领导人工作积极性方面能够发挥重要的激励作用。在现行体制下,公共部门的绩效考核是相对客观评价下级部门工作业绩的重要工具，所以结合委托代理理论，合理设计考核指标体系，结合实际设计体系权重选择恰当的方式方法，强化绩效考核的监督管理，对于促进下级公共部门科学规划、持续发展、统筹兼顾等方面具有重要的引导意义。

第三章　新公共管理视角下我国税收征管的演进历程及定位分析

本书通过对新公共管理理论的主要内容及其相关理念的研究归纳，以及对系统论、交易成本、委托代理、公共选择理论思想和方法的分析，建立了本书研究的理论基础和分析问题的逻辑框架。从中可以看出，结合新公共管理理论中的内容和相关成果，可以进一步探讨和完善我国税收征管绩效的理论研究。并且，根据实际情况和经验来看，如果将其中的相关理念更深入地引入我国税收征管实际工作，能够为解决目前我国税收征管中存在的问题奠定较好的理论基础和提供新的研究视角。

自新中国成立以来，税收征管工作得到了长足的发展，取得了巨大的成就。从税收收入的增长来看，我国的税收收入逐年增长，特别是在1994年税制改革以后，近20年来，我国的税收收入实现了快速增长，平均增速达17.3%，在2003年突破2万亿元后连创历史新高：2005年突破3万亿元，2007年突破5万亿元，2010年突破8万亿元，2011年突破10万亿元，2018年突破15万亿元。在税收收入快速增长的过程中，除了受我国经济结构改革、国民经济快速增长、税收政策调整和税收管理加强等因素影响外，税收征管绩效水平的提高也是重要原因。首先，从税收征管工作的实际发展情况来看，我国税收征管工作由强调政府的强制管理逐步向强制管理与服务引导相结合的管理服务型政府转变，体现了新公共管理理念在税收征管中的发展，更加注重税收征管的主客体地位，逐步合理协调税务管理机关和纳税人的相互关系，解决了税收征管过程中存在的部分问题，税收征管的强制性和服务性日渐融合。其次，从税收征管内外部关系的发展来看，由单纯地强调税收征收过程，向构建征收管理体系转变，在税收征管内部逐步建立起了从上到下的法规、管理和监督等层级，同时，开始逐渐重视税收征管与外部经济社会环境的相互影响关系，重视建立由全社会各个阶层广泛参与的税收征管体系。在税收征管体系构建的实践中，取得了一定的成效。

从我国税收征管纵向比较中可以看出，虽然我国的税收征管工作有了很大的进步，但无论是从理论研究层面还是从国际范围内的横向比较来看，我国税收征管仍然存在许多问题。新公共管理的理念与税收征管结合仍然停留在比较低的层次，绩效导向、顾客导向等已经在国际范围内被普遍认可的先进管理理念并没有与我国税收征管的实际工作完美结合，在税收征管工作和理念的完善上存在很大的空间。同时，我国的税收征管体系建设也尚不完善，主要体现在税收征管虽然建立和明确了部分子系统，但是各子系统的地位并不均等。例如，在税收征管体系中，对税源监控管理、税务稽查等工作的重视程度相较于申报征收管理还较低。另外，税收征管系统中各子系统也在一定程度上存在联系尚不密切的问题，影响了税收征管体系整体的协调发展。

本章在相关理论的基础上，对我国税收征管的实际情况和存在的问题进行针对性的具体归纳、总结和分析，主要是从我国税收征管的发展历程和现状中，找寻新公共管理理念在实际中的产生和发展，并揭示其产生的影响和存在的问题，为本书运用新公共管理理论进一步研究我国税收征管体系构建奠定现实基础。

新公共管理视角下的税收征管，着重强调政府的强制性管理应向服务性引导转变，纳税对象由单纯的被征收对象向税收征管参与者转变。在这一过程中，既包括征管工作性质和内容的变化，也包括主客体理念以及相互关系的变化。在我国税收征管发展中，这一变化过程可分为几个阶段；在不同的阶段，新公共管理理念在我国税收征管中的表现形式和发展程度也不相同。

第一节　新公共管理视角下我国税收征管的演进历程

一　税收征管相对分权时期——新公共管理理念萌芽

从我国市场经济体制建立，到1994年实施税制改革之前，我国税收征管领域一直实行税收专管制度。随着经济体制的变革和经济的发展，为了避免税收专管制度带来的日益严重的问题，我国的税收征管制度和实际工作也逐渐开始发生改变。这一时期的税收征管变革主要集中于税收征管和权力的划分等方面，虽然这些变革主要产生于政府对相关权力单方面的划分和转变，但是在经济体制改革大背景下，还是为新公共管理理念的产生提供了重要的现实基础。在经济全球化和我国市场地位不断稳固的时代背景下，税收在增强国家实力、促进国民经济发展中也扮演了日益重要的角色。在这一发展阶段，税收征管工作的定位是为国聚财的同时还要注重为纳税人服务，促进税收征管主客体的利益双赢，这也在一定程度上体现了新公共管理理念。

具体而言，1978年之后，中国经济进入了市场经济体制的时代，经济改革和对外开放政策的实施，给税收专管员制度带来了巨大的冲击。之前，税收专管员权力滥用日益严重，经济个体对税收征管无法制衡的现象逐渐成为理论研究和实际工作中关注的焦点，并且被归咎于该制度本身的缺陷，受到越来越多的质疑和批评，由此，税收专管员制度开始逐渐被废除。为顺应社会主义市场经济建设，在税收征管体制的变革上，全国各地自上而下、自下而上不同程度地进行了大量的探索和实验性改革。这些改革的共同特点就是为避免税收征管过程中征、管、查于一体的弊端，采取以职能划分为基础，保证征、管、查相分离的相对集中的征管模式。

这种外部集中、内部分散的税收征管模式，具体表现为，在税收征管的业务操作层面上，为实现集中征收的目标，以市县为单位建立办税服务厅，实行税收宣传与咨询、税务登记、纳税申报、税款入库、票证管理等涉税业务一条龙作业，并在此基础上调整基层税务机构，促进职能转变，规范税收征管业务流程；在税收征管的运行管理层面上，以权力分散为主，全国各地基层税务机关基本建立起了税款征收、纳税管理与纳税检查相互分离、相互制约的征管体制。

从实际情况来看，这种权力相对分散的税收征管模式，能较好地防止税收专管员在工作过程中的执法不严、责任不清、以权谋私等问题的发生。同时，集中管控模式也有利于信息技术在税收征管工作中的运用，从而使税收征管绩效得到明显提升，一定程度上取得了降低成本、改善服务的效果。但这种模式并不完美，它固有的一些弱点在实施过程中不断显现。

首先，业务操作层面的集中管理模式，形成了管理重点由"管户"向"管事"的转变，税收征管重点放在了集中征收和重点稽查上，从而使税收征管工作逐渐与纳税对象相分离。这种长期的分离，导致了税收征管工作和服务无法与纳税对象的实际情况和相关需求挂钩。一方面，这导致了税源管理的弱化，税源管理的职能严重"缺位"，对税源控管力度明显减弱。税收征收工作只是在办税服务厅就表审表，就票审票，不能自动收集纳税人的生产经营和税源变动情况，无法对未申报、非正常户、停歇业户和零散流动等变动性税源进行管理。另一方面，无法充分了解和满足纳税对象的实际需求，长期服务"缺位"给纳税人带来不满情绪，对税收征管工作产生抵触，不利于税收征管工作的开展。此外，在缺乏纳税人主动参与的情况下，随着时间的推移，集中管理的模式表现出难以克服的制度惰性，产生了体制僵化、被动管理、应变能力差等问题，逐渐难以满足税收征管工作和改革的要求。

其次，在运行管理层面的分权模式，虽然较好地解决了在税收专管制度下征、管、查于一体的诸多弊病，但是由于这一时期运行管理的各个部门和岗位的职责、权力并不对等，甚至许多地方的权责利界限模糊，无法起到真正的相互制衡。具体表现为以下几个方面：第一，不同部门以及不同岗位权责利的不对等，导致了在税收管理中出现了寻求权力、追求利益、疏于管理、淡化责任的弊端；第二，由于纳税对象监督或社会监督缺乏有效的渠道，内部分权的税收征管模式无法得到有效的制衡，导致设立的监督部门形同虚设，无法对税收征管工作中存在的问题及时进行反映和处理；第三，虽然建立了内部分权的制衡机制，但是具体到每个部门而言，只是和与其相关的另一个或几个部门发生业务往来，并没有注重外部的实际需求，税收征管的主客体是管理机构和纳税对象，这种缺乏纳税对象参与的分权模式，对税收征管的促进作用有限。

二　税收征管趋向服务性的变革时期——新公共管理理念的产生和发展

随着我国市场经济体制的不断发展，以及国民经济的快速增长，税收征管工作对我国经济社会的重要性日益增强，对税收征管理论的研究和管控的实践，逐渐受到理论界和实际工作部门的高度重视。在我国1994年税制改革之前，全国税制改革工作会议于1993年12月召开，在此次会议上，我国税收征管相关部门首次提出了"为纳税人服务"的概念，将纳税服务界定为税收征管的重要内容之一。这也在一定程度上标志着新公共管理理念在我国税收征管中的深入发展，至此，我国开始真正意义上将新公共管理理念融入税收征管的实际工作，并开始在理论和实践中逐步探索和深入发展。

1994年我国税制改革的实施，是我国经济体制变革过程中的重要阶段，政府在完善经济体制改革的同时，加快了税收征管改革的步伐。在这一时期，我国税收征管在制度层面、实际管控层面、征收层面以及相关服务层面等均进行了相应的变革，逐步将新公共管理理念融合到税收征管中，实施了一系列的以绩效导向、服务导向、公共化导向和广泛参与导向等新公管理念为核心的制度变革。1997年年初，国家税务总局《关于深化税收征管改革的方案》得到了国务院的明确批复，确立了"以纳税申报和优化服务为基础，以计算机网络为依托，集中征收，重点稽查"的税收征管新模式，从新公共管理的角度来看，其主要的变革内容包括：第一，建立纳税人自行申报纳税制度，取消传统的税收专管员制度。这项规定提高了对纳税人的重视程度，加深了税收征管过程中纳税人的参与程度，为税收征管提供了双方制衡和博弈的空间，能够提高税收征管的效率。第二，强调对纳税人的服务，建立税务机关和社会中介组织相结合的服务体系，设立办税服务场所，实行集中征收。这项规定是在相对分权的集中税收征管基础上的进一步改革，明确了对纳税人服务的重要性，同时，为了提高税收征收的效率，减少集中管理带来的制度惰性和由此产生的纳税抵触现象，将一部分纳税服务进行行政剥离，取而代之的是由社会中介组织提供，引入市场因素，提高征收效率和服务水平，由此进一步降低了税收征管的成本，增强了税收征管的效率。第三，强调了税收征管中稽查在税收管理中的地位，将稽查环节作为税收征管的重点之一。这项规定更加明确了税收征管的征、管、查中的监督检查作用，目的在于改善税收征管相对分权时期管控层面各部门权责利的不平衡，提高了监督检查的地位，为税收征管稽查作用的充分发挥提供了制度保障，能够及时发现并解决税收征管过程中存在和产生的相关问题。第四，构建以计算机网络为依托的管理监控体系。计算机和网络的发展为税收征管工作提供了技术条件，引入先进的技术对税收征管各个环节进行优化，也体现了效率导向理念的逐渐深入。以上几点构成税收征管新模式的核心内容，其核心是确立纳税服务的基础性地位，其目标是提高税收征管的效率，其具体手段是在制度层面和实际操作层面不断引入科学的理念和先进的方法工具。从实际情况来看，这一时期的新公共管理理念在税收征管中的发展迅速，作用显著，提高了我国税收征管的效率，完善了相关的制度安排，是我国税收征管发展过程中新公共管理理论应用的成功之处。

除了在制度层面，在这个阶段，各级税收征管部门均开展了相应的制度设计和工作环境的改革，并进行了一系列的试点工作。主要包括：（1）以提高纳税服务质量和水平为核心的工作作风改革，如"微笑服务"、"公开办税"、文明用语和统一着装等，纷纷实行了服务承诺制、限时服务和首问责任制等；（2）改善和方便纳税人纳税申报的环境，如在建立纳税申报服务大厅的同时，进一步改善公共环境和配套的硬件设施，并提供一些有利于生活或办税的用品等，多数地方都实行了服务大厅的低柜式服务,为纳税人提供宽敞明亮、设施齐全的办税场所;(3)凭借先进的科学技术,为纳税人提供多元化的纳税申报方式,1997年国家税务总局与邮电部联合制定了《邮寄纳税申报办法》,在全国都实行了邮寄申报,随着电子技术和网络技术的不断发展,纳税申报的方式越来越多样化,例如电话申报、磁卡申报、电子缴款等手段;(4)为纳税人提供信息咨询服务,这一时期在税收征管中开始尝试开展信息服务,如设立咨询服务窗口、税务公告栏等;(5)为纳税人提供宣传服务,我国税务部门从1992年起,在每年4月均开展"税收宣传月"活动,在各种传媒上试办税法宣传栏目,有些还开展了语音电话服务项目,为纳税人介绍一般性的税收知识,向纳税人普及税法知识和培养纳税意识。

从以上对我国在这一时期税收征管与新公共管理理念相融合的总结和分析中可以看出,无论是在制度层面还是在实际工作层面,税收征管的相关主体已经逐渐认识到新公共管理的一些先进理念对税收征管工作的开展具有积极的促进作用,能够提高税收征管实际工作的效率,也正是在这样的前提和环境下,新公共管理理念得到了一定程度的发展。

但是,在这一阶段,虽然我国在税收征管的理论研究和实际工作中进行了一系列的探索,新公共管理理念也得到了很大程度的发展,然而我国税收征管仍然存在许多问题。首先,税收征管的公共化改革尚未进入立法层面,被实践所证明的先进的、科学的新公共管理理念在税收征管工作中的应用和发展仍然处于探索阶段,只是从税收征管的某些环节或者相关模式上进行了确立,并制定了一系列的规章制度予以明确和约束,并没有上升到立法的层面进行相关内容的界定,因此,在实践中出现了税收征管某些环节的管理或服务不到位的现象,这种问题的产生与制度的约束力较差有一定的关系。其次,税收征管主客体理念的固化。由于长期受到税收征管传统思维的影响,税收征管主体仍然将强制管理作为工作的主要手段,而税收征管客体通常对税收的相关工作有抵触心理和行为,双方还没有认识到税收的作用以及税收征管效率对政府和民众的重要性,因此,虽然提出并确立了新公共管理理念基础上的新规定和新模式，但是在实际执行和操作中，并不能够完全发挥这些理念和制度的作用。最后，税收征管目标的错位认识阻碍了税收征管改革的效果。受我国税收征管的长期实践和环境的影响，税收征管主体在一定程度上还是以税收收入为税收征管工作的唯一核心和目标，而且在税收收入任务的工作压力下，税务机关和税务工作人员在短期内无法对税收征管中新公共管理理念的作用和效果产生真正的认识和认同。这种仅仅以税收收入为目标，而不是以绩效导向为主的考核机制，使税收征管部门和工作人员无法完全认识到纳税服务对促进纳税人依法纳税的重要意义。因此，在税收征管的实际工作中，不能把除完成税收收入任务外的其他理念和行为融入税收征管，造成税收征管改革新模式的表象化，使提高纳税服务水平仅仅停留在政府机关工作作风、精神文明建设、思想工作、职业道德等层面，无法真正地融入税收征管的业务环节，导致新公共管理的相关理念无法发挥实质性作用，造成了税收征管效率的长期损失，不利于我国经济社会的发展。

三 税收征管趋向综合性发展时期——新公共管理理念的进一步深入

随着新公共管理理论研究在国内外的发展和应用，越来越多的国家开始关注该理论的研究成果和提出的相关理念，并且在实践中加以运用，在相关领域取得了很好的效果。我国的公共部门管理也在逐渐融入新公共管理的先进理念，在经济社会的各个领域都有体现。在这一时期，结合我国实际国情和经济发展的状况，为了实现我国税收征管从强制管理型向服务引导型的转变，促进新公共管理理念在我国税收征管中的发展，我国政府采取了一系列的改革措施，使新公共管理的先进理念与税收征管实践的结合越来越紧密，税收征管中的新公共管理理念在这一时期也开始了进一步的发展。

在这个阶段，最为明显的标志是新公共管理的相关理念在税收征管中上升到了立法层面，我国逐渐以法律的形式对这些先进的理念予以确立，以保障其更好地发挥对税收征管工作的指导作用，促进其提高税收征管工作绩效，为经济社会的长远发展提供法律保障。2001年

4月，我国全国人大常委会审议通过了《中华人民共和国税收征收管理法（修订案）》（以下简称新《税收征管法》）。新《税收征管法》的实施，标志着新公共管理理论和相关理念在我国税收征管中深入发展，我国的税收征管工作进入了综合发展时期。在新《税收征管法》及其实施细则中，最能体现新公共管理理念的内容就是从法律层面明确提出了保护纳税人权益和规范税务机关的行政行为。在强调为纳税人服务方面，新《税收征管法》首次以法律条款的形式规范了纳税服务工作的标准和行为准则，首次在立法层面强调必须尊重和保护纳税人的权利。例如，新《税收征管法》第9条规定："税务机关、税务人员必须秉公执法，忠于职守，清正廉洁，礼貌待人，文明服务，尊重和保护纳税人、扣缴义务人的权利，依法接受监督。"这些条款为新公共管理理念与税收征管融合奠定了强有力的法律基础，表明在税收征管过程中，提供高水平、高质量的纳税服务，保护纳税人的权利是税收征管部门所必须履行的基本职责和基本义务，税收征管的服务引导性由过去的行为规范上升到了法律制度。同时，新《税收征管法》也对纳税人和扣缴义务人的各项权利进行了清晰的定义，主要包括：了解税法和纳税程序的权利、申请减免退税的权利、购买使用发票的权利、延期纳税申报的权利、延期缴纳税款的权利、多缴税款退还的权利、索取完税凭证的权利、委托税务代理的权利、控告检举的权利、要求保密的权利、要求有关人员回避的权利、不受刁难的权利、陈述申辩的权利、申请行政复议与提起行政诉讼的权利、请求国家赔偿的权利、个人及其所扶养家属维持生活必需的住房和用品不被税收保全和强制执行的权利，以及特定情形下拒绝检查的权利。对于纳税人相关权利的详细界定，能够为规范税务机关的征收行为以及行政管理行为、保护纳税人的权益奠定制度基础，这使新公共管理理念在税收征管规范中的作用得到了明确的界定和有力的保证。

在我国税收征管立法的新局面下，税收征管部门也出台了一系列的改革措施，为新制度的实际运行制定了相应的具体说明和措施。2002年8月，国家税务总局以新公共管理相关理念为基础和依据，提出了一系列以纳税服务、征收效率等综合性指标为核心的税收征管发展规划。同年10月，在贯彻学习新《税收征管法》实施细则的工作会议上，国家税务总局首次提出了税收征管工作要以"管理服务型"取代"监督打击型"的理念，这也是新公共管理理论中政府职能应由强制管理向服务引导转变的先进理念的体现，印证了两者的不断融合的过程。例如，建立顾客导向的税收征管理念，对税收征管主客体地位的重新认识，注重协调征收部门和纳税人的关系，使双方关系平等化；建立以绩效导向为目的的税收征管评价标准，由传统的以税收收入为主的规模速度型管理目标向质量效率型管理目标转变。2003年年初，国家税务总局又下发了《关于加强纳税服务工作的通知》（国税发〔2003〕38号），对提高纳税服务工作效率和质量、水平提出了具体的要求，为我国税收征管实际工作的开展提供了参考和标准，进一步明确了工作的细则，使新公共管理理念能够更好地在现实中得到体现和发挥作用。2005年5月，全国税收征管工作专业会议召开，将"优化纳税服务"和"强化税源管理"并列为我国税收征管工作之后一个时期的两大重点，并把搞好纳税服务工作作为体现新公共管理理念的核心内容，在此基础上构建科学合理的新型税收征管关系。

这一时期，我国的税收征管改革在立法层面的指导下，在实际工作中相继展开了一系列践行新公共管理理念的改进和完善。

在国家层面，2002年，国家税务总局设立了我国第一个专司纳税服务管理职能的行政管理机构——纳税服务处。在此期间，地方各级税收征管部门也在新公共管理相关理念引导下，围绕改善纳税服务水平和质量、提高税收征管绩效等相关方面进行了积极的探索，在众多领域和工作环节上推出了新的措施和办法，取得了很大的成效。具体表现为以下四个方面。（1）改善纳税服务方面：纳税申报服务大厅的建设普遍得到加强和规范，服务大厅遍及城乡，为纳税人办理各种涉税事项提供了极大的便利；纳税申报方式由单一逐步走向多元，网络、电话、磁卡、IC卡、邮寄和上门等多种申报方式可供纳税人自行选择；缴税方式也由复杂逐步走向简便，全国各地普遍推行了税银一体化，很多地方试行了税银库联网；办税环境从重视硬件配备发展到关注软件制度的改善，很多地方都实行了一站式服务、一窗式管理、全程服务、巡回服务、纳税提醒服务、限时服务和预约服务等措施；税法宣传以及税法咨询的方式逐渐丰富起来，受众越来越广泛，一些地方建立了税务门户网站，纳税服务特服热线12366已在一些城市和地区开通；信息化手段逐步应用于纳税服务中，为纳税服务提供了技术支持。(2) 税收管理职能社会化方面：税务代理机构与税务机关割断了利益关系，成为完全独立的市场竞争主体，税务代理业在竞争中不断发展，代理行为得到规范，服务能力不断增强。(3) 纳税人激励方面：首次出现了纳税人激励制度，纳税信用等级制度开始在全国范围内试行。(4) 税收业务流程和机构重组方面：少数地方开始试点方便纳税人的税收业务流程和机构重组，如H市地税局依据税收征管业务性质进行梳理、归类，放弃原来烦冗的科层制管理体系，按照提高征管绩效、更好地服务纳税人的理念对税收征收管理体制进行重组，建立起对内有利于分权制约、提高效率，对外有利于方便纳税人、强化监控的流程化管理格局。

到目前为止，虽然新公共管理的理念正在不断融入税收征收管理工作，但由于理论分析准备得不充分，以及缺乏相应的实践经验，加之我国在经济体制改革中所遗留下来的问题，当前我国税收征管公共化进程还存在诸多突出的问题。从目前的实际情况来看，无论从理论研究方面还是从实际工作层面来看，尤其是与国际上比较成熟的理论研究与应用相比，我国在该领域的发展仍然存在较大的差距，在新公共管理视角下的税收征管还存在许多问题和改进的空间。具体而言，包括以下几个方面。

第一，运用新公共管理对税收征管进行改进的理念仍然比较欠缺。目前我国税收征管的相关改革，大多是建立在对已有遗留问题的解决层面，或者是对新出现的问题的处理，在确立新公共管理理念的应用方面明显缺乏主动性，因此，在实际管控过程中，由于主观理念的薄弱和欠缺，导致了缺乏对现实情况的预判能力，所进行的改革仍然是被动的，也无法创新性地构建科学合理的制度来对税收征管进行改进。

第二，传统的以税收收入为核心的税收征管目标难以改变。虽然目前我国的税收征管工作已经提出了以综合绩效为导向的新公共管理理念，但是，在我国长期以来税收征管的传统力量下，绩效的考核制度仍然停留在表面，无法深入税收征管的各个工作环节。税收征管的新公共管理目标的建立是以绩效为基础和导向的，而我国目前尚未建立起统一的税收征管工作的绩效考核体系和标准，导致当前绩效评价只能作为考核的配套措施或参考指标，在实际操作层面缺乏基础和依据。

第三，税收征管在管理层面的错位。目前，我国税收征收管理工作的重点仍然停留在强制管理、监督打击的层面，服务引导型的管理模式并未真正构建起来，在税源和征收的管理上，只强调对税源和税款流失的查处治理，不注重对产生这种问题的原因进行分析和改进，导致周期性地投入大量资源来处理同类问题所带来的结果，增加了税收征管的成本，降低了工作的效率。

第四，为纳税人提供的服务错位。虽然我国在税收征管工作中提出了顾客导向的为纳税人服务的制度，但是，该项制度的实施往往只是强调税务机关或工作人员提高服务质量和水平、提供良好的纳税环境等外围因素上，而纳税人的实际需求却受到忽视，导致了花费巨大成本所提供的纳税服务供给，与真正的纳税服务需求错位，不能针对性地解决税收征管中的实际问题。

第五，税收征管缺乏有效的监督和评价。在新公共管理理论研究中，监督、评价、检查等机制是在政府转变职能过程中应予以重视的管理模块，是权力制衡、提高运行效率的重要保障。目前，我国对税收征管的监督检查仍然不够到位，内部考核和外部监督都普遍薄弱，税收征管绩效难以提高。从内部监督来看，虽然近年来税收征管部门为了提高征管质量和绩效，也制定了税收征管质量考核指标体系，但其中很难反映出新公共管理的相关理念。新公共管理基础上的税收征管工作的质量水平和效率的高低完全取决于税收征管主体的自我考核，缺乏有效的监督制约和考评机制。从外部监督来看，对于社会力量，尤其是税收征管客体，并没有为其提供对税收征管主体的工作、服务质量和效率进行监督和评价的有效渠道和制度，更没有做到将其明确化和制度化。正是由于这种监督机制的缺位，税收征管缺乏改进和完善的动力与压力。

第六，只重视核心业务，忽视相关配套业务的作用。在新公共管理理论中，政府对社会事务的参与是全方位的，具体到税收征管工作，就是指税收征管部门除了要重视与税款征收直接相关的业务，还要提高其他辅助性业务的质量和效率。如税收征管工作中信息的收集、整理和分析，上下层级以及相关部门之间信息的传递、处理和反馈等业务。这些辅助性业务虽然与税收本身不是直接相关的关系，但是在税收征管过程中起着非常重要的作用。新公共管理理论研究和实践均表明，政府参与社会事务并不能只是强调其管理者的身份，而是要与其他社会成员或组织，以及社会环境相协调，政府不能只强调自身的需求和权利，而应该与社会建立起广泛的联系，这就需要设立相应的业务辅助部门并给予同等的重视，才能满足工作效率的提高。目前，我国的税收征管尚缺乏这样的理念以及相应的制度规范，辅助业务多流于形式，无法真正发挥作用，影响了税收征管的改进和完善。

综上所述，虽然我国的税收征管实际工作与新公共管理的相关理念有了一定程度的结合，并产生了较大的成效，但是存在的问题也不容忽视，仍然需要进行不断的探索和改革。国家税务总局在《全国税收征管工作"十一五"发展规划纲要》指出，"十一五"时期要"以构建和谐征纳关系为方向，健全和完善纳税服务体系"，建立"规范统一、渠道多元、方法科学、手段先进、绩效显著"的纳税服务体系，不断提高税收工作的社会满意度；在《全国税收工作"十二五"发展规划纲要》指出，"十二五"时期税收征管工作的主要目标是实现纳税服务水平的显著提高、税收征管质量和绩效的不断提升等，并提出了持续改进纳税服务和规范税收征管的指导意见和具体措施。据此可以看出，我国税收征管的实际与新公共管理理念的融合正在逐步深入和发展。

本节通过对我国税收征管发展的分析，将新公共管理理念在我国税收征管中的发展阶段进行了划分和梳理，在此基础上，分析了各个阶段税收征管的特点以及与新公共管理理念的融合程度，并对存在的问题分别进行了总结和分析。由此可以得出，随着我国经济社会的发展以及经济制度的变革，我国税收征管也在不断发展，在这一过程中，新公共管理理论的相关研究成果和先进的理念与我国的税收征管实际工作相融合的程度也在不断加深，为税收征管的进一步发展提供了一定的理论基础和依据。

第二节 新公共管理视角下税收征管的定位分析

本书的研究对象是新公共管理视角下的税收征管绩效，要将新公共管理理论及其相关理念与税收征管绩效评估相结合，首先需要对税收征管进行界定。这包括在传统理论研究框架下的界定和新公共管理视角下的界定，通过在新公共管理视角下对税收征管本质属性的分析，指出传统理论框架下税收征管定位的偏差以及新公共管理理念对税收征管界定的合理性和有效性，提出新公共管理的相关理念与税收征管相融合能够更好地与税收征管的属性相契合的观点，以此来论证新公共管理对税收征管绩效的改进和完善作用，并在此基础上，对税收征管中引入新公共管理的相关理念和分析方法的必要性和可行性进行论述。

一 传统理论框架对税收征管的定位

税收征管是公共管理领域的重要内容之一，在传统的理论框架中，公共事务或相关产品服务与市场产品和服务是相对的两个概念，具有不同的属性和特征，公共事务的处理机制与私人事务的解决办法也不相同，从这种对立关系中可以对税收征管的定位进行分析。从目前的理论研究可以看出公共领域与私人领域在各个方面有不同特点，税收征管是公共领域的重要内容，而市场交换是私人领域的核心内容。通过对两者在内涵、属性、特征和作用等方面的对比分析，可以明确税收征管在理论研究中的定位。本书对此的分析主要包括以下几个方面。

（一）作用对象不同——税收和价格

对属于公共领域的税收征管而言，其作用对象是税收，或者狭义上的税款；对属于私人领域的市场交换而言，其作用对象是价格。税收是连接公共事务处理过程中个体和公共部门的核心内容之一，是公共部门和个体对该领域相关产品和服务供给与需求的基础，个体通过缴纳税款的形式得到相关的公共产品或服务，公共部门通过收税的形式提供相关公共产品或服务。价格是连接市场交换个体双方的核心内容之一，是私人领域中产品和服务需求与供给相互满足的基础，个体之间通过价格来完成交易。

（二）性质不同——公有性和私有性

税收征管是公共部门为满足众多个体共同需求而进行的税款管理，具有公有性的特点；而市场交换是个体之间为满足彼此需求而进行的价格转移，具有私有性的特点。在税收征管的征收、运作和管控等各环节中，都是对公有资源进行的利用，同样税收征管所提供的产品、服务和效率等也属于多个个体公有，由纳税群体共同使用，资源的转移是由众多私有属性转变为了共同公有属性；而在市场交换中，需求方和供给方均有对所属资源的独占性，资源的转移是由一个私人个体转移到另一个私人个体，其私有的属性不变。

（三）处理机制不同——行政管理机制和市场交易机制

税收征管的主体是公共部门，或者狭义上的政府，政府处理公共事务的机制是以行政管理机制为主，而市场交换的主体是私人部门，属于个体行为，个体之间交换的机制是以市场交易机制为主。税收征管中相关事务的管理运行机制是以行政手段为主对资源或相关业务环节和产品服务进行获取和提供，行政性是其主要的属性；市场交换中个体之间的供给与需求是通过市场交易机制来完成的，资源的流动也是在市场机制下进行的，交易性是其主要的属性。

（四）参与者权力地位不同——强制征管和平等交易

税收征管是公共部门或政府对众多个体或民众进行的税款收取、运作和管控的过程，公共部门拥有强制征管的权力；而市场交换是私人个体之间的资源交换，建立在平等自愿的基础上，不存在强制交换。在税收征管中，公共部门采取的是强制征管的手段，纳税人不具有反抗的权力，税收征管的主体与客体之间的权力地位不同；在市场交换中，资源的供给者和需求者根据自身的实际状况，可以随时对资源交换的意愿和相关内容进行调整，交易双方无法强制对方进行交换，属于平等交易。

（五）产生的原因不同——市场失灵和政府失灵

在传统的理论分析框架中，认为市场机制中存在着许多市场失灵的现象和问题，而解决的途径之一就是通过公共部门的建立，来完善资源的配置以提高效率；而市场同样也是资源配置中政府管理机制的替代，在政府配置资源的效率较低或失灵的情况下，以市场机制来改进对资源的配置。税收征管是公共部门通过税收的形式解决相关领域市场失灵问题的重要手段之一，也是税收征管产生的重要原因；市场交换是市场机制对政府失灵的领域进行资源配置的主要方式，其产生的重要原因之一是政府在配置资源过程中的失灵。

（六）理念侧重点不同——普遍性和特殊性

税收征管属于公共管理领域，产生于众多个体的共有需求，同时为这种共有需求提供相应的供给，在这一过程中，每个个体对税收征管的个性化需求无法得到满足，税收征管部门并不需要注重满足这些特殊需求，其运行理念具有普遍性；而市场交换属于私人领域，是需求和供给双方对资源的特定交易，并不涉及其他个体，能够满足交易双方各自的个性化需求，其交易理念具有特殊性。

由以上对税收征管和市场交换相关内容的六个方面的分析可以看出，税收征管在公共领域的定位与市场交换在许多方面是相对立的，通过这几个方面的分析，能够更加明确税收征管的主要属性和内容，如图3-1所示。

从图3-1中可以看出，税收征管与市场交换相比较，在对象、性质、机制、权利、原因和理念方面的不同，由此可对税收征管传统界定有了更明确的认识。

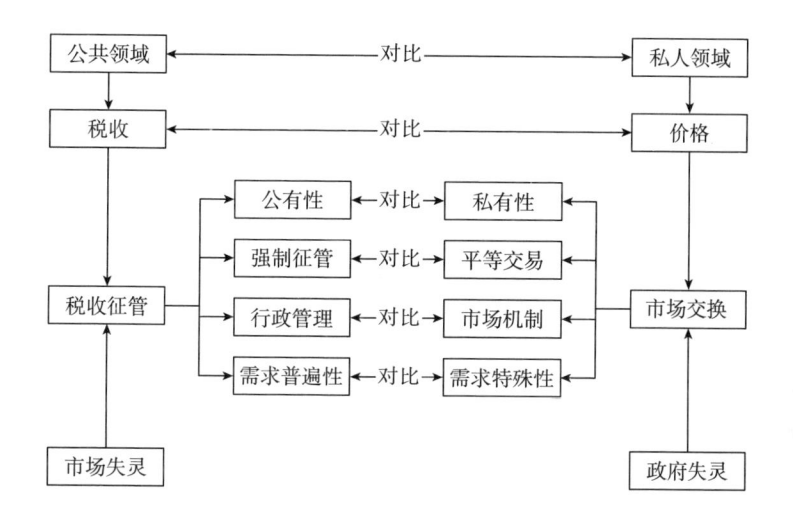

图 3-1 市场征管定位的对比分析

二 新公共管理理念对税收征管的新定位——公共性

从上文的分析中可以看出，在传统的理论分析框架中，普遍认为税收征管是与市场交换相对的、属于公共部门资源配置的管理运行过程，其核心内容是税收征管的公有性，并由此可以得出税收征管在供给层面的强制性、行政性等特征。而新公共管理理论提出将公共领域问题的研究与私人领域的相关理念相结合，注重公共事务各个参与者的影响和作用，强调对公共事务的强制管理与服务引导相结合。目前，运用新公共管理相关理念对公共事务处理的相关分析是在该领域较为前沿的研究，为公共领域管理的税收征管研究提供了新的视角和分析框架。

本节针对传统理论分析框架中的相关内容，将新公共管理的相关理念融入对税收征管的分析，主要包括以下几个方面。

（一）公有性和私有性的结合（权力本质）

在传统理论分析框架中，强调税收征管的公有性特点，肯定税收征管过程中的资源的共有权，但是在一定程度上忽视了税收征管过程中资源是由私有向公有转变的过程。随着资源的转移，个体在赋予公共部门资源使用的同时，也得到了满足相应需求的权力和诉求。因此，资源的所属权虽然在转移过程中改变了属性，但是与此相对应的私人需求并没有全部转移或转变。新公共管理理论提出将公有性和私有性相结合，既要满足税收征管过程中资源使用的公有权力，同时也要注重私有需求得到满足的权力。

(二) 管理性和市场性的结合（交易本质）

在传统的理论分析框架中，税收征管作为公共管理领域的重要内容，其产生的原因是对市场失灵问题的解决，也是用行政管理手段对市场交易机制的替代，因此，其着重强调公共部门的管理性，在一定程度上忽视了资源在由私人部门向公共部门转移过程中交易的本质特点。私人部门向公共部门转移一定数量的资源，其目的是希望得到更有效率的公共产品或服务的配置，而公共部门通过收取私人部门的资源来作为处理公共事务的基础，在此过程中，也存在一定程度上的交易性。新公共管理理论强调将这种交易性融入行政管理的分析和实践，提出在税收征管中将管理性和市场性相融合，以体现公共部门与私人部门的平等性。

(三) 强制性和服务性的结合（目的本质）

在传统的理论分析框架中，税收征管属于公共管理的范畴，是公共部门对资源的配置过程，因此，根据公共部门的属性，强调税收征管的强制管理特性，但是在一定程度上忽视了公共部门在资源配置中的核心目的是为了更好地处理公共事务，或满足公共领域的相关需求，从而产生了重管理轻服务的观念。私人部门在税收征管的参与过程中，在形式上表现为资源的转移，但是实质目的是满足个体的需求，因此私人部门更加关注是否更好地满足了自身的相关需求，而不是是否进行了资源的转移；公共部门在税收征管的参与过程中，也是通过获取的资源来对公共事务进行处理，资源的转移并不应该成为核心目的，而应是为了达到目的所进行的措施或手段。新公共管理理论更加强调税收征管的本质目的，而不是表面形式，主张在税收征管中将强制性和服务性相结合。

从以上分析中可以看出，在对税收征管的研究中，新公共管理理论的分析框架，与传统理论分析有很大的区别，提出了公共领域与私人领域相结合的相关理念和内容（见图 3-2）。

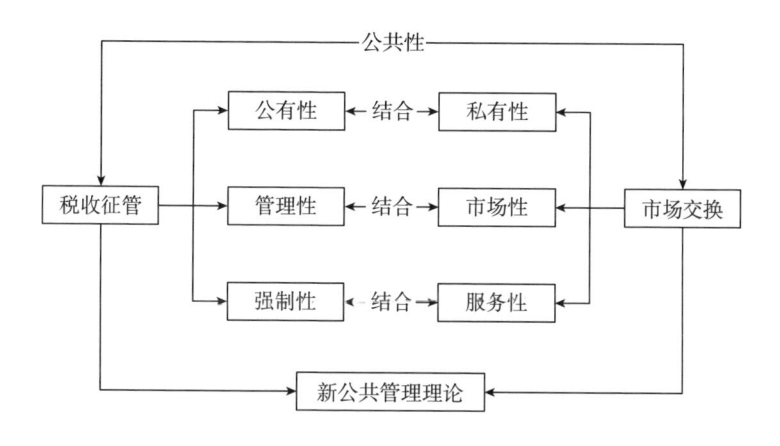

图 3-2 综合分析

从图 3-2 中可以看出，新公共管理理论在税收征管形式的基础上，更加强调税收征管过程中权力本质的公有性和私有性相结合、交易本质的管理性和市场性相结合、目的本质的强制性和服务性相结合，并注重公共管理领域与市场交换领域相关理念的融合，为税收征管的理论研究和实践分析提出了新的视角和观点。

第三节 新公共管理对税收征管绩效改进的必要性和可行性分析

从以上分析中可以看出，在新公共管理理论及其相关理念下，对税收征管的研究和分析与传统的理论框架不同，为了对新公共管理视角下税收征管绩效进行研究，需要对新公共管理的理念从必要性和可行性分析的角度进一步分析，论证随着社会性公共事务的内容和范围的扩大、复杂性的提高，新公共管理理论对税收征管绩效改进的促进作用。

一　理论分析的角度

在传统的理论分析框架中，将税收征管定位在与市场交换相对立的层面，是为强调了其公有性、管理性和强制性等特征。从目前对公共管理领域和对传统公共行政理论的研究和评价中可以看出，这种定位和理念虽在一定程度上可以解决市场失灵带来的资源配置效率损失的问题，但是同时也产生了政府失灵方面的问题。从本书对税收征管权力本质、需求本质和目的本质的分析中可以看出，在税收征管过程中，形式上是资源从私人部门转移到公共部门，但资源转移过程中伴随的是权力本质的不变性、交易本质的平等性、目的本质的需求性。

因此，对于税收征管绩效的分析，不能忽视其中的私有性、市场性和强制性等方面的特征，应该将公共领域与私人领域两个方面的相关属性相结合，以实现对问题本质的全面认识和分析。新公共管理理论的相关理念提出将市场机制引入公共部门的管理，主张借鉴私人部门的管理思想、模式和方法来对公共事务进行管理。因此，有必要将新公共管理理论中的相关观点和理念引入对税收征管绩效的研究中，并且可以运用新公共管理理论的研究成果对税收征管工作进行改进，为更加全面、准确地认识税收征管本质，提高税收征管绩效水平提供科学的理论依据。

二　实践分析的角度

从实践的角度看，新公共管理理论及其理念是在新公共管理改革兴起和快速发展中产生的。在各国政府传统管理模式下，税收征管仍然属于集权体系，强调等级原则、计划管理和直接控制，强调政府机构处理公共事物的独占性和垄断性，注重行政权力与专家主义。在这种情况下，主要依靠行政手段来管理公共事务的传统政府，在包括税收征管在内的公共领域产生了众多的问题，也由此产生了公众对政府的信任危机，同时也促进了公共管理改革进程的加快，从而引发了各国政府大规模的公共部门改革浪潮，以及在此过程中新公共管理实践模式的兴起和快速发展。

从新公共管理的具体实践中可以看出，新公共管理改革作为目前全球性的公共行政改革运动，在一定程度上表明了新公共管理是政府应对公共事务管理发展复杂多变的一种选择，也反映了经济社会进入全球化、信息化、市场化与知识经济时代后，对各国公共管理尤其是政府管理在相关领域的变革要求。从当前的实践结果可知，新公共管理改革对政府公共管理产生了深远影响，在相当程度上改善了西方国家的公共管理水平，得到了各国政府和民众的认可。因此，有必要将新公共管理的相关理念引入税收征管绩效评估的实践分析，而且基于新公共管理理论所提出的一系列主张、措施和改革模式，也能够为税收征管的绩效改进提供更加明确的方向和更加合理的依据。

第四章 我国税收征管模式的一般构成和 H 市地税的征管创新

我国的税收征收管理经过了多年的发展历程，目前已经形成了相对完善的体系结构，但仍存在很大的改进空间，2012 年国家税务总局提出了进一步深化税收征管改革的总体要求，确立了构建以明晰征纳双方权利和义务为前提，以风险管理为导向，以专业化管理为基础，以重点税源管理为着力点，以信息化为支撑的现代化税收征管体系的改革方向。各地也因地制宜地积极探索改革方式和路径，其中 H 市地税的征管改革因力度大、涉及面广、成效显著而最具代表性。本章在系统介绍我国税收征管体系一般构成的基础上，通过详细梳理 H 市地税的改革创新举措，为后文以 H 市为研究对象、以新公共管理为理论基础建模进行税收征管绩效的评估做可能的原因分析储备。

新公共管理理论作用于公共部门的核心理念是将强制管理和服务引导相融合。广义"强制管理"是指为促进预定国家任务的最优实现，公共部门运用国家权力对社会事务进行的一系列管理活动。本书的强制管理特指国家税务机关在税收征收过程中对管理对象采取的计划、组织、指挥、控制、协调、监督和改革等一系列方式的管理活动，特征是规范性、强制性和固定性。广义"服务引导"是指以政府为核心的公共部门整合社会的各种力量，广泛运用政治、经济、管理等方法，提升政府绩效和公共服务品质，从而实现公共的福利与公共利益。本书中的"服务引导"概念特指在坚持效率便利、公正公开、寓管于服务的原则下，税务征收管理部门及工作人员转变工作思路，以纳税人需求为导向，以合法手段满足纳税人合理合法的需求与期望，将纳税服务与管理紧密结合，全过程落实服务宗旨，体现程序简便、流畅，节约征纳成本，提高征管效率。

第一节 我国税收征管模式的一般构成

综合分析当前税收征管体系的现实构架，总体可将其归纳为申报征收、税源管理、税务稽查三个基本模块，其由多项税收征管业务组成。本节通过对各模块实质内容以及功能流程的系统介绍，更多地从管理层面为第二节 H 市征管模式的创新设立一个可比较的参照物，也为下一步征管绩效模型的构建、绩效总水平的测量以及各层指标的变化趋势提供宏观层面的现实分析依据，也为理论应用奠定坚实的客观基础。

一 申报征收模块的管理内容与流程

申报征收模块是我国税收征管体系中最核心的组成部分之一，其包括常规的众多具体的业务内容。该模块各组成部分的正常运转，是整个征管体系正常的重要保障，也是与新公共管理核心理念融合最多的模块。其管理的内容及其流程主要有以下几部分。

（一）纳税申报

纳税人依法办理纳税申报时，按照税务机关确定的申报方式办理申报，报送规定的申报表及各种附报资料。现有的申报方式主要有电子申报和上门申报两种，其中电子申报的具体形式有客户端申报、浏览器申报、电话申报、委托申报等。报表包括增值税申报、消费税申报、企业所得税申报、储蓄存款利息个人所得税申报、车辆购置税申报等类型；除了基本的纳税申报表，纳税人还要按税法规定向税务机关报送财务会计报表及其财务情况说明书、与纳税有关的合同、协议书及凭证、税控装置的电子报税资料、外出经营活动税收管理证明和异地完税凭证、境内或者境外公证机构出具的有关证明文件等与纳税相关的纸质或电子信息，以便税务机关全面掌握纳税人的涉税信息。

税务机关在受理申报的纸质资料时，需审核纳税人纳税申报表及相关资料是否齐全、内容完整，表内数据计算和钩稽关系是否正确，对增值税一般纳税人还需审核"一窗式"票表税比对是否存在异常等内容。对逾期申报业户按《税收征管法》的有关规定进行处罚。开票征收纳税人申报税款，应加收滞纳金的，按照规定加收。纸质资料应及时整理归档。纳税申报流程见图4－1。

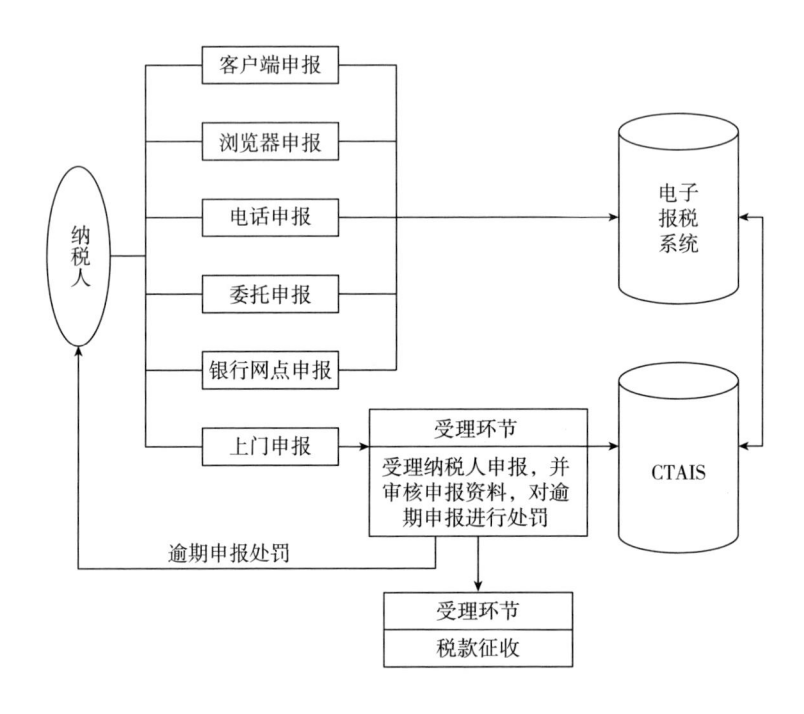

图4－1 纳税申报流程

（二）税款征收

税款征收是税务机关将纳税人在法定期限内依法向国家缴纳的税款，及时、足额地收入国库的一系列税收管理活动的总称。主要的征收类型包含以下几种。

（1）申报税款征收。该业务主要指对纳税人或上门向税务机关报送扣缴税款报告表、委托代征税款报告表的扣缴义务人、委托代征人，税务机关直接根据纳税人申报的当期应补退税额或扣缴义务人报送的扣缴税额、委托代征人报送的委托代征税额开具完税凭证，并将税款分别由纳税人、扣缴义务人、委托代征人或税务机关解缴入库的税款征收业务。

其主要的业务内容是：税务机关根据纳税人申报、税务机关核定的税款数额，开具完税凭证；通过税库银完成税款的征收、上解、入库；将开具的税收通用完税证进行电子汇总，将已开具的完税凭证及汇总缴款书作征解凭证整理归档。税款征收流程见图 4 – 2。

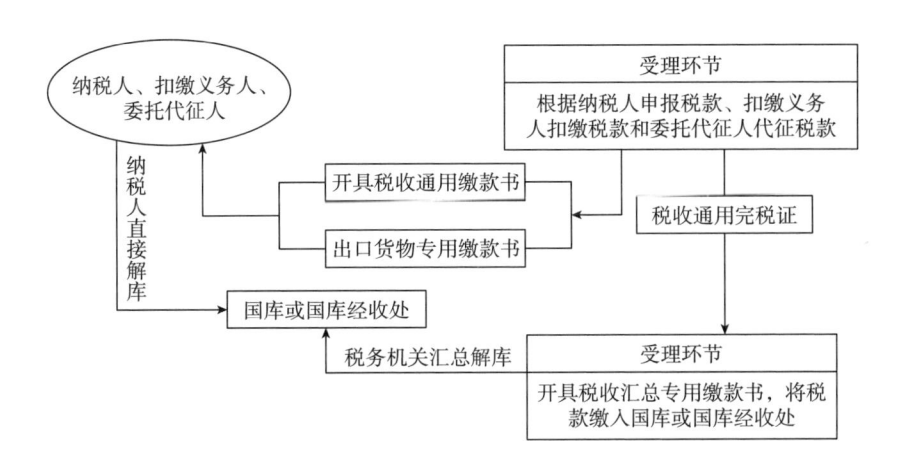

图 4 – 2　税款征收流程

（2）查补税款征收。主要是指税务机关通过对纳税人、扣缴义务人履行纳税义务和扣缴义务情况进行检查，并根据检查结果征收税款的税款征收业务。该业务的主要内容是税收征管部门根据稽查部门转来的税务处理决定书中的补缴税款信息，开具完税凭证；并通过税库银完成查补税款的征收、上解、入库。

（3）滞纳金征收。主要是指税务机关根据《税收征管法》及实施细则规定，对纳税人未按照税收法律法规规定期限或税务机关根据税收法律法规确定的期限缴纳税款行为加收滞纳金的征收业务。该业务的主要内容是税收征管部门根据逾期税款数额和逾期天数计算应加收滞纳金数额，开具完税凭证；通过税库银系统完成滞纳金的征收、上解、入库；对开具的税收通用完税证进行电子汇总。滞纳金征收流程见图 4 – 3。

（三）发票管理

发票管理是指税务机关依法对发票的印制、领购、使用、保管、检查及违章处理全过程进行筹划、组织、监督、控制所开展的各项活动

```
                                    受理环节
    纳税人  ───────────────→  根据逾期税款数额和逾期天数计算
                                应加收滞纳金数额，开具完税凭证
       ↑
       │    滞纳金加收通知书    ┌── 开具税收通用缴款书 ──┐
       │ ←─────────────────────┤                          │
       │                        │    受理环节              │
       │                   ←────┤  开具税收汇总专用缴款书，将税    税收通用完税证
       │                        │  款缴入国库或国库经收处
       │                        └──────────────────────────┘
       │                税务机关汇总解压
    国库或国库经收处 ←─────────
```

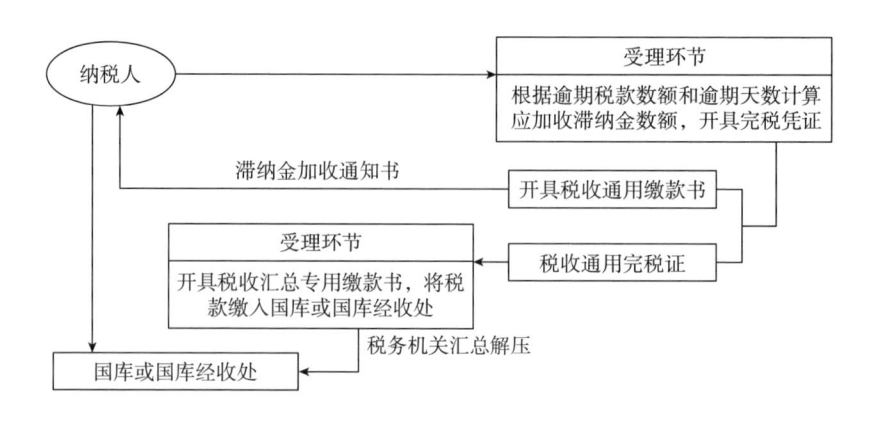

图 4-3 滞纳金征收流程

的总称，是税务管理、服务的重要组成部分，包括发票购票资格核定、发票发售管理、发票缴销管理、税务机关代开普通发票和普通发票的协查比对工作等内容。

（1）发票购票资格核定。税务机关根据《税收征管法》《发票管理办法》《增值税专用发票使用规定》等相关规定，依据纳税人提供的购票申请资料，从已有的开业登记调查资料中获取有关信息，结合"税收征管信息系统"的数据进行综合分析。相关部门还要审核纳税人提报的证件资料是否齐全、合法、有效，经审核发现问题的，退回纳税人予以补正，并做出相应的解释；经审核符合条件的，税务部门按相关规定确定纳税人的购票方式、种类、数量等。

（2）发票发售管理。根据《税收征管法》《税收征收管理法实施细则》《发票管理办法》及其实施细则的规定，纳税人凭《发票领购簿》核准的种类、数量以及购票方式，向税务机关领购发票。税务机关受理纳税人购买发票申请时，审核纳税人提供的证件、资料是否齐全；通过"税收征管信息系统"查询纳税人发票结存信息；审核纳税人用票情况；审核发现纳税人有发票违章行为时，视不同情况由本环节或转调查环节处理；审核无违章行为的，通过"税收征管信息系统"发售发票并按规定价格收取发票工本费，同时开具收据交给纳税人。

（3）税务机关代开普通发票。这项业务是指符合《发票管理办法》及其实施细则规定的代开范围的纳税人，需开具普通发票的，提

供相关资料到国税机关申请代开普通发票。具体业务流程是：税务机关先行受理审核需要代开普通发票的单位和个人提交的证件资料；确认经营业务是否存在，是否符合代开条件；对于需要缴纳税款的，依据规定通过"税收征管信息系统"开具完税凭证征收税款；开具工本费收据收取工本费；将填开发票的发票联给纳税人，发票的存根、购销证明原件以及有关证件复印件留存；及时将纸质资料归档。

（4）发票缴销管理。这项业务是指税务机关对纳税人因持有次票、换版、霉变、水浸、火烧、鼠咬、取消增值税一般纳税人资格、注销、变更税务登记、超期限未使用等原因而进行的空白发票的缴销。它的主要内容包括：税务机关受理纳税人提出的不同类型的缴销发票的申请；对纳税人的相关证件、资料进行审核；通过"税收征管信息系统"进行发票缴销处理；征管部门依法对发现的纳税人发票违法违章行为进行处理；纸质资料及时归档。

（5）普通发票的协查比对工作。这是指税务机关定期将纳税人取得的辖区范围内的普通发票发票联和纳税人开具的发票存根联录入，借助税收征管信息系统有关发票流向查询功能进行查询、比对，及时发现发票管理方面的问题。主要包括：准确采集纳税人取得的疑点发票联信息；根据需要协查的发票信息，采集存根联信息进行核实、比对；对纳税人取得的发票，经查无取得方责任的，只对开具方进行补税处罚；对无购销业务开具的发票，对双方纳税人进行处罚；情节严重的，做出停供发票的处理。对经协查比对发现有违章的发票，根据制作的《税务处理决定书》《税务行政处罚事项告知书》《税务行政处罚决定书》，送达纳税人执行。

（四）账簿凭证的管理

账簿凭证记载和反映了纳税人的生产经营活动情况与扣缴义务人的代扣代缴情况，是加强税务监督的主要依据。纳税人必须按税务机关的要求建立账簿，填制合法有效的记账凭证，接受税务机关的监督检查。税务机关要求纳税人、扣缴义务人在规定的时间内按照国家的有关规定设置账簿，根据合法有效的凭证记账，进行核算。同时，从事生产经营的纳税人财务会计制度或者会计处理办法和会计核算软件，应当报送国税机关备案。

账簿凭证管理的主要内容：（1）要求纳税人在自领取营业执照或发生纳税义务之日起 15 日内按照国家的有关规定设置账簿；扣缴义务人应当自税收法律、行政法规规定的扣缴义务发生之日起 10 日内按照所代扣、代收的税种，分别设置代扣代缴、代收代缴税款账簿。（2）纳税人设置的账簿可分为总账、明细账、日记账及其他辅助性账簿。总账、明细账必须采用订本式。（3）监督纳税人按照合法、有效的凭证记账，正确记载经济业务活动。白条、不按规定开具的发票不得作为记账的依据。（4）对未按规定设置账簿或未按规定保管账簿、凭证和有关资料的，或者在规定的保存期前擅自销毁账簿、凭证和有关资料的行为，实施处罚。

二　税源管理模块的管理内容与流程

税源管理是指对各税种税基的控管，广义上它包含对税源的事前、事中和事后管理。税源管理工作是整个税收征管工作的基础，多年税收征管实践经验证明，只有抓住税源，税源才能稳定，税收收入才会增长，因此税源管理的好坏对税收征管绩效有重要影响。其管理内容和流程主要包含以下几部分。

（一）纳税人设立登记

从事生产经营，并且缴纳增值税、消费税、企业所得税、金融保险营业税等纳税义务的单位，应当自领取营业执照（含临时工商营业执照）之日起 30 日内，向生产经营所在地税务机关申报办理税务登记。税务机关受理企业税务登记申请，按规定审核相关证件、资料是否齐全，无误后辅导纳税人填写《税务登记表》。（1）对超出税务登记办理期限的纳税人，受理环节要通过"税收征收管理信息系统"的违法违章模块，制作、打印《税收违法行为限期改正通知书》《税务行政处罚决定书》《税务文书送达回证》等文书，当场送达纳税人并对其进行违章处罚，开具罚款收据，征收罚款。（2）对于符合条件的，即时打印税务登记证件；根据纳税人登记信息，填写《税种登记表》，在"税收征收管理信息系统"税种登记模块完成税种核定。告知纳税人申报纳税期限、增值税一般纳税人认定、发票票种核定以及其他办税服务等事项。将纸质资料归档,并将国地税共管户设立登记资料及时传递主管地税机关。

税务机关接收受理环节提交的新增纳税人信息,按照业务标准规定的调查内容对纳税人进行基础信息调查核实,经调查,发现纳税人有关信息与实际生产经营信息不符的,通知纳税人及时变更税务登记,并将调查结果传递受理环节。经调查,发现纳税人不符合税务登记条件的,通知其注销税务登记,并将调查结果传递受理环节。纸质资料归档。设立登记流程见图4-4。

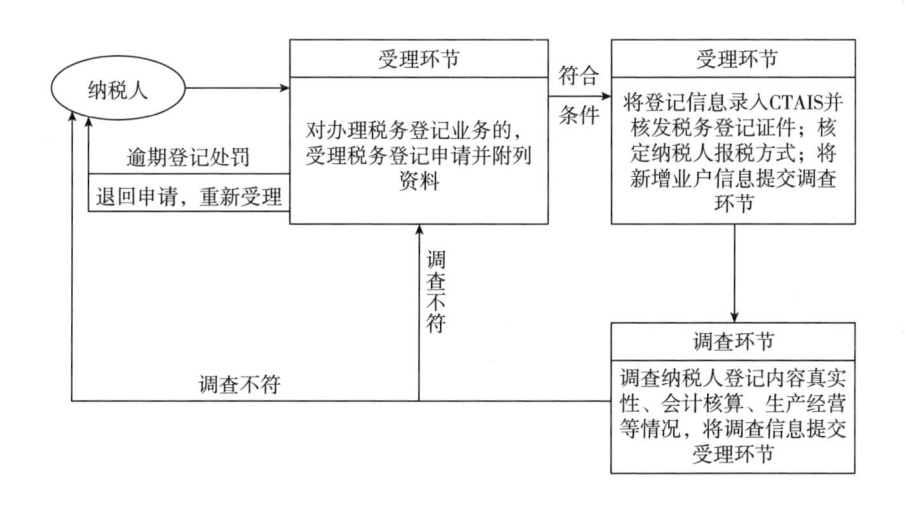

图4-4 设立登记流程

(二) 认定管理

该项业务主要包括企业所得税征收方式鉴定、增值税一般纳税人认定管理、税收优惠政策认定等,业务流程主要包括以下几个步骤:(1) 主管税务机关向纳税人送达相关业务认定的《鉴定表》,纳税人填写后报送主管税务机关,税务机关接收纸质或电子信息后按照业务标准进行审核,再在规定期限内将相关情况告知纳税人。(2) 案头审核鉴定完成后,进入调查环节:由税源管理部门的工作人员按照相关规定调查企业的账簿设置及核算情况;调查企业生产产品的名称及生产工艺、流程情况,确定控管适用方法;最后根据调查情况填写核定征收工作底稿，提出鉴定意见，并报相关业务管理岗位进行复核、认定。(3) 相关业务管理岗位要负责审核纳税人填报的申请项目的鉴定表、调查核实岗位鉴定意见和核定征收工作底稿；按照相关业务的鉴定标准，根据纳税人对征收方式的意见、主管税务机关鉴定意见和核定征收工作底稿，完成复核、认定工作，确定征收方式；填发《税务文书送达回证》、随同鉴定表转综合管理岗位送达纳税人。认定登记流程见图4-5。

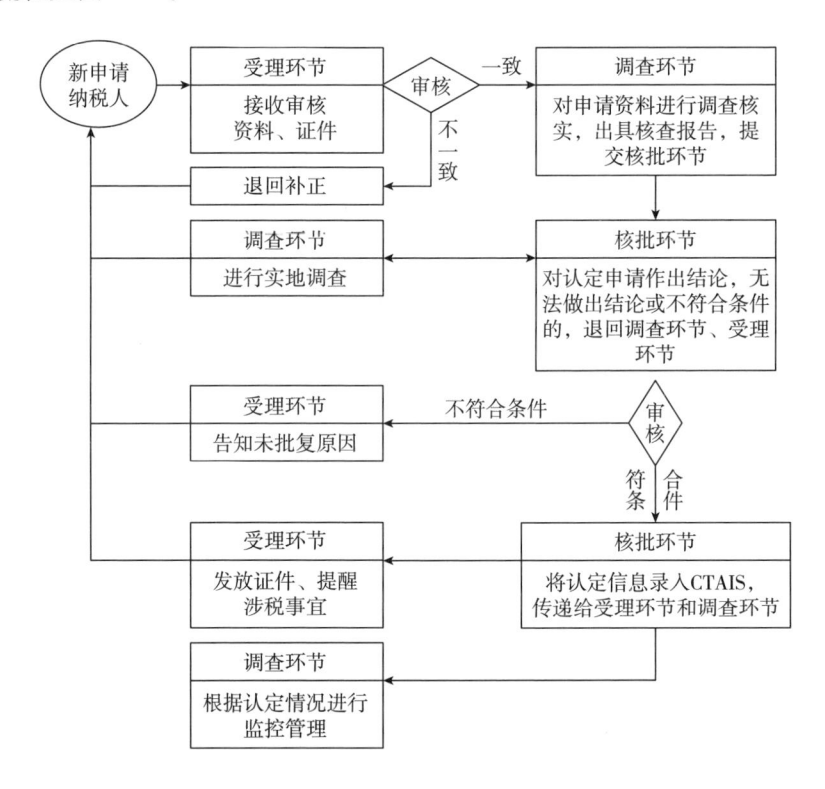

图4-5　认定登记流程

(三) 重点税源企业监控管理

重点税源企业主要指税收收入较大，能够左右本地区税收收入形势以及根据本辖区税务机关实际认为应纳入重点税源管理的其他企业。重点税源的日常监控主要是定期采集企业生产经营相关信息，进行当期税额估算或相关指标测算分析，找出企业存在的问题，促进企业如实申报纳税。

1. 重点税源企业的确定

重点税源企业的确立标准，各地税务机关（市、县）按照上级管理机关确定的重点税源监控标准执行，在收入规模和占总收入比重中选择一个作为确定重点税源企业的标准。重点税源企业一经确定，原则上年度内不调整，新产生的达到重点税源标准的企业应在次年纳入管理；原有的重点税源企业，其年度实际缴纳税额连续三年不足控制标准50%的，可以删除，但名单应上报上级税务机关备案。

2. 重点税源企业监控

按照连续性原则，建立重点税源企业档案，按月积累重点税源纳税资料；其数据可以通过企业上报的财务报表、附列资料和《重点税源企业状况月报表》、申报征收数据等方式采集。该业务主要是对重点税源企业的生产、销售、资金、效益、税收（特别是主要税种的应征数、入库数、欠缴数、减免数）等情况进行管理。多方面提高监控效果：及时收集、汇总、上报相关数据，保证上级机关对重点税源企业的掌握；深入重点税源企业开展调查研究，了解其生产经营情况，认真进行数据分析，编写应用分析报告，为组织收入工作和精细化管理提供参考。

3. 重点税源企业的管理方式

（1）对选用税额估算监控法的企业，根据采集信息估算当期税额；对选用指标分析监控法的企业，根据采集信息，计算相关指标，初步判定企业申报是否属实，存在哪些疑点问题。（2）对纳税人当期自行申报税额与当期估算税额差额超过规定幅度的或经指标分析判定企业存在疑点问题的企业，列入预警提醒清单，转执行环节送达给纳税人，责令纳税人在限期内对预警提醒的问题进行核实并反馈核实情况；对于接受预警提醒，经自查本期销售额确有正当理由的企业，作监控终结处理；对接受预警提醒，经自查达到或超过测算税额的企业，要求纳税人在规定时间内自行申报，纳税人要将自行申报的销售额、税额在《税收预警问题反馈情况处理单》中列明；对拒不接受预警提醒，不进行自查，或自查结果达不到测算销售额，且无正当理由的企业，根据《税收征管法》第 35 条的规定，核定其应纳税款，转执行环节送达纳税人责令限期缴纳税款；对确有偷税嫌疑，且难以查证的，制作《移交稽查通知书》，将其移交稽查环节处理，稽查环节应及时反馈处理结果。

（四）纳税评估

纳税评估是税务机关根据纳税人报送的纳税申报资料，以及日常掌握的各种涉税信息资料，运用科学的手段和方法，对纳税人纳税申报的准确性、真实性进行定性和定量分析，查找处理具有普遍性和规律性的税源变化情况及异常问题的一种税源管理手段。其同时为税务稽查提供选案信息，为领导决策和纳税信用等级评定提供依据。

纳税评估的主要内容：（1）接受评估管理环节发起的各类纳税评估任务：按上级发布的预警信息，自动承接的纳税评估任务；按上级统一要求发起的专项专案评估任务；据本单位评估计划和工作需要发起的自定义评估任务。（2）通过指标测算、审核对比等方法，对评估对象纳税申报的准确性、真实性进行分析，制作《纳税评估分析底稿》，对评估对象做出初步判断，视不同情况进行处理：①未发现疑点和明显存在偷、逃、骗税等重大问题嫌疑的，直接转入评定处理；②发现疑点且非偷、逃、骗税等重大问题嫌疑的，转入约谈举证或实地核实进行处理。（3）对需约谈纳税人制作《税务事项通知书》，将时间、地点、内容等事项通知纳税人。（4）约谈中认真听取纳税人陈述，做好笔录；纳税人可根据税务机关提出的问题和建议进行自查，填写《纳税评估自查报告》，及时报送税务机关。（5）视约谈和纳税人自查情况不同分别进行处理：①经约谈疑点可排除的，纳税人对评估发现的疑点问题未提出异议并自觉纠正的，经约谈发现纳税人涉嫌重大偷、骗税等重大违规问题的，直接转入评定处理环节；②对拒绝和不按时接受约谈的、对经约谈疑点问题仍不清楚无法定性或对纳税人自查举证不能认可的，进行调查核实处理。（6）对需调查核实纳税人，填发《税务事项通知书》，通知纳税人实施实地核查。调查核实结束后，制作《纳税评估实地核查结论》，转评定处理环节进行处理。（7）评定处理的几种情况：①未发现疑点或疑点已排除的，采用纳税

第四章 我国税收征管模式的一般构成和 H 市地税的征管创新

评估工作台账的形式进行记录;②存在的疑点问题经核实,事实清楚、证据确凿的,制作《纳税评估报告》,对需补缴税款的或处罚的,由相关部门依法做出二次更正申报或违法违章处理;③对经评估、约谈、调查核实,发现有偷、逃、骗税等重大问题嫌疑或其他需立案查处的税收违法行为嫌疑的,制作《纳税评估选案建议书》,连同相关资料转税务稽查处理。

纳税评估流程见图 4-6。

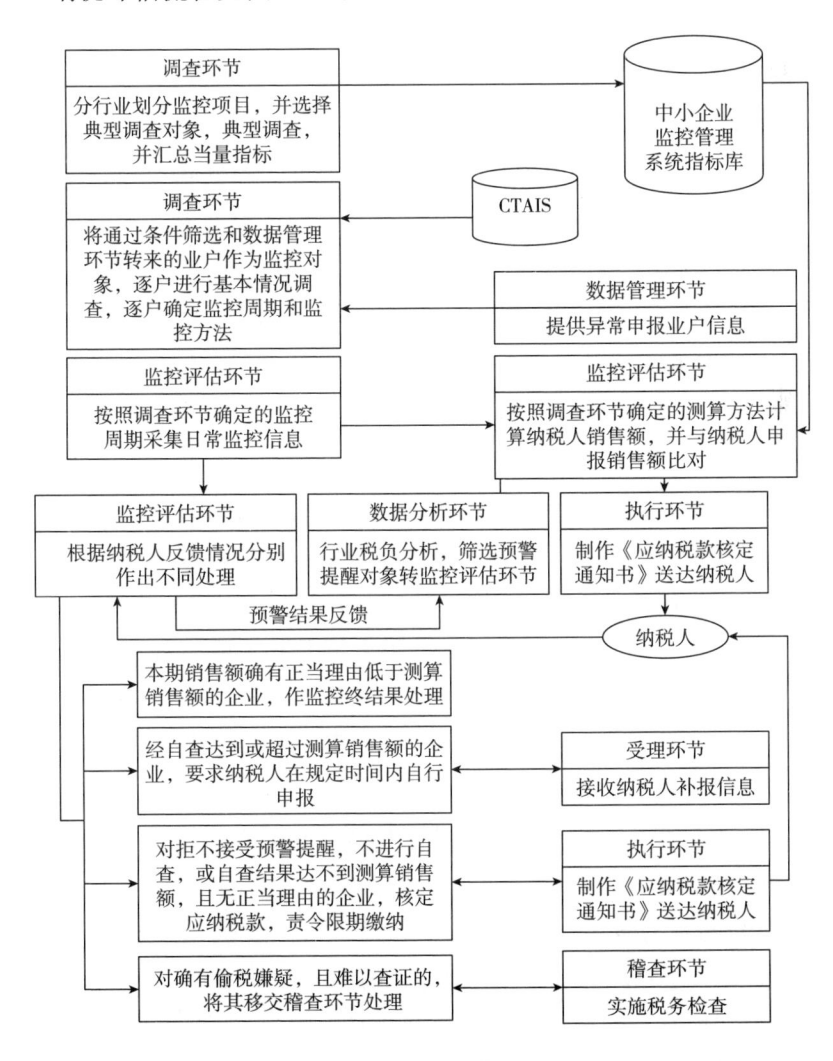

```
┌─────────────────────────────┐              ┌──────────────┐
│ 调查环节                     │─────────────>│ 中小企业      │
│ 分行业划分监控项目,并选择    │              │ 监控管理      │
│ 典型调查对象,典型调查,      │              │ 系统指标库    │
│ 并汇总当量指标               │              └──────────────┘
└─────────────────────────────┘                     ▲
                                    ┌─────────┐
┌─────────────────────────────┐     │ CTAIS   │
│ 调查环节                     │<────└─────────┘
│ 将通过条件筛选和数据管理     │
│ 环节转来的业户作为监控对     │     ┌─────────────────────────┐
│ 象,逐户进行基本情况调       │     │ 数据管理环节             │
│ 查,逐户确定监控周期和监     │     │ 提供异常申报业户信息     │
│ 控方法                       │     └─────────────────────────┘
└─────────────────────────────┘

┌─────────────────────────────┐     ┌─────────────────────────┐
│ 监控评估环节                 │     │ 监控评估环节             │
│ 按照调查环节确定的监控       │     │ 按照调查环节确定的测算   │
│ 周期采集日常监控信息         │     │ 方法计算纳税人销售额,   │
│                              │     │ 并与纳税人申报销售额比对 │
└─────────────────────────────┘     └─────────────────────────┘

┌───────────────┐  ┌───────────────┐  ┌───────────────┐
│ 监控评估环节   │  │ 数据分析环节   │  │ 执行环节       │
│ 根据纳税人反馈 │  │ 行业税负分析, │  │ 制作《应纳税款 │
│ 情况分别作出   │  │ 筛选预警提醒   │  │ 核定通知书》送 │
│ 不同处理       │  │ 对象转监控评   │  │ 达纳税人       │
│                │  │ 估环节         │  │                │
└───────────────┘  └───────────────┘  └───────────────┘
         ▲           预警结果反馈            │
         │                                   ▼
                                        ┌─────────┐
┌─────────────────────────────┐         │ 纳税人  │
│ 本期销售额确有正当理由低于   │         └─────────┘
│ 测算销售额的企业,作监控终   │
│ 果处理                       │
└─────────────────────────────┘

┌─────────────────────────────┐         ┌─────────────────────┐
│ 经自查达到或超过测算销售额   │<────────│ 受理环节             │
│ 的企业,要求纳税人在规定时间 │         │ 接收纳税人补报信息   │
│ 内自行申报                   │         └─────────────────────┘
└─────────────────────────────┘

┌─────────────────────────────┐         ┌─────────────────────┐
│ 对拒不接受预警提醒,不进行   │         │ 执行环节             │
│ 自查,或自查结果达不到测算   │         │ 制作《应纳税款核定   │
│ 销售额,且无正当理由的企业, │         │ 通知书》送达纳税人   │
│ 核定应纳税款,责令限期缴纳   │         └─────────────────────┘
└─────────────────────────────┘

┌─────────────────────────────┐         ┌─────────────────────┐
│ 对确有偷税嫌疑,且难以查证的,│         │ 稽查环节             │
│ 将其移交稽查环节处理         │         │ 实施税务检查         │
└─────────────────────────────┘         └─────────────────────┘
```

图 4-6　纳税评估流程

三 税务稽查模块的管理内容与流程

税务稽查是税务机关依法对纳税人、扣缴义务人履行纳税义务、扣缴义务情况所进行的税务检查和处理工作的总称。税务稽查包括日常稽查、专项稽查、专案稽查。税务稽查工作分为选案、实施、审理、执行四个环节。它包括稽查案源管理、稽查实施管理、稽查审理管理、稽查执行管理四部分内容，其功能及流程主要包括以下几方面。

（一）稽查案源管理

案源管理是税务稽查工作的起始环节，是对各种渠道形成的案源进行接收登记、分析处理及相关事项的管理，为检查环节确定检查对象提供有力的保证。

稽查案源主要来源于三种渠道：外埠举报、数据管理和监控评估环节移交、上级稽查部门转办或部门转办。虽然来源方式不同，但案源管理通常都要经过以下环节：（1）受理偷税、逃税、骗税、虚开、伪造、非法提供、非法取得发票及其他税务违法行为的举报，填制《税务违法案件举报登记表》，并在税务征管信息系统的税务稽查模块进行登记。（2）对举报内容进行初步审查分析后，分情况做以下处理：①内容不清的，对于实名举报，可以请举报人补充情况；②初审认为举报事项尚不具备调查价值的，经领导阅批后可暂存待查；③对外埠举报的属本级稽查局管辖的案件、本单位评估环节移交的违法线索具备调查价值的、上级稽查部门转办的案源，经稽查局领导批准，制作《稽查任务通知书》《待稽查纳税人清册》通知本级稽查部门查处，有立案查处情形的应填制《立案审批表》，报稽查局局长批准后予以登记；④对三种渠道提供的经初步审查认为违法线索案情重大的，填写《重大税务违法举报案件摘要报告表》《专办单》，经稽查局和本级税务机关领导批准后，报告上级税务机关稽查部门。稽查案源管理流程见图4-7。

（二）稽查实施

稽查实施是指检查人员对案源管理确定的检查对象，依据税收法律、法规、规章及有关文件的规定，运用一定的方式方法，有目标、有步骤地进行税务检查的实务操作活动。

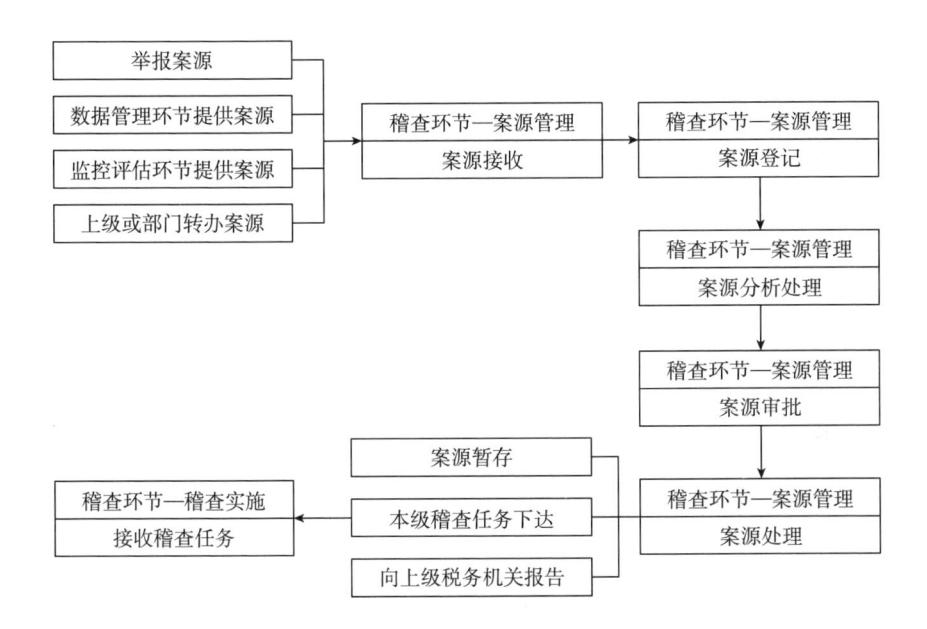

第四章 我国税收征管模式的一般构成和 H 市地税的征管创新

```
举报案源 ┐
数据管理环节提供案源 ├─→ 稽查环节—案源管理  ─→ 稽查环节—案源管理
监控评估环节提供案源 │    案源接收              案源登记
上级或部门转办案源 ┘                               ↓
                                          稽查环节—案源管理
                                          案源分析处理
                                               ↓
                                          稽查环节—案源管理
                                          案源审批
                                               ↓
稽查环节—稽查实施  ←─  案源暂存
接收稽查任务           本级稽查任务下达  ←─  稽查环节—案源管理
                      向上级税务机关报告      案源处理
```

图 4-7 稽查案源管理流程

稽查实施环节是稽查工作的中心环节，实施过程是否科学、严谨对稽查结果具有重要的影响作用。稽查实施主要包括以下环节：（1）接受案源管理环节转来的稽查任务，实施准备，分解落实检查任务，确定稽查人员，向纳税人下达《税务稽查通知书》。（2）对稽查对象进行检查，在检查过程中发现达到立案标准的，填写《立案审批表》，报稽查局局长批准后予以登记。（3）检查过程中，填写《税务稽查工作底稿》。（4）检查结束后，根据《税务稽查工作底稿》分不同情况，进行以下处理：①按照规定不需立案查处的一般税收违法案件，稽查完毕后，按照简易程序，分两种情况做出处理：A. 未发现问题的，由稽查实施人员直接制作《税务稽查结论》，说明未发现问题的事实和结论意见，一式两份，报稽查局局长批准后，一份存档备查，一份转稽查环节—稽查执行交稽查对象。B. 发现问题的，由稽查实施人员直接制作《税务处理决定书》，《不予行政处罚决定书》《税务行政处罚告知书》一式两份，报稽查局局长批准后，一份存档备查，一份转稽查环节—稽查执行交稽查对象。②经立案查处的税收违法案件,由稽查实施人员制作《税务稽查报告》,说明未发现问题或发现问题的事实和结论意见,一式两份,连同稽查有关资料,提交稽查环节—稽查审理进行案件审理。(5)纸质稽查资料及时整理归档。稽查实施流程见图4-8。

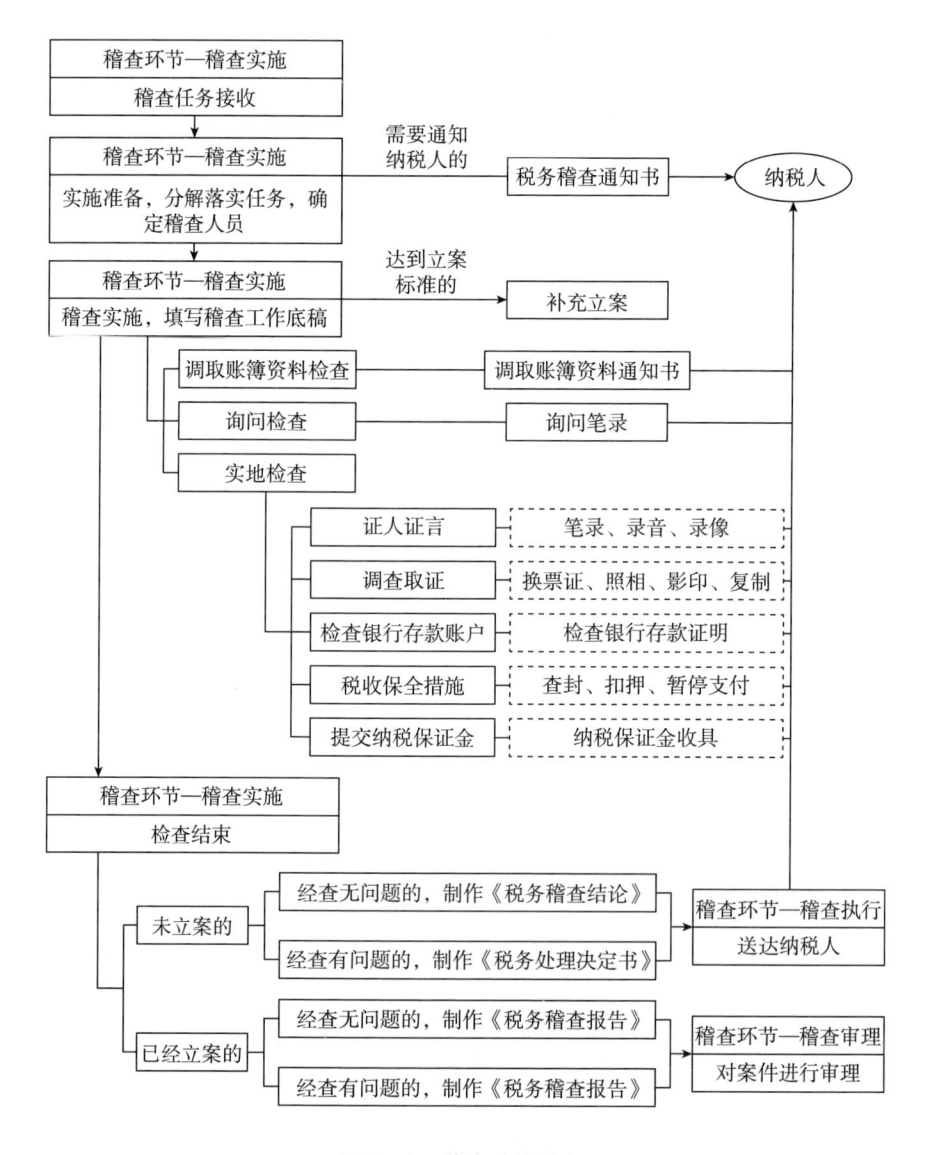

图4-8 稽查实施流程

(三)稽查审理

税务机关对立案查处的各类税务违法案件在稽查完毕的基础上,在稽查审理环节对稽查实施环节提交的《税务稽查报告》及其他税务案件证据资料进行审查。根据案件性质和数额,未达到案件集体审理标准(违法行为轻微,依法可不予行政处罚或未发现税务违法行为)的,审理环节可直接进行审理;达到一般案件集体审理标准的,审理环节要提出初步审理意见,提请一般案件集体审理委员会审理;对于大要案和疑难案件,审理环节应在案件调查终结之日起5—10日内填制《重大税务案件审理提请书》,将所有与案件有关的材料一并提交重大案件审理委员会集体审理。

经过审理,认为检查部门提交的案件材料事实不清、证据不足、手续不全或程序不合法的,审理环节应填制《补充调查通知书》,要求检查人员补充调查或重新处理,并限期提交补充调查资料。

审理结束后,根据审理意见制作《审理报告》,进行审批。根据《审理报告》,对于应补缴的税款和滞纳金,直接制作《税务处理决定书》或《税务稽查结论》等,送执行部门;对需要给予行政处罚的案件,审理环节制作《税务行政处罚事项告知书》,送达纳税人,告知当事人拟作出处罚的事实、理由和依据,以及当事人依法享有陈述、申辩或听证的权利。被查对象收到《税务行政处罚事项告知书》后,有陈述、申辩意见的,检查人员应当充分听取,并制作《陈述申辩笔录》,或者受理被查对象书写的《税务行政处罚陈述申辩书》。当事人无异议的,也要在陈述、申辩笔录中注明。如果处罚事项的数额达到听证标准且当事人按期提出听证要求的,则转入听证程序。告知、听证程序结束后,制作《税务行政处罚决定书》,经审批,送执行环节。经审理,被查对象的税务违法行为涉嫌构成犯罪的,应制作《涉税案件移送书》,并提供《涉税案件卷宗》,一并移送公安机关。稽查审理流程见图4-9。

(四)稽查执行

稽查执行环节的主要内容是将《税务处理决定书》以及其他各种税务文书送达案件当事人,并依法督促当事人依照处理决定按期、全

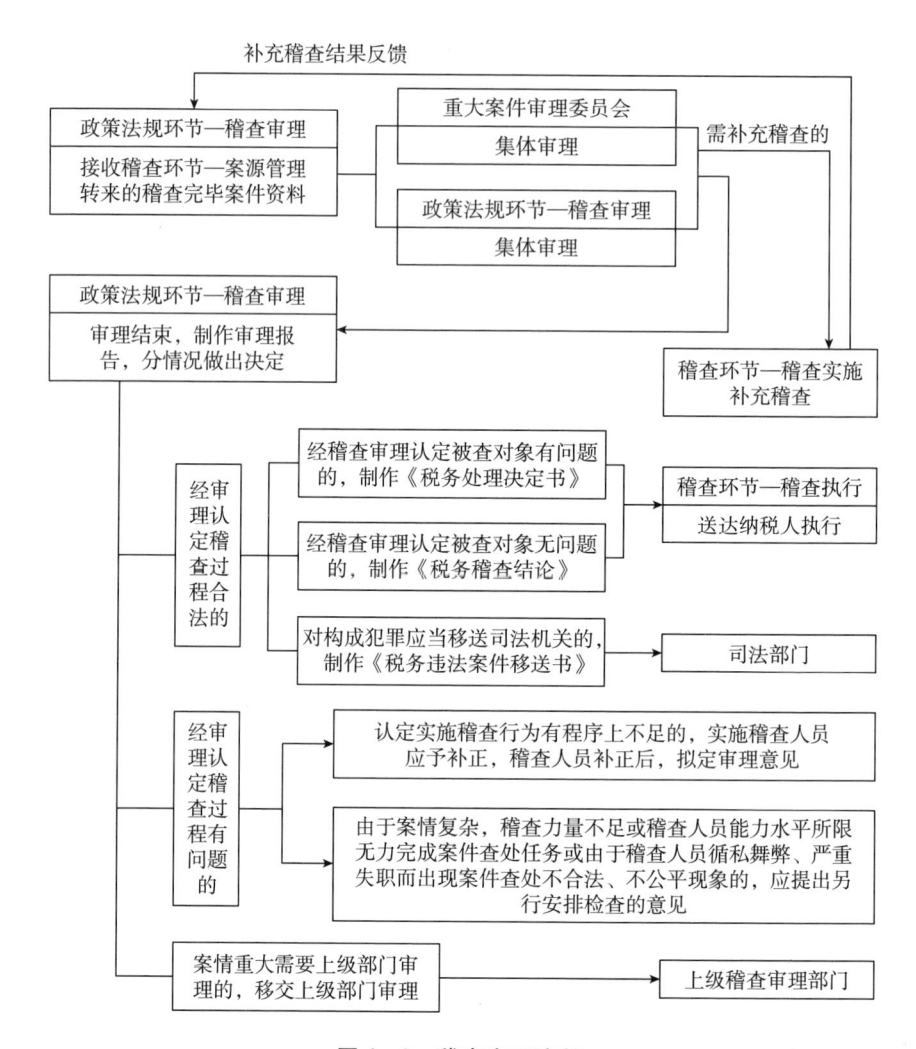

图 4-9　稽查审理流程

面履行处理决定。(1) 税务人员在送达《行政处罚事项告知书》《处理决定书》等税务文书时，应告知当事人处理事项并要求其在《税务文书送达回证》或直接在税务文书上签收。当事人拒绝签收的，执行人员在要求见证人签名后，留置文书即为送达；当事人查找不到的，执行人员可依《民法通则》的相关规定采取其他送达方式送达。(2) 税务稽查执行人员承担监督案件执行的任务，确保执行事项限时、合规地全面执行，若在过程中出现可能导致事项无法执行的情

第四章 我国税收征管模式的一般构成和 H 市地税的征管创新 / 87

况，应视情况采取税收保全或强制执行等合法举措：当发现纳税人有明显转移、隐匿应纳税商品、货物以及其他财产或应税收入迹象的，税务机关可按照《税收征管法》的规定采取冻结纳税人存款账户、查封扣押纳税人相当于应纳税款的财产的行为；税务执行人员可经县以上税务局局长批准后，填制《扣缴税款通知书》，通知当事人开户银行从其账户中划缴相当于应补缴税款及其滞纳金的款项；对税务机关作出的处罚决定或者强制执行决定，纳税人拥有一定的时限选择申请行政复议或起诉，但超出规定期限未履行自己的权利也未执行处罚措施的，税务机关有权填制《税务处罚强制执行申请书》，连同有关材料移送人民法院，申请其协助强制执行。稽查执行流程见图 4-10。

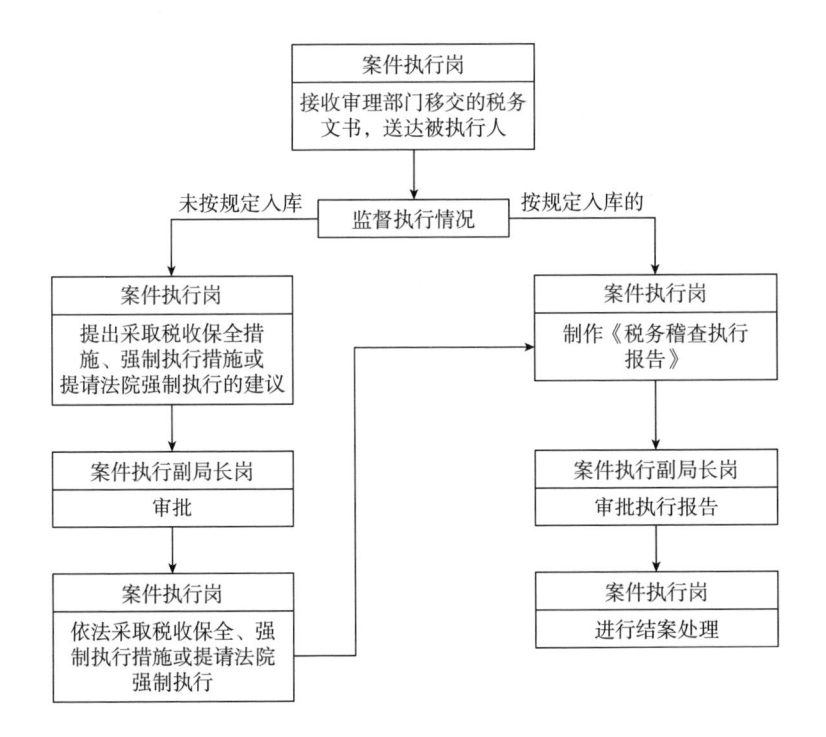

图 4-10 稽查执行流程

第二节　H市在传承基础上的征管模式创新

本书将税收征管系统的绩效评估对象选择为H市地税是有现实考量的，近年来，在我国税务系统，H市地税的征管改革颇有影响力。自2004年始，H市地税以"最大限度地方便纳税人、不给税干有犯错误机会"为宗旨，在税收征管领域掀起了一系列改革。其对外积极对比、借鉴国外征管体系的先进经验和做法，对内深入研究我国税收征管的各项法律、法规、政策，结合我国税收征管领域的现实问题，以务实、求真、勇于开拓的态度，在我国现行的一般征管模式基础上进行了多项创新，社会反响强烈。因此，以H市地税为例对我国税收征管绩效进行评估具有一定的现实意义和理论分析价值。

一　H市地税的申报征收创新

（一）H市的创新做法

自2004年1月起，H市地税用三年时间，以"自上而下"，再"自下而上"的方式，分三步走实行机构设置的"征收、管理、稽查"三分离。市、县（区）局的第一分局都设为纳税服务局，负责受理申报与税款征收、发票发售与代开、涉税受理与审批等业务，也就是说只要是纳税人需主动找地税机关办理的涉税事项，全部由第一税务分局受理。这种改革创新的优势在于：一是有利于税务机关实现资源整合、统一业务规范、实施集约化管理，提高了工作效率；二是通过"有区域管理"条件下的"无区域服务"，杜绝了纳税人办税"多头跑"的现象，使纳税人的多项涉税业务能够"一站式"完成，最大限度地方便了纳税人；三是从制度上实现了"管事的不管户，管户的不管事"的目标，基层征管机构间实现了征收与管理、审批与审核、行政处罚决定与执行相分离，从而形成部门与部门、岗位与岗位间的相互制约，原来征管合一管理状况下存在的一些问题，如各分局各自为政，服务及审批标准不一，管理及定额水平各异，相同的纳税人在不同分局间享受不同的税收待遇等也迎刃而解。

(二) 申报征收环节的国外经验

从美国、加拿大和澳大利亚等西方发达国家的税收征管模式看，自核自缴是纳税人履行申报纳税义务的最主要方式。纳税人在税务机关提供的多元化的申报方式中自主选择申报方式，并依据税法规定的要求和时限，对照减免税条件，自行申报应税收入和免税收入，无须税务机关前置审核。西方发达国家的税收征管模式与我国相比，最大的区别就是税务机构不参与纳税人申报纳税的过程审核，而是通过数据交叉比对与审计对其收入申报的真实性、减免税申请条件的符合性实施监督。

由此可以看出，H市地税在税收申报征收的管理环节，正式借鉴了西方发达国家的管理理念，结合我国的征管实践，选择信任纳税人的态度撤销了税务机关的前置审核，让纳税人自行申报并交纳税款；后续通过税源管理环节的"申报纳税信息按比例抽查＋违规依法重罚"的严密兜底管理措施，加大纳税人的违规成本，从而促进纳税遵从度的提高。这种改革创新的方式，既能提高工作效率和贯彻服务理念，又能保障申报征收管理工作的质量，从而达到一种"双赢"的效果。

二　H市地税的税源管理创新

(一) 税源管理创新的背景

与西方国家征管模式更注重纳税服务和税务稽查不同的是，一直以来我国主管税务机关更加注重对税源的管理。在我国税收征管机构的设置中，与征收局、稽查局相比，管理分局无论是机构数量上，还是人员配比上都占有压倒性的优势。占据我国征管体系很长时间的"管户"理念，带有较为浓厚的计划经济色彩，是我国公共部门过多涉入公民、法人事务管理的缩影，也是对纳税人"有罪推定"管理思维的具体体现。

(二) H市税源管理创新内容

1. 下放涉税审批权

2004年7月，H市地税开始实施涉税审批制度的改革，结合导入ISO9000质量管理体系，对所有涉及审批权限的业务流程进行梳理。

通过充分授权前台，将原分局局长、处长、市局局长的审批权限全部下放到前台窗口，实施先审批、后调查，即纳税人在办理减免税、延期缴纳税款、停复业、税前扣除等涉税事项时，只要其提供的申请资料完整、齐备，逻辑关系正确，前台窗口当场就可审批。2005年2月，开始将部分涉税审批权下放在全市地税系统全面推行；2007年，H市地税在全系统取消涉税审批权，一律实行备案制。

为加强事后监管和再监督，确保纳税人提供资料的真实性与合法性，H市地税制定下发了《H市地方税务局简化办税程序强化事后监督操作规程》，详细列明各涉税事项前台审批时必须具备的要件与要求，并规定管理分局启动事后调查程序的时限要求、业务规范和撤销审批结果后对纳税人的处罚措施。在实际操作过程中，前台涉税审批事项信息由纳税服务局转到管理分局或稽查局后启动事后调查程序，认为纳税人确实符合审批（备案）条件的，出具调查报告即可归档；不符合条件的，出具调查报告后由前台窗口撤销原审批意见，并按照有关规定对纳税人实施处罚。由于审核调查环节的后置，调查人员拥有更充裕的审核时间，保证了调查工作的质量。

为加强对管理分局的监督制约，H市地税还建立了事后调查再监督机制：纳税人申请备案的次年，对管理分局进行过事后检查的企业减免税、资产损失、税前扣除等事项再按10%的比例随机抽取复查对象，实施再监督。再监督的结果纳入年终考核，凡经稽查局核查后撤销原管理分局调查意见的，由市、县（区）局根据执法责任制的规定追究管理分局事后调查人员责任，这种再监督机制的实施，为涉税审批权下放设置了双重保险，最大限度地防范了审批权下放带来的潜在风险。

2. 实施专业化管理

在中国目前的税源管理方式下，基本上都是强调"管户"的概念，而非"管事"的概念。其实，在信息技术条件下，无论是按纳税人纳税规模设立重点税源局、一般税源局、零散税源局，还是按纳税人经营行业设立建安房地产管理局、交通运输管理局、金融保险管理局等，都未摆脱"属地"管理的范畴，而在这种管理方式下，税收管理员的执法风险无法从根本上得到化解和防范。

将税收管理职能实施专业化分工符合税务管理的发展方向。通过对纳税人风险信息进行识别、排序，按照风险程度的高度采取不同的管理方式：（1）将涉税审批、申报征收、发票资格认定等常规涉税管理职能外分至征收部门；（2）将第三方信息采集、风险评估等中等风险管理职能外分到税源管理部门；（3）将纳税人高风险信息的应对职能外分至稽查部门。

就税源管理部门的工作职责而言，按职能被划分为基础管理事项与风险应对事项两部分，分由不同团队负责实施。基础管理事项主要包括纳税人基础数据采集、税务登记、发票管理、税源调查、前台审批（备案）的停复业、延期缴纳税款等事项的事后监管等。而风险应对事项主要包括纳税人中低风险信息的处置应对、纳税人税务登记注销检查、土地增值清算、前台审批（备案）的减免税、税前扣除等事项的事后监管等。

无论是基础管理事项，还是风险应对事项，均取消了税务人员与纳税人的一一对应关系，实现了两个转变：一是"管户"的纵向管理向"管事"的横向管理转变，通过对税源管理工作进行基础管理事项和风险应对事项的细分，以前一个税收管理员的管理职责现在由五至十个岗位分工、协作完成，实现了过去税管员"一户所有事"向现在不同岗位"一事所有户"的转变。这一转变，既通过分权有效化解了以前税管员的执法风险，也有效解决了当前税管员队伍素质参差不齐的现状，有利于发挥每个个体潜力，以提高单项业务的工作效率。二是实现了"单兵"向"团队"的转变，无论是基础管理事项，还是风险应对事项，均由两个以上税务人员组成团队集体负责，通过智慧集聚提高了工作质量。

3. 发票管理创新

近年来，受经济利益驱动，发票领域的制假、售假、代开、虚开等行为时有发生，甚至有愈演愈烈的趋势。假发票泛滥造成税款大量流失，严重侵蚀了税基。而假发票屡打不尽的一个重要原因是公众普遍对发票物理防伪措施不了解，缺乏基本的辨伪知识，发票防伪措施对于一般消费者而言形同虚设。为维护正常的税收秩序，税务机关一方面要与公安机关联合开展不同规模的打假专项整治活动，另一方面要通过不定期换版、强化发票防伪措施等方式提高制假成本，发票的管理成本这样在循环博弈中不断升级。此外，从发票印制、运输和储存，到发票出库、入库和缴销等各环节，征纳双方都要投入大量人力、物力和财力。这就是当前发票管理所面临的现实问题。

发票能否正确开具是正确核算税收收入、准确计算应纳税额的重要基础，发票管理的好坏对税收征管绩效有重要的影响作用。H市地税秉持务实态度和创新精神，在全国率先研发建筑业电子发票（白纸打印）开具暨管理系统，实现了发票管理由面对面的办税服务到高效的网络服务、由物理感官防伪到电子信息防伪、由重视发票开具到重视后续监控的三个转型。该系统的主要创新点有：（1）在线申请。开票纳税人无须到办税厅领购发票，只需在线申请票号资源，就可由系统在税务机关限定的领购数量内自动配置，从而大大节约了办税时间；税务机关以往需在发票印制、出入库和缴销等环节投入大量的人力、物力，推行该系统后成本几近于零。（2）白纸开具。系统调用纳税人电子票号资源与开票资格认定信息，在线开具电子发票。截至2010年年底，该系统累计开具电子发票75238份，金额315.13亿元。以普通打印纸作打印介质后，单张发票的成本由过去的0.6元下降为0.05元左右，降低了90%以上。（3）在线查验。发票接受方接受建筑业电子发票后，只要在系统中输入发票号码及随机产生的验证码，电脑屏幕上即可直观呈现发票开具的原样，便于收票方对开票信息进行逐一核对。任一信息不符，都可即时认定为假发票，大大降低了发票辨伪门槛。据统计，2010年，H市地税辖区企业接收方在线验证率达78.6%，税务机关专项核查电子发票4670份，无一份假票入账。（4）实时监控。税务机关通过发票资格认定，结合建筑项目登记信息可随时调整纳税人可申请票号资源数量、单项工程总开票额、单份发票开具限额、停限供措施等；实现对纳税人开票信息与申报信息的自动比对、监控；开票信息可在项目所在地和机构所在地主管税务机关间实时共享等。

发票的一个重要使命就是控管税源,长期以来,发票的物质载体在税源管理中的地位不断提升,但发票本质上仅是收付款凭证而已,被认为赋予太多责任。随着发票管理信息化水平的逐步提高,税务机关须将管理重心由发票实体调整为发票所承载的信息上来,白纸发票不失为破解当前发票管理困局的有意义的创新举措。随着信息化技术的发展,这一发票管理创新方式还能有更大的延展空间,可通过建立全国统一的发票查询、验证平台,实现发票信息查询、验证的全国共享,从根本上解决当前发票管理的各种问题,缩减征纳双方成本,提高税收征管绩效。

4. 税源管理创新的意义

(1) 涉税审批制度改革促进办税效率的显著提高。对于税源管理的各项业务而言,无论采取何种办税形式,只有从审批流程上做根本改革才能真正为纳税人提供方便、快捷的服务。而 H 市地税审批权的实质性下放,对提高税企双方的办税效率起到了实质性的推动作用。这种人性化管理方式不仅具有现实意义,也具有一定程度上体现公平的理论价值。以典型业务"延期缴纳税款"为例,《税收征管法》第 31 条第 2 款规定:"纳税人因有特殊困难,不能按期缴纳税款的,经省、自治区、直辖市国家税务局、地方税务局批准,可以延期缴纳税款,但是最长不得超过三个月。"一般情况下,纳税人遇到这种情况,只能在申报期内向主管税务机关提出申请。按程序,管理员接到申请后要实地核查纳税人的货币资金、当期应付工资和社会保险费情况,后出具调查意见,再层报所长、县(分)局局长签署意见,市局汇总后报省局审批。以全程顺畅无阻来考虑,纳税人接到省局的审批结果也已接近月底。若省局做出"不予同意延期缴纳税款"的决定,按现行税法规定,纳税人须从当月征期结束次日起就承担滞纳金。纳税人在规定期限内向税务机关提出延期缴纳申请,但因税务机关内部流程原因未能在征期内审批,却要纳税人因此承担相应损失,客观来讲有失公平。取消涉税审批权,纳税人就可以对照税法规定的延期缴纳税款的条件,在申报纳税时向税务机关申明;但这并不妨碍税务机关对纳税人采取严格的事后监管,一旦发现纳税人不满足延期缴纳条件,再责令其及时缴纳税款并承担滞纳金或利息，就顺理成章、合法合理了。

（2）改革涉税审批制度能在一定程度上遏制权力寻租等腐败行为。在现有审批制度下，税管员在实地调查、出具调查报告后，须按审批权逐级报税务所、县局、市局和省局审核、审批，而实际上后面每道环节都不可能再实地核查，通常都是根据案头资料进行逻辑审核。这种程序做法造成了表面看多道环节层层把关，可审批结果一旦出问题，往往会因法不责众而大事化小、小事化了。纳税人本应承担的法律责任，无形中转嫁给了参与环节的税务人员共同承担，部分税务干部更可能在审批制度的庇护下，将本应及时办理的"事权"无限放大，造成以权谋私、职务腐败现象的发生。

H市地税通过下放、取消涉税审批权，充分还权还责于纳税人，初步厘清了征纳双方的职责，降低了税管员的执法风险。这种将调查审核环节由前置调整为后置的管理方式的创新性改革，体现了税务机关由"不相信纳税人"到"充分相信纳税人"的观念转变，也体现了税务机关由"管理型"向"服务型"的职能转变。

三　H市地税的稽查创新

（一）稽查改革创新的背景

作为"管理和服务并重"的税收征管新模式的重要支撑，强化稽查管理显得日益重要。而当前传统稽查模式的弊端日益凸显，存在稽查选案不精准、打击针对性不强、内部分工难以实现有效监督和制约等问题。

一方面，在稽查四个环节中，选案是首要环节。一定意义上，选案的精准度决定了稽查整体目标的实现程度。而当前，稽查客观存在与同级的征收、管理部门交互不够，占有信息资源不足，先进技术手段缺乏等问题。这些不利因素，决定了仅靠稽查部门自身的力量很难提升稽查工作的质量和效率，多部门配合是解决问题的关键。另一方面，在稽查四环节间强化分工制约和权力制衡是确保稽查质量的重要因素，而当前仅靠内部分工难以实现有效的相互制约。要真正达到权力制衡的目标，就必须实行权力外分，用部门与部门间的制约取代岗位与岗位间的制约、单位与单位间的制约取代部门与部门间的制约。

(二) 稽查改革创新的内容

为破解稽查困局，H 市地税对稽查管理工作进行了一系列的改革创新。2009 年 7 月试行部分稽查选案权外分，2011 年 6 月起全面推行稽查选案外分，将稽查选案权转交数据分析局，该局成立精通业务和技术的"风险识别团队"，通过自行开发的税收风险控制系统，建立了 75 个风险指标和 3 个行业数据分析模型，对风险疑点实行分级管理，把风险高、案值大的案源直接推送税务稽查。同时，还创设《风险识别工作底稿》，涵盖纳税人基本信息、风险点描述等内容，从纳税人自身纵向比对和行业平均横向比对两个方面入手，分别从纳税人的财务、税负和税额差异三个角度列示风险疑点信息，为稽查局开展税务稽查提供全方位的精确导航服务。

《中华人民共和国税收征收管理法实施细则》第 85 条规定，税务机关应当制定合理的税务稽查工作规程，负责选案、检查、审理、执行的人员的职责应当明确，并相互分离、相互制约，规范选案程序和检查行为。H 市地税实行选案外分制度，既增强了选案的科学性和针对性，也进一步强化了稽查工作的分权机制。随着专业化改革的逐步深入，审理和执行环节的外分，应成为税收征管改革继续探索的重要课题。

第三节 H 市征管模式中新公共管理核心理念的体现

新公共管理的核心理论是强调将公众视为顾客，建立以顾客导向为基础的需求驱动型政府。这种管理思想和管理模式的应用，能够改变政府封闭、注重强制管理的状态，完成社会事务的提供者和参与者的角色转变，同时，社会公众也实现了从被动接受管理和服务的角色向享受政府服务的顾客角色的转变。税收征收管理作为公共管理领域的重要内容之一，也面临这种必然转变的时代需求。H 市地税在税收征管模式的改革创新进程中,全程贯穿了"服务导向"理念,从多角度对新公共管理的核心理念予以体现。

一 征管改革与服务理念的结合进程

秉持何种服务理念影响着纳税服务的方式和范围,也决定了纳税服务的品质。依据服务品质的优劣,可以将税收征管模式的重要组成部分——纳税服务分为三个阶段:传统服务、微笑服务和效率服务。

(一)传统服务

20世纪末,"为纳税人服务"对广大税务干部而言还是个陌生的概念,国税总局曾提出过:坚持"铁石心肠、铁面无私、铁的手腕、铁的纪律"的口号,以维护税法的严肃性。"四铁"精神的背后,是对纳税人的"有罪推定"认识。所以,当时各级税务机关的文件或工作报告中,鲜有"纳税人的权利"和"纳税服务"等字眼;部分税务干部对"服务"有两个认识误区:(1)管理即服务:大部分税务机关对自身与纳税人之间关系的理解,仍停留在管理与被管理、监督与被监督、打击与被打击的层面上。(2)禁令即服务:大部分税务机关将服务定位在严格自律上,认为恪尽职守、廉洁奉公就是对纳税人最好的服务。国家税务总局曾先后出台过税务系统"五要十不准"和"税务人员十五不准"。

(二)微笑服务

2001年施行的《税收征管法》第1条就开宗明义地提出要"保护纳税人的合法权益",并首次以法律形式明确纳税人享有的多项权利,如知情权,申请减免税和退税权,延期申报权,请求保密权,陈述、申辩权,申请行政复议权等。新《税收征管法》实施后,纳税服务逐渐被纳入了各级税务机关的工作内容,国家税务总局还专门成立纳税服务司,省、市级税务机关相继成立了纳税服务处(科),以加强对纳税服务工作的统筹、指导和管理。全国纳税服务工作在短时间内取得明显成效,在强化宣传、咨询和辅导,推进信息化建设,完善软硬件,优化服务环境等方面推出了一系列服务举措。但是,那时的"微笑服务"普遍存在三个问题:一是重形式、轻效果,一些税务机关将纳税服务片面地理解为"来有迎声，走有送声""一杯茶水、一张笑脸"，对服务的认识尚处于较浅层面；二是纳税服务信息化程度低，突出表现为热衷于购买高档的硬件设备，而业务系统性研究不够，忽视资源整合及一体化建设；三是纳税服务社会化程度低，无论是纳税人还是税务机关，都缺少纳税服务社会化意识，缺乏推动纳税服务社会化发展的内在动力。

（三）效率服务

这是纳税服务发展到一定阶段的必然产物，除了有外在的服务形式，更注重从优化流程入手提升服务效率。H市地税打造的"零距离、零障碍、零收费"的"效率服务"是要让纳税人在办税的时间、精力和成本上都达到最小化，这主要体现在三个方面：（1）简便的办税程序和优化的工作流程，多项涉税业务的税务机关的受理、审核、审批环节被压缩到最小，使纳税人以前在多个部门间往返办理的事项能在一个窗口当场办结。（2）高效的办事效率和低廉的行政成本。多项涉税事项的审批周期被压缩到最低限，申报、纳税实现了多元化，网上办税平台实现了足不出户就可办理多项涉税事宜。（3）透明的过程管理和严明的执法监督。将税务机关办税全过程纳入纳税人监督之下，实现后台处理前台化、内部操作外部化，让纳税人在办税大厅能够明明白白地办税。

二　面向纳税人的服务平台的构建

H市地税以实体办税厅、网上办税厅和12366纳税服务热线三个服务平台为载体，努力打造方便、快捷的办税通道，在构建和完善立体式纳税服务中提升办税效率与自身形象，以纳税人满意为改革的重要目标。

（一）实体办税厅

2004年1月通过整合资源，设立专职的纳税服务机构，为纳税人提供无区域化服务；2005年2月，全市地税系统全面推行涉税审批权改革，以往一两个月才能办结的减免税等事项实现了当场办结。为减轻纳税人办税负担，继2005年免收税务登记工本费后，又相继于2007年免收代开发票工本费，2009年免收除省局统印发票和纳税人冠名发票之外的发票工本费，很好地实现了对中小企业和个体工商户的零收费；2008年推行送发票上门；2010年全面推行"一窗式"服务，纳税人可在一个窗口办结所有涉税事项。

（二）网上办税厅

2007年1月，H市地税力求突破一般网上办税平台仅具"预约"功能的"瓶颈"，立项研发全国领先、可真正替代实体办税厅的网上办税平台。H市地税的网上办税平台有六个特点：一是业务覆盖全面，基本包含了税务登记、纳税申报、网上扣款、涉税申请、发票领购、在线咨询、表单下载、投诉举报等所有涉税业务；二是功能有现实实用性，在取消涉税审批权前提下，该平台实现了减免税、延期缴纳税款等90%以上涉税事项网上全程办结的税收管理创新；三是技术支持的兼容性，纳税人登录平台后，即可完成在线申报、重点税源信息报送、财务报表上传等多项涉税业务；四是办税流程透明，纳税人在平台上可随时查询自己的涉税申请事项当前的办理进程，可对税务机关的办税效率进行实时监督；五是操作界面的友好，纳税人无须掌握高深的计算机操作技巧，在提示文字或帮助文件的指导下可轻松办税；六是具有业务拓展的首创精神，为解决纳税人网上申报缴纳税款后须到税务部门打印缴款凭证的难题，H市地税2008年8月又在网上办税平台扩展了纳税人自主查询、打印完税凭证（含代扣代缴个人所得税）的功能。这一服务创新的举措，获得了国税总局的如下评价：H市地税推行的网上开具缴税凭证系统，开创了纳税人网上查询、开具缴税凭证的先河，使纳税人真正做到足不出户完成缴税全过程。

（三）12366纳税服务热线

2003年10月，H市地税建立了独立运行、自主管理的12366纳税服务热线，设5名座席、市局业务处室6名专家席、基层局业务骨干7名远程席，形成了"三位一体"的咨询解答服务体系，着力构建交融互动的咨询热线平台。该项工作在开展中不断积极拓宽服务内容，如向纳税人发放12366宣传折页，在全市地税系统的固定办公电话彩铃中统一加载12366宣传内容，借助12366短信平台将各项税收政策、业务流程,直接以短信或者电子文档形式发送至纳税人指定的手机号码或电子信箱等。12366纳税服务热线自开通以来"接通率"平均达100%,是涉税服务工作的重要组成部分,为服务纳税人发挥了积极作用。

三 确保服务质量的税务内部制约机制

高效的服务质量和过硬的工作作风,要以完善的机制为保障。H市地税通过建立健全岗位激励、绩效考评、服务承诺三项机制来确保纳税服务的工作质量。(1)岗位激励机制。高品质的纳税服务,需要高素质的人才队伍,"一窗式"服务工作的开展,对窗口人员的业务素质、工作效率、服务意识等都提出了很高的要求。H市地税为窗口人员"量身定制"了特殊的经济待遇和政治待遇:大厅窗口及12366座席人员可享受特殊岗位津贴,在12366人工座席岗位连续工作满两年的,可获得副科职后备干部资格。(2)绩效考评机制。H市地税为打造高质量的办税服务厅制定了有较强操作性的建设标准、考评办法。前台每个窗口均配备两台显示器,一台面向税务干部,另一台面向纳税人,同步显示窗口人员的操作界面,纳税人对前台人员的办税过程和效率一目了然,在涉税事项办理完结后通过服务评价器,对前台人员的业务能力和工作效率进行客观评价,办税服务厅的排队叫号子系统自动统计每个窗口的工作量,服务评价子系统则自动产生纳税人满意度,这些信息都将作为月末考核的依据,从而极大地调动了窗口人员的工作积极性。(3)服务承诺机制。建立首问负责、限时服务、预约服务、"一窗式"服务、提醒告知等服务制度,并通过新闻媒体、户外广告、网上办税平台、实体办税厅显示屏等载体向纳税人郑重承诺,对税务干部的违规涉税行为及时进行处理。

四 纳税人维权的保障措施

H市地税与社区、工商联、企业家协会等单位沟通协作,积极引导纳税人建立维权服务活动场所——"纳税人之家",通过涉税宣传、监控渠道、政务公开等多角度,切实维护纳税人的知情权、表达权和监督权。

(一) 加大宣传维护纳税人知情权

通过编印《纳税人权利与义务》手册，告知纳税人权利和义务，介绍维权服务平台、渠道和流程；通过发放各类涉税传单、短信、网站、政务微博等多种形式向纳税人及时传递新税法和税收最新政策；依托"纳税人之家"，每季度举行多次大规模的企业财务负责人、办税人员参加的"订单式"操作实务辅导，重点开展行业政策解读、典型纳税评估和稽查案例讲评等活动。

(二) 多渠道监控以维护纳税人表达权

通过在H市地税网站设立"维权服务中心"栏目，加强与纳税人互动；在办税服务厅设置局长信箱、廉政行风投诉箱、涉税案件举报箱、公布投诉举报电话，便于纳税人对涉税事项办理问题直接提出诉求；定期开展纳税人满意度和纳税服务需求调查，让纳税人享有充分表达权。

(三) 实施政务公开以维护纳税人监督权

H市地税自主开发的应用定额软件，通过设立"定额计算器"，允许纳税人自行输入自己的生产经营人数、厂房数量和经营面积等分行业指定要素，系统自动计算定额水平，可方便纳税人对税务机关的定额实施全方位监督，做到心中有数，从而实现税收执法权内部操作的外部化，提高定额的科学性和公正性；在外部网站定期公开定期定额、欠税公告、行政处罚、纳税信用等级等信息；及时向经营业户寄送行业定额公示表；坚持每月15日办税服务厅局长接待日制度，接受纳税人的现场举报和投诉等多项措施。这一系列服务工作的开展，使纳税人监督权的落实有了现实的实现途径。

五 小结

"以服务为导向"的新公共管理核心理念贯穿于H市地税税收征管工作的全过程，维护纳税人的合法权益体现在征收、管理、稽查等各环节：税前，为纳税人提供公告咨询、辅导服务，提高纳税人的办税能力；税中，为纳税人方便、快速、准确地依法纳税积极创造条件；税后，为纳税人监督投诉、行政复议、损害赔偿提供合理渠道。税收征管模式改革创新的宗旨是，完善管理、强化服务，从而更好地促进纳税人的税收遵从。一方面，纳税服务可引导纳税人税收遵从；另一方面，严格执法是通过强制手段促进不遵从行为的税收遵从，同时以案说法，教育、引导更多的纳税人税收遵从。因此，为更好地提高税收征管质量、提升税收征管绩效水平，税务机关需要始终坚持以"纳税服务与严格执法并重"的理念，积极开展各项税收征收管理工作。

第五章　新公共管理视角下我国税收征管绩效评估模型及指标体系的构建

税收是政府凭借其行政权力强制性从纳税对象那里得到的收入，税收征管是对政府取得税收这一过程中所涉及的主体、客体、行为、内容、过程等要素的规范和管控。从传统理论框架对税收征管的定位分析过程可以看出，无论是税收还是税收征管，其定位是着重强调政府的强制性收取和管控，目的是解决市场失灵问题，保障经济社会平稳运行。然而，在这一过程中，不可避免地又出现了政府失灵的现象和问题，导致税收征管效率和资源配置效率的损失。

从目前理论界的研究和第四章以 H 市地税为案例的实际工作部门经验来看，新公共管理理论和相关理念的研究和提出，将政府规制和市场机制相融合，在其中寻找合理的最优点，以同时缓解经济社会中存在的政府失灵和市场失灵所带来的效率损失，可以起到改进税收征管绩效的作用。

第一节　我国税收征管绩效评估模型的建立

新公共管理视角下的税收征管体系是本书在新公共管理相关理论和理念的基础上，结合税收征管工作的一般实际情况，构建的新的税收征管分析框架。由此框架可以看出，税收征管体系是一个包含多个层次、多个方面、多个要素的组织结构，受到众多因素的影响，因此，也存在众多的评判指标和标准。从系统论的角度来看，这种多层次、多要素的组织结构总是与复杂性联系在一起，对其中的任何一个单一型指标的评判都无法完整反映税收征管系统的运行效果和效率，因此，必须对这些影响因素进行全方位的测评，尤其是量化测评，才能够测算和评估税收征管绩效及其合理程度，为税收征管改进和完善提供设计、管控和评判的基础和依据；为此，本书考虑利用层次分析法建立我国的税收征管绩效评估模型。本节对层次分析法模型进行介绍，首先是对该方法分析问题的步骤进行阐述；在此基础上，对层次分析法模型的具体测算过程进行分解论述，为下一步对H市地税征管绩效的评判研究奠定模型基础。

一 层次分析法的步骤

一般而言，层次分析法分析问题的步骤如下。

（一）建立层次结构模型

在深入分析实际问题的基础上，将有关的各个因素按照不同属性自上而下地分解成若干层次，同一层的诸因素从属于上一层的因素或对上层因素有影响，同时又支配下一层的因素或受到下层因素的作用。最上层为目标层，通常只有一个因素，最下层通常为方案或对象层，中间可以有一个或几个层次，通常为准则或指标层。

（二）构造成对判断矩阵

从层次结构模型的第二层开始，对于从属于（或影响）上一层每个因素的同一层诸因素，用成对比较法和1—9比较尺度构造成对判断矩阵，直到最下层。

（三）计算权重向量并做一致性检验

对于每一个成对判断矩阵计算最大特征根及对应特征向量，利用一致性指标、随机一致性指标和一致性比率做一致性检验。若检验通过，特征向量（归一化后）即为权重向量；若不通过，需重新构造成对判断矩阵。

（四）计算组合权重向量并做组合一致性检验

计算最下层对目标的组合权重向量，并根据公式做组合一致性检验，若检验通过，则可按照组合权重向量表示的结果进行决策，否则需要重新考虑模型或重新构造一致性比率较大的成对判断矩阵。

在此过程中，对目标层以下每一层的众多指标之间的两两分别比较，需要设计相应的问卷，运用邀请专家集中咨询的德尔斐法，进行专家评判，以取得计算所需的基础评判数据。

二 层次分析法模型的建立

根据层次分析法解决相关问题的步骤，可确立层次分析法的测算模型。

(一) 构造层次结构图

利用层次分析法研究问题时，首先要把与问题有关的各种因素层次化，然后构造出一个层次结构模型，把各种所要考虑的因素放在适当的层次内，形成层次结构图，清晰地表达这些因素之间的隶属关系（见图5-1）。一般情况下，需要将问题包含的因素分为以下几个层级。

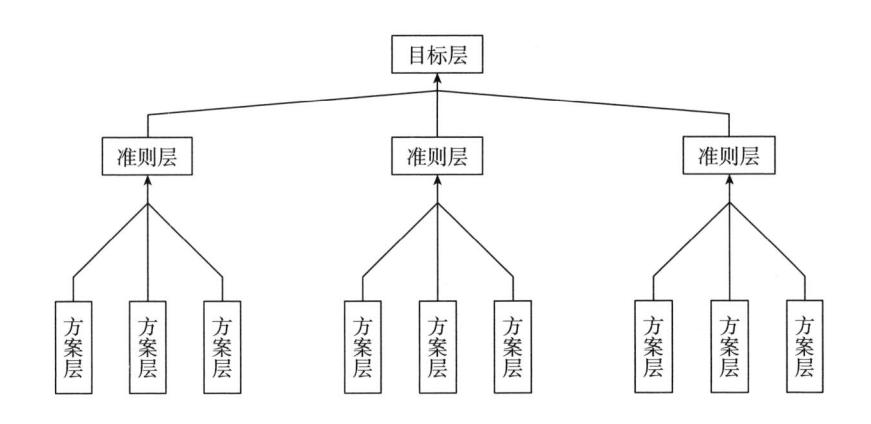

图5-1 层次结构示意

（1）最高层为目标层，是指问题决策的目标或理想结果，通常只有一个层级，包括一个指标。

（2）中间层为准则层，是指为实现总目标而采取的各种措施、必须考虑的准则等，也可称策略层、约束层等，通常有一个层级或几个层级，分别包括为实现目标所涉及的中间环节各指标。

（3）最底层为方案层，是指为实现目标而供选择的用于解决问题的各种措施、方案等指标，通常只有一个层级。

(二) 构造判断矩阵

首先要建立用于评判指标间重要程度的标度意义表,作为对指标之间重要性比较的量化评判依据。其次是通过比较同一层级上(除目标层外)的各个指标对其隶属层指标的影响程度,将该层级的相应指标进行两两对比。最后将对比结果形成正互反矩阵,即判断矩阵。

假设要比较某一层级(除目标层外)的 n 个指标 C_1, C_2, $\cdots$, C_n 对其上一层所隶属的指标的影响程度。对于其中的任意两个指标 C_i 和 C_j ($i, j = 1, 2, \cdots, n$),用 a_{ij} 表示 C_i 和 C_j 对上一层隶属指标的影响程度之比,其中,a_{ij} 按照 1—9 的比例标度来度量(见表 5-1),取值范围为 1—9 及 1—9 的倒数,即 $a_{ij} > 0$;$a_{ij} = n$;$a_{ji} = 1/a_{ij}$;$a_{ij} = 1$ (当 $i = j$ 时);其中,$i, j = 1, 2, \cdots, n$。

表 5-1　　　　　　　　　　比例标度

标度 a_{ij}	含义
1	C_i 与 C_j 的影响相同
3	C_i 比 C_j 的影响稍强
5	C_i 比 C_j 的影响强
7	C_i 比 C_j 的影响明显强
9	C_i 比 C_j 的影响绝对强
2, 4, 6, 8	C_i 与 C_j 的影响之比在上述两个相邻等级之间
$\frac{1}{2}, \cdots, \frac{1}{9}$	C_i 与 C_j 的影响之比为上面 a_{ij} 的互反数

由正互反矩阵的性质可知,只要确定 A 的上(或下)三角的 $n(n-1)/2$ 个数值即可得矩阵中的其他数值。由此可得,两两对比的比较矩阵 $A = (a_{ij})_{n \times n}$,又可称为判断矩阵。

(三) 判断矩阵的一致性检验

从理论上分析可以得到,如果 A 是完全一致的判断矩阵,应该有:

$$a_{ij} a_{jk} = a_{ik}, \quad 1 \leq i, j, k \leq n$$

但是,在实际中,对根据上述方法构造的判断矩阵要求满足上述众多等式是不可能的。通常情况下,由实际得到的判断矩阵不一定是一致的,即不一定满足传递性。因此,在实际计算中,要求判断矩阵应该具备一定的一致性,即允许判断矩阵存在一定程度的不一致性,其不一致的程度应在一定的范围内。由分析可知,对完全一致的判断矩阵,其绝对值最大的特征值等于该矩阵的维数。因此,对判断矩阵一致性的要求,就转化为要求判断矩阵 A 的绝对值最大的特征值和该矩阵的维数相差不大。

检验判断矩阵一致性的步骤如下:

(1) 计算衡量一个判断矩阵 A($n>1$ 阶方阵)不一致程度的指标 CI:

$$CI = \frac{\lambda_{\max} - n}{n - 1}$$

(2) 计算随机一致性指标 RI。

RI 的取值:对于固定的 n,随机构造判断矩阵 A,其中 a_{ij} 是从 1,2,…,9,1/2,1/3,…,1/9 中随机抽取的。这样的判断矩阵 A 通常是不一致的,取充分大的子样得到 A 的最大特征值的平均值。其通常由实际经验给定,可查随机一致性指标表取得标准 RI 的数值(见表 5-2)。

表 5-2　　　　　　　　　随机一致性指标

n	1	2	3	4	5	6	7	8	9	10	11	12
RI	0	0	0.58	0.90	1.12	1.24	1.32	1.41	1.45	1.49	1.51	1.54

(3) 计算判断矩阵 A 的随机一致性比率 CR。

其中,CR 的计算公式为:

$$CR = \frac{CI}{RI}$$

判断方法如下:

当 $CR < 0.1$ 时,判断矩阵 A 具有满意的一致性,或其不一致程度是可以接受的;否则就调整判断矩阵 A,直到达到满意的一致性为止。

(四)指标权重向量的确定

在得到判断矩阵 A 后,可以采取不同的方法来得到指标的相应权重向量。

1. 和法

将判断矩阵 n 个列向量归一化后，取其算术平均值，并近似地看作相应的权重向量，即：

$$w_i = \frac{1}{n}\sum_{j=1}^{n}\frac{a_{ij}}{\sum_{k=1}^{n}a_{kj}}, \quad i = 1, 2, \cdots, n$$

同理，也可以对按行求和所得的向量作归一化处理，取其算术平均值，得到近似的相应的向量权重。

2. 求根法（几何平均法）

将判断矩阵 A 的各列（或者行）的向量求几何平均值以后，再进行归一化处理，将结果近似看作权重向量，即：

$$w_i = \frac{\left(\prod_{j=1}^{n}a_{ij}\right)^{\frac{1}{n}}}{\sum_{k=1}^{n}\left(\prod_{j=1}^{n}a_{kj}\right)^{\frac{1}{n}}}, \quad i = 1, 2, \cdots, n$$

3. 特征根法

对于一般的判断矩阵 A，有 $AW = \lambda_{max}W$，这里 λ_{max} 是 A 的最大特征根，W 为 λ_{max} 相对应的特征向量。

将 W 作归一化后可近似地作为 A 的权重向量，这种方法被称为特征根法。

假设 C_i 和 C_j 的相对权重为 $a_{ij} = \frac{w_i}{w_j}$（$i, j = 1, 2, \cdots, n$），由此可得到判断矩阵：

$$A = \begin{pmatrix} \frac{w_1}{w_1} & \frac{w_1}{w_2} & \cdots & \frac{w_1}{w_n} \\ \frac{w_2}{w_1} & \frac{w_2}{w_2} & \cdots & \frac{w_2}{w_n} \\ \vdots & \vdots & \vdots & \vdots \\ \frac{w_n}{w_1} & \frac{w_n}{w_2} & \cdots & \frac{w_n}{w_n} \end{pmatrix}$$

显然，A 为一致性正互反矩阵，记 $W = (w_1, w_2, \cdots, w_n)^T$，即为权重向量。且

$$A = W \cdot \left(\frac{1}{w_1}, \frac{1}{w_2}, \cdots \frac{1}{w_n}\right),$$

则：

$$AW = W \cdot \left(\frac{1}{w_1}, \frac{1}{w_2}, \cdots \frac{1}{w_n}\right)W = \lambda W$$

这表明 W 为矩阵 A 的特征向量，且 λ 为特征根。

在实际计算中，当随机一致性比率 $CR < 0.10$ 时，可认为判断矩阵 A 的一致性是可以接受的，则 λ_{max} 对应的特征向量可以作为排序的权重向量。此时：

$$\lambda_{max} \approx \sum_{i=1}^{n} \frac{(AW)_i}{nw_i} = \frac{1}{n}\sum_{i=1}^{n} \frac{\sum_{j=1}^{n} a_{ij}w_j}{w_i}$$

，其中，$(AW)_i$ 表示 AW 的第 i 个分量。

如果指标较多（大于 10 个），可用专家评分均值法确定指标的权重。

以某一层指标 U_{ij}（i 表示某一层指标，$i = 1, 2, \cdots, n$，j 表示指标数 $j = 1, 2, \cdots, m$）为例，相应的权重为 $W_{i1}, W_{i2}, W_{i3}, \cdots, W_{im}$。请 h 位专家为每个指标打分，设第 r 位专家的打分为 S'_{ijr}，则该专家为指标 U_{ij} 确定的权重为 $W'_{im} = S'_{ijr} / \sum_{j=1}^{m} S'_{ijr}$。由于专家为 U_{ij} 的打分受到专家的职业、知识结构、能力水平等因素的影响，需要对专家确定专家权重 W'_r，且 $\sum_{r=1}^{h} W'_r = 1$。

最后加权求和，求得的指标 U_{ij} 的权重为 $W_{ij} = \sum_{r=1}^{h} W'_r \cdot S'_{ijr} / \sum_{j=1}^{m} S'_{ijr}$。

第二节　我国税收征管绩效评估指标体系的构建

根据本书对税收征管在新公共管理视角下的定位分析可知，新公

共管理的许多研究成果和所提出的相关理念对税收征管绩效的提高有积极的作用,尤其是对公共事务处理层面所提出的强调政府部门强制管理与服务导向相结合的理念,受到了许多国家政府部门和公共组织的采纳,并取得了良好的效果。

从本书对新公共管理视角下税收征管体系的分析可以看出,税收征管绩效受多方面因素的影响。本书将众多影响因素按税收征管体系中申报征收、税源管理、税务稽查三大核心模块进行分类归整、分析,同时,还将本书的创新研究视角——新公共管理的相关理念融入这些不同方面的影响因素,使税收征管绩效评估所涉及的要素变得更加多样化、复杂化,从而增加了评价的难度。因此,需要在理论研究和方法分析的基础上,构建新公共管理视角下我国税收征管绩效评估的指标体系,通过对指标的选取、测算和分析,对我国税收征管绩效进行定量评估,为提高和改善征管绩效提供量化分析基础。

一 征管绩效评估指标体系的设计原则

(一)指标选取要体现科学性

客观上,税收征管体系是一个涉及面广、内容丰富、全面综合的体系,这就决定了对税收征管进行绩效评估的指标体系的建立必须要体现科学性,即体系设计要科学合理,指标选择要有代表性、综合性。属于税收征管体系的指标众多,但在进行评估指标设计时应努力做到能够从众多指标中选择少数关键性指标,能对反映税收征管绩效起到重要的保障或制约作用;所选指标要有较强的稳定性,即这些指标应是各个模块中相对稳定、成熟的指标,能够进行较长时间跨度的数据截取,从而为更好地掌握征管绩效水平的变化趋势、对其进行纵向分析奠定良好的指标根基;指标体系是使理论与实际相结合的产物,要具有较强的综合性,指标选取要全面覆盖各个模块,力求通过大信息量、高集成度,来较好反映税收征管绩效的现实水平。总之,指标体系的建立,要努力通过对客观的抽象描述,抓住税收征管系统最本质、最核心的东西。对客观实际抽象描述得越清楚、越简练、越符合实际,越能体现其科学性。

（二）指标取值有较强的可操作性

税收征管绩效评估指标体系的设计要尽量使操作简单、数据易得，指标选取应尽量用客观可量化的指标，指标数据相对较容易获取或测算，尽量主要通过税收征管信息系统利用计算机技术获得，辅助以人工考核，这样能够使数据具有较强的客观性，评估结果有更强的说服力；对于不能量化或量化处理难度较大的指标，可以用具体化、行为化、可操作化的语言加以描述。也可以定性、定量相结合，既有数量化标准又有可操作化语言描述。

（三）同层次指标要保持相互独立

同一层级的不同指标之间不能存在因果、相关等关系，不能由一个指标导出另一指标。每个指标都从一个角度反映税收征管绩效的水平，因而都具有相对的独立性，相互间没有交叉、重叠、包含与被包含等关系。只有这样，才能保证计算不会出现混乱和重复，保证评价结果的相对客观性、准确性和合理性。

（四）指标体系设计要体现实用性的特点

税收征管绩效评估体系的设计，在立足实现客观、全面评估当前征管绩效水平的基本目标的基础上，还要努力做到通过用"3E"方法，设计税收征管的效果（Effectiveness）、效率（Efficiency）和节省程度（Economy）指标，调动、激励、提升税务部门和税务征管人员的工作热情、工作能力，从而达到使评估的结果能够更好地指导现实工作、促进税收征管绩效水平不断提高的目标。

二 评估指标的设立

根据层次分析法的模型构架、征管绩效评估体系的指标设计原则和新公共管理理论，本书采取以征管绩效为目标层、以税收征管体系的三个核心模块——"申报征收、税源监控、税务稽查"为模块层、以新公共管理的核心理念——"强制管理" + "服务引导"为特性层、以26个客观指标为指标层，来设计评估我国税收征管绩效的指标体系。现将26个指标的选取、概念界定和意义，分别进行详细介绍。

（一）申报征收模块指标的选取及概念化

1. 体现"强制管理"特性的指标

（1）按期申报率。

①计算公式＝按期申报户次数÷应申报户次×100%

②指标说明。该指标是指在法定的申报期限内实际办理了纳税申报的户数与所有已办理税务登记的应纳税申报总户数之间的比例，它主要用于衡量纳税人的依法申报遵从度，也从侧面反映了税务机关强制管理水平是否提高。这是一个正向指标，指标值越大说明税务机关的征管能力越强，纳税人的纳税遵从度越高。

（2）税款按期入库率。

①计算公式＝当期实际入库申报应缴税款÷当期申报应缴入库税款（%）

②指标说明。该指标用于测算税款征收期内纳税人实际入库的税款占当期经申报应该缴纳的总税款的比例，这个指标用于衡量纳税人按时履行纳税义务的程度，也反映了税务机关的税收征收管理的能力。这是个正向指标，值越大，说明税务机关的税收征收管理水平越高。

（3）欠税增减率。

①计算公式＝（期末欠税－期初欠税）÷期初欠税×100%

②指标说明。该指标是指在一个征期内通过计算纳税人期末欠税与期初欠税的差值占期初欠税的比例，来说明纳税人因各种主客观原因所形成的欠税的增减变化趋势和程度。这个指标一般情况下是个负数的负向指标，也就是说指标值越小（绝对值越大），税务机关清理欠税的能力越强，体现其管理能力水平也越高。

（4）滞纳金加收率。

①计算公式＝逾期未缴税款已加收滞纳金的户次（金额）÷逾期未缴纳税款应加收滞纳金的户次（金额）×100%

②指标说明。税务机关对纳税人缴纳税款的管理，不仅体现在要求纳税人要足额缴纳应纳税款，还体现在要求其按时缴纳税款上。对逾期未缴纳的税款加收滞纳金体现了税务机关对纳税人占用国家税款

的一种补偿，这个指标是个正向指标，数值越高，说明税务机关在税款征收管理过程中执法越严格、规范，体现了税务机关有较高的强制管理水平。

（5）税收与征税成本弹性系数。

①计算公式＝税收收入增长率÷经费支出增长率×100%

②指标说明。这一指标是指在一定时期内，税收的收入增长的变化程度与税务机关为按时足额收取税款所花费的征税成本变化程度间的比例关系。这种产出与投入两者间的比值是反映征管绩效的很有代表性的数值。需要说明的是，因为全部的征税成本包含税务机关在税款征收过程中的多项支出，数据的获取有很大的难度，为此我们选择使用税务机关经费支出增长率这个最重要的组成部分来反映征税成本的增长率，同样能在较大程度上反映问题。这是个正向指标，数值越大，说明税收征收管理能力越强，税收征管绩效水平越高。

（6）人均征税额（万元／人）。

①计算公式＝税收收入÷税务人员总数

②指标说明。这个指标是指一定时期内的各项税收收入总和与同时期内税务机关在编工作人员总数的比值，这个指标主要是用于衡量税收的管理水平所决定的税收行政管理绩效。这是个正向指标，指标值越高，说明税收征管的强制管理能力强，税收行政效率高，通过不同时期指标值的变化，能够分析比较税收征管效率动态变化的趋势。

2. 体现"服务引导"特性的指标

（1）按税户的电子报税率。

①计算公式＝以电子方式报税额÷报缴税款总额×100%

②指标说明。该指标是指一个纳税年度内以网络、电话等电子方式完成一个全面的申报缴纳税款过程的纳税户数占该年度所有登记在册的纳税人总户数的比重。网络申报、缴纳税款是这些年税务机关为贯彻"以顾客为导向"的服务理念而充分利用互联网等信息技术，通过投入大量物力、人力，为纳税人提供便捷、高效纳税服务的重要举措，这个指标能够很好地从一个角度体现这一理念。这是个正向指标，指标值越大，说明有越多的纳税人已经享受、利用这一便利的申

报纳税方式，体现税务机关的服务引导能力越强。

（2）网络办税覆盖率。

①计算公式＝能够通过网络办理的业务数量÷所有涉税业务总量×100%

②指标说明。这个指标是用来衡量纳税人所有涉税业务中通过网络来办理的数量占比，这是一个口径相对宽泛的综合性指标，因为通过网络办理的业务包含网上申报、纳税、减免税申请、发票领购、表单下载等多项涉税业务。这是个正向指标，指标值越大，说明税务机关通过信息技术与税收征管服务相结合的水平越高，纳税人办税的便利程度也越高。

（3）业务平均办理时限。

①计算公式＝$\sum$（每项业务办理时限×各自权重）/税收业务总数量

②指标说明。该指标是指将办税大厅的多项核心涉税业务根据各自的重要程度进行权重的划分，然后统计各项业务的平均办理时限乘以各自的权重的加总之和，最后除以办税大厅核心涉税业务的总项数。这也是一个综合性很强的指标，是个负向指标，即平均办理时限小，说明办税大厅服务纳税人的效率提高，税收征管成本相对降低，对税收征管绩效起到正向的影响作用。通过不同时期办理期限绝对数值的变化，能够清楚地反映纳税服务效率的趋势。

（4）发票代开率。

①计算公式＝税务机关代开发票份数÷开具发票总份数×100%

②指标说明。该指标是指一个纳税年度内由税务机关代替纳税人开具的发票占全年由纳税人自行开具和税务机关代开的发票总数的比例。发票代开工作是税务机关为无开票条件的纳税人或临时经营的纳税人提供的一种涉税服务，是正向指标，指标值越高，说明税务机关为不具备自行开票纳税人提供的代开发票服务工作量越高。

（二）税源监控模块指标的选取及概念化

1. 体现"强制管理"特性的指标

（1）税务登记率。

①计算公式＝实际办理税务登记户数÷（领取营业执照应办理税务登记户数＋其他不需领取营业执照但应办理税务登记的户数）×100%

②指标说明。该指标是指一定时期内实际办理税务登记的户数占同时期全部应办理税务登记的户数之间的比例，这是个正向指标，它主要是从税务登记角度来衡量税务机关对漏管户的掌控程度。税务登记是纳税人纳入税源管理的初始环节，也是很重要的一个环节，指标数值越大，说明税务机关对所辖税源管控的能力越强。

（2）税收检查收入贡献率。

①计算公式＝（查补税款额＋纳税评估增加额）÷应纳税额×100%

②指标说明。这个指标是指一定时期内税务机关对问题纳税人查补的税款与经过纳税评估增加的税款之和，占同时期全部的应纳税额的比例。这个指标反映了税源监控过程中通过查补和评估等方式而增加的税款对全部入库税款的贡献程度，也体现了税源监控部门对可能流失税款的查控能力。这是个正向指标，指标值越高，说明税务机关对税源的监管能力越强。

（3）重点税源企业税收贡献率。

①计算公式＝被监控的重点税源企业的入库税额÷税收入库总收入×100%

②指标说明。该指标是指在同一年度内辖区内被纳入重点税源税收监控范围的企业年入库全部税款，占该年度辖区内所有企业的全部入库税款的比例。将全部的纳税人区分为重点税源企业和一般企业，可以使税务机关在有限的人力、物力条件下，通过把更多精力投放到重点税源企业上的精细化管理方式，提高税收征管整体的绩效水平。因此，这是正向指标，指标值越高，说明被监管的重点税源企业对辖区内的税收收入总水平的贡献率越高，税源管理水平也越高。

（4）税收收入环比增长率。

①计算公式＝（本期税收入库数－上期税收入库数）÷上期税收入库数×100%

②指标说明。该指标是指在一年度内实际入库的税收收入与上一年度内实际入库税收收入的差值，占上一年度内实际入库税收收入的比例。税收收入的变化受多方面因素的影响，但最核心的是税源管理因素，因此，税收收入环比增长率是衡量税源管理水平高低的重要指标之一。这是个正向指标，一般而言，税收收入环比增长率越高，说明该辖区税务机关的税源管理能力越强，纳税人的纳税遵从度越高；反之，则在一定程度上说明税源管理能力较弱。

2. 体现"服务引导"特性的指标

（1）纳税服务支出占比。

①计算公式 = 用于服务纳税人的支出总额 ÷ 行政支出总额 × 100%

②指标说明。这一指标的含义就是一个纳税年度内，税务机关专门用于服务纳税人的各项支出的总额占同一年度内税务经费总支出的比重。无论是网上办税平台的构建、纳税服务热线的完善，还是实体办税厅推出的各项服务创新，这一系列服务纳税人措施的落实都需要有经费做支撑。因此，作为一个正向的财务指标，纳税服务支出占比能够很好地反映税源管理过程的"服务导向"特性。指标值越高，说明有越多的资金用于支持纳税服务事项。

（2）催报催缴提醒率。

①计算公式 = 被税务机关催促申报和缴纳税款的纳税人户数 ÷ 纳税人总户数 × 100%

②指标说明。该指标是指在申报征收期结束前被税务机关催促申报和缴纳税款的纳税人户数占当期全部应申报和缴纳税款的纳税人总户数的比重。这项指标可以从侧面反映税源管理对纳税人的日常服务、宣传、引导工作的开展效果。因此，这是一个负向指标，即值越小，说明随着对申报、征收等基本涉税事项办理知识的普及、推广，越来越多的纳税人已经将按时申报、缴纳税款作为自己定时、主动办理的一项本职工作，税收征管的水平高。

（3）税收优惠政策受益企业增长率。

①计算公式 = 本期税收优惠政策受益企业的增长量 ÷ 上期税收优

惠政策受益企业总户数×100%

②指标说明。该指标是指在本年度辖区内税收优惠政策受益企业的总户数与上年度税收优惠政策受益企业的总户数的差值，占上年度辖区内税收优惠政策受益企业总户数的比例。让纳税人知晓掌握税收优惠政策，用足用好各项优惠政策是税务机关最好的维权服务。因此，这个指标是正向指标，指标数值高，说明在税源管理过程中，有越来越多的纳税人享受了税收优惠政策，税务管理中所体现的"服务引导"的特性显著。

（三）税务稽查模块指标的选取及概念化

1. 体现"强制管理"特性的指标

（1）税务稽查查补率。

①计算公式 = 稽查查补税款÷同期实现的全部税收收入×100%

②指标说明。该指标是指在同一纳税年度内，稽查部门查补入库的税款总额占同期实现的全部税收收入的比重，体现了查补对总的税收收入的贡献率，这个指标是反映税务稽查管理能力的基本指标。该指标是个正向指标，虽然稽查查补税款的多少还受稽查户数的影响，但稽查查补的税款越多，查补率越高，在一定程度上能够说明税务部门的稽查能力越强。

（2）重大稽查案件审理率。

①计算公式 = 重大税务案件审理数÷税务稽查立案总数×100%

②指标说明。该指标是指在一个纳税年度内，对稽查查处的辖区内重大税务案件进行审理的案件总数占当年税务稽查立案总数的比例。这是反映稽查"强制管理"能力的又一个重要指标，是正向指标，在一定范围内，指标值越大，说明重大案件纳入审理范围的数量越多，案件查处要求更严、质量更有保障。

（3）稽查处罚率。

①计算公式 = 实际涉税罚款的户数÷已查补税款的总户数×100%

②指标说明。该指标是指在一个纳税年度内，稽查部门对辖区内已查补税款的纳税人实施罚款的总金额占全部查补税款的比重。这个

指标也是反映"强制管理"水平的重要指标,因为税务稽查的作用不仅在于把纳税人偷逃的税款追回,更在于通过采取严格处罚措施的"强制管理"手段对违法违规纳税人起到震慑作用,从而有效提高其纳税遵从度。因此,这是个正向指标,指标值越大,说明对偷逃税等违规企业的处罚面越广,管理力度越大。

(4) 稽查计算机选案率。

①计算公式=当期计算机选案总数÷当期全部稽查选案总数×100%

②指标说明。该指标是指在一个纳税年度内稽查部门通过计算机疑点排查选出的需要立案调查的案件总数占当年稽查全部选案总数的比例。这个指标说明了计算机选案的占比变化,是稽查选案科学化、规范化的体现,是反映稽查"强制管理"水平的有代表性的指标。这是个正向指标,因为指标的数值越高,说明稽查通过计算机选案的比例越高,能够排除人为因素对稽查选案的影响,为稽查查处有效性奠定了良好的案源基础。

2. 体现"服务引导"特性的指标

(1) 纳税人投诉(举报)率。

①计算公式=当期投诉举报总数÷当期稽查立案查处案件总数×100%

②指标说明。这一指标是指在一个纳税年度内,由纳税人通过投诉、举报的形式主动发起的稽查立案查处案件占同期稽查部门立案查处案件总数的比重。这个指标是从侧面来反映"服务引导"特性的,即由于税务部门在加强管理的同时,非常注重税法的权利和义务等相关知识的普及,促进了广大纳税人主动对损害税法权威、侵害其他纳税人和国家税收权益的违法行为进行监督、举报,扩大了稽查部门查处案件的线索来源,为稽查打击的针对性、准确性做出了一定贡献。因此,这是个正向指标,即指标值越高,说明在税法普及、涉税维权服务方面成果越明显,纳税人知法、守法、护法意识提高,来投诉举报的案件占立案调查总案件的比重也越高。

(2) 纳税人自查率。

①计算公式＝当期自查的户数÷当期纳入专项检查的总户数

②指标说明。这个指标的含义是在一个纳税年度内，对有违法违规嫌疑的纳税人允许其先行自查后税务机关再进行检查的户数，占同期纳入稽查专项检查的总户数的比重；这个指标是稽查模块内一个重要的体现"服务引导"特性的指标，因为在稽查部门正式立案查处之前给纳税人一个自查的机会就是尊重纳税人、最大限度维护其权益的重要表现。这是个正向指标，指标值越高，说明纳税人通过自我修正排除非故意违规的客观错误的案件比重越高，税务稽查中"以人为本"的纳税服务水平越高。

（3）查后回访率。

①计算公式＝稽查结束后当期回访总户数÷当期纳入稽查范围的总户数×100%

②指标说明。这一指标是指在一个纳税年度内，稽查部门完成本年的稽查工作后对涉案纳税人进行回访调研的总户数占同期立案调查总户数的比重。这是稽查模块另一个重要的体现"服务引导"特性的指标，因为通过回访工作可以进一步验证、核实已经结案的稽查工作有无漏洞、偏差、误判等现象，一方面可以通过与涉案纳税人沟通、讲解、倾听争取纳税人的理解和支持，另一方面也为保障纳税人的合法权益，为已结案件的科学性和合法性设置最后一道保护屏障。因此，这是个正向指标，指标值高，说明稽查部门在保证"强制管理"严肃性的同时，保护纳税人合法权益的"服务导向"意识不断提升。

（四）三大模块所选指标的代表性说明

税收征管绩效评估体系的构建是建立在准确理解和把握部门本身、政府、纳税人对税收征管工作要求的基础上，各个模块所选的指标都具备以下的共性特点：（1）以税务征管部门的考核办法、标准为重要参考，从中选出典型、有代表性的指标；（2）充分考虑数据分析方法的使用前提，选择时间跨度长、稳定度高、相对成熟的指标，这样才能够通过对模型运算结果的数据趋势分析，得出一个相对客观的结论或推断；（3）以新公共管理视角研究征管绩效是一个相对创新的课题，相对于"强制管理"维度，"服务引导"维度的设置客观要求在众多指标中要尽量选择能够更好地反映"纳税服务"理念的指标；（4）模型设计时对指标体系的要求是少而精，好的模型都具有简洁、精练的特点，指标数量不在多而在精，这样研究问题目标清晰集中，能够相对较为深入地分析原因、阐述推论。

三　层次结构图的建立

根据本书所构建的新公共管理视角下的我国税收征管绩效评估指标层级体系，可做层次结构如图5-2所示。

第三节　我国税收征管绩效评估体系指标权重的测算

在建立层次结构图的基础上，评价指标体系构建的另一个核心内容是对各个层级所有指标的重要程度进行分析，具体而言就是对各指标的权重进行测算。鉴于当前运用定量方法测算我国税收征管绩效的研究相对较少，业界对各指标的重要程度也未达成共识，为使研究更加严谨、全面，本书采用以未考虑主观因素的均等赋权的方式为客观参照系，以与实际结合更紧密的层次分析法按指标对体系的重要程度赋权的方式，对我国征管绩效评估体系的指标权重进行分别测算，目的在于通过对两种权重测算方法下所评估的征管绩效进行趋势的对比、分析，从而得出相对更加客观、全面的分析结论。

一　权重的均等化处理

税收征管体系是一个业务众多、内容丰富的系统，本书以新公共管理的视角对我国的税收征管绩效进行综合评估，并从"强制管理"和"服务引导"两个维度进行体系构建和指标选取，基于指标选择的基本原则，本书研究的绩效评估指标体系共选取了4层3大类26个具有代表性的指标。因为目前学界尚未对税收征管绩效评估体系的构建、权重的赋值达成共识，所以本书根据学术研究通用的处理方法，对指标体系各层指标进行等值赋权。

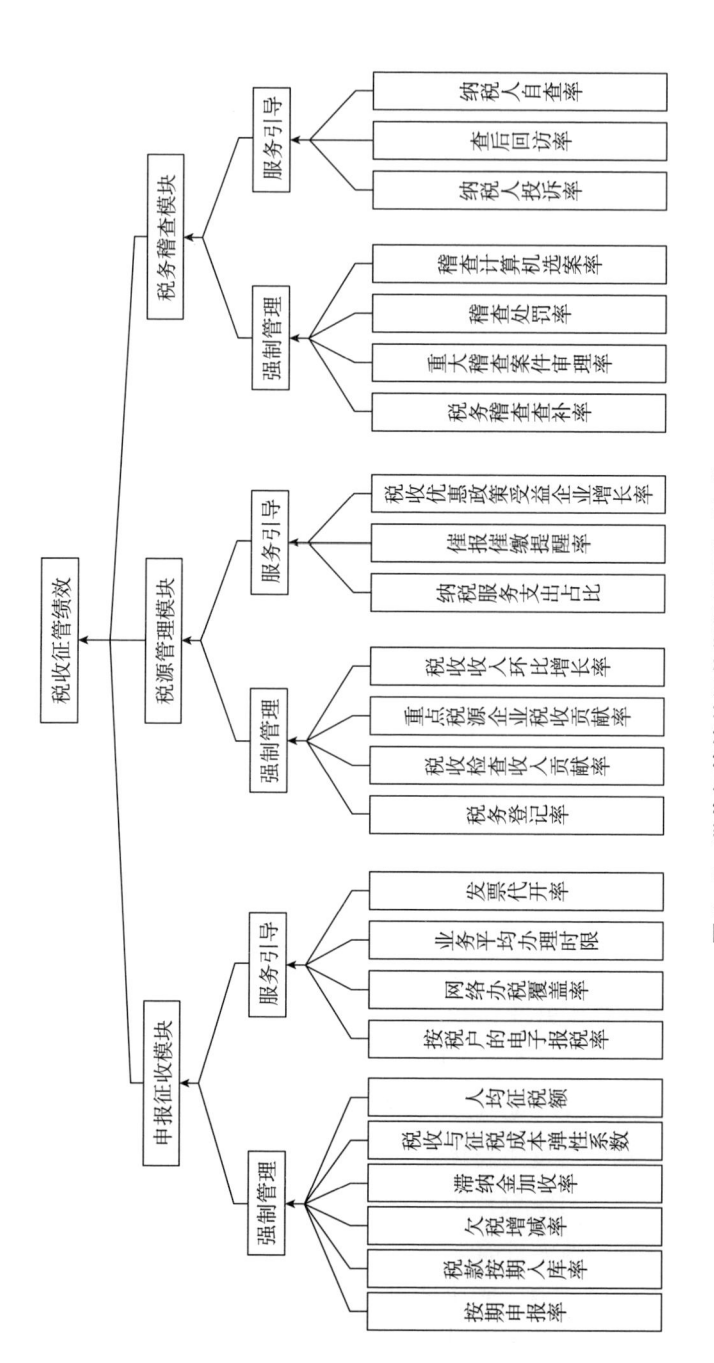

图 5-2 税收征管绩效评估指标层级体系架构

```
税收征管绩效
├── 税务稽查模块
│   ├── 服务引导
│   │   ├── 纳税人自查率
│   │   ├── 查后回访率
│   │   └── 纳税人投诉率
│   └── 强制管理
│       ├── 稽查计算机选案率
│       ├── 稽查处罚率
│       ├── 重大稽查案件审理率
│       └── 税务稽查补率
├── 税源管理模块
│   ├── 服务引导
│   │   ├── 税收优惠政策受益企业增长率
│   │   ├── 催报催缴提醒率
│   │   └── 纳税服务支出占比
│   └── 强制管理
│       ├── 税收收入环比增长率
│       ├── 重点税源企业税收贡献率
│       ├── 税收检查收入贡献率
│       └── 税务登记率
└── 申报征收模块
    ├── 服务引导
    │   ├── 发票代开率
    │   ├── 业务平均办理时限
    │   ├── 网络办税覆盖率
    │   └── 按税户的电子报税率
    └── 强制管理
        ├── 人均征税额
        ├── 税收与征税成本弹性系数
        ├── 滞纳金加收率
        ├── 欠税增减率
        ├── 税款按期入库率
        └── 按期申报率
```

这样做，存在一个缺点：这种赋权重的方式虽然绝对排除了主观因素的影响，却在一定程度上忽视了不同指标一定程度上对整个征管绩效影响程度不同的客观事实，所以测算的结果可能会与实际情况产生一定的偏离；但均等赋权重的优点在于能够去除过于主观的赋值方式对绩效评估结果的显著影响，从而为绩效评估确立一个基准的参照系。为此，现将按照等值方式确定的我国税收征管绩效评估体系的权重赋值列示在图5-3中。

二 层次分析法测算权重

层次分析法是当前使用较为普遍的测算指标权重的方法，相较于操作简单但精确度低的专家咨询法，层次分析法的优点在于：专家咨询法需同时面对许多因素进行分析判断，而层次分析法则转变为直接面对两个因素进行判断，这种改变能使专家经验判断的准确性大幅提升；同时，层次分析法通过计算打分矩阵的标准化特征向量，可对得分值进行一致性检验，因此权重计算的科学性也有明显的提高。

这种方法也存在一个缺点：虽然用层次分析法测算的权重能够比等值赋权更加贴切现实情况，绩效总水平也更趋近真实，但对处于改革变化过程中的我国税收征管体系，专家只能对其现状进行客观、权威的比较、打分，而不能脱离实际通过向前追溯对以往年度的征管绩效体系各指标权重进行客观打分。因此，我们只能采取以2012年的专家层次分析法的打分赋值为各指标十年的基准权重，通过将其固定，来主要考虑各指标值本身的变化对整个税收征管绩效总水平的影响程度，而对权重的变化本书不做过多讨论。

（一）层次分析法测算权重的一般步骤

（1）构造判断矩阵。从层次结构模型的第2层开始，对于从属于（或影响）上一层每个因素的同一层诸因素，用成对比较法和1—9比较尺度构造成对判断矩阵，其实质是对位于同一层级的各个指标之间的相对重要性进行判断、打分。

（2）计算各个指标的相对重要性。这一步的作用主要是根据判断矩阵，计算对于总目标和上层目标值而言各个指标的相对重要性次序的权值。

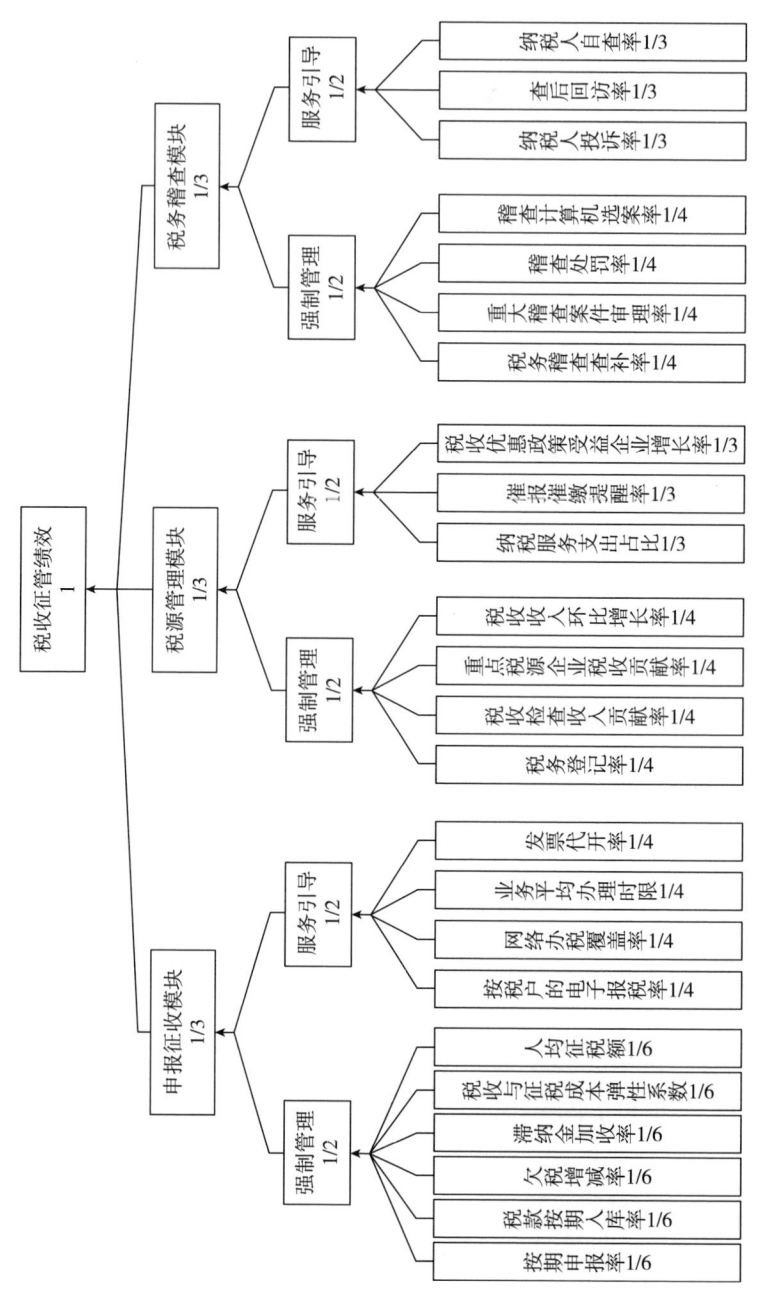

122 / 基于新公共管理理论的中国税收征管绩效研究

```
税收征管绩效 1
├── 税务稽查模块 1/3
│   ├── 服务引导 1/2
│   │   ├── 纳税人自查率 1/3
│   │   ├── 查后回访率 1/3
│   │   └── 纳税人投诉率 1/3
│   └── 强制管理 1/2
│       ├── 稽查计算机选案率 1/4
│       ├── 稽查处罚率 1/4
│       ├── 重大稽查案件审理率 1/4
│       └── 税务稽查补率 1/4
├── 税源管理模块 1/3
│   ├── 服务引导 1/2
│   │   ├── 税收优惠政策受益企业增长率 1/3
│   │   ├── 催报催缴提醒率 1/3
│   │   └── 纳税服务支出占比 1/3
│   └── 强制管理 1/2
│       ├── 税收入环比增长率 1/4
│       ├── 重点税源企业税收贡献率 1/4
│       ├── 税收检查收入贡献率 1/4
│       └── 税务登记率 1/4
└── 申报征收模块 1/3
    ├── 服务引导 1/2
    │   ├── 发票代开率 1/4
    │   ├── 业务平均办理时限 1/4
    │   ├── 网络办税覆盖率 1/4
    │   └── 按税户的电子报税率 1/4
    └── 强制管理 1/2
        ├── 人均征税额 1/6
        ├── 税收与征税成本弹性系数 1/6
        ├── 滞纳金征收率 1/6
        ├── 欠税增减率 1/6
        ├── 税款按期入库率 1/6
        └── 按期申报率 1/6
```

图 5-3 税收征管绩效评估体系的均等化赋权

（3）进行一致性检查。由于客观事物的复杂性和人主观偏好的差异，判断矩阵难以做到严格的一致性，但应符合大致一致性的要求，因此，需要进行一致性检验。主要涉及三个指标：一致性指标（CI）、平均随机一致性指标（RI）和一致性比例（CR）。三者的关系为 $CR = CI/RI$，虽然 CI 值能反映出判断矩阵 A 非一致性的严重程度，但未能指明该非一致性是否可以接受，在具体分析时需要引入一个度量标准（随机一致性指标），根据 RI 来计算随机一致性比率。当 $CR < 0.1$ 时，可认为判断矩阵基本符合随机一致性指标；当 $CR \geqslant 0.1$ 时，可认为判断矩阵 A 不符合随机一致性指标，必须进行调整和修正，以达到满足 $CE < 0.1$ 的一致性检验的要求。

（二）本书建立的征管绩效评估体系的权重测算过程

1. 权重测算过程简述

第一步，先按照层次分析法中构造判断矩阵的要求，设计指标权重测算的调查问卷（见第五章第三节）；第二步，确定参与填写调查问卷的专家人选：为确保本书所建的征管绩效评估体系权重界定的相对客观性、准确性，此项研究专门从国家税务总局征管科技司、纳税服务司、国家税收科学研究所、中国人民大学公共财政与公共政策研究所邀请4位税收征管领域有深入研究的专家分别进行调查问卷的打分；第三步，对各位专家的判断进行综合：根据第五章依据层次分析法所建立的模型，运用 Yaaph 层次分析软件，通过确定不同专家的权重程度，并运用判断矩阵的几何法对不同专家的判断矩阵汇总形成综合判断矩阵，然后进行层次分析的演算（相关步骤在软件中对应相关的设置项），最后得出指标体系各个层级的指标权重值。

2. 问卷调查主要内容概述

（1）介绍。此调查问卷的目的在于确定我国税收征管绩效模型中各个功能模块、不同特性和具体影响因素之间的相对权重。调查问卷根据层次分析法（AHP）的形式进行设计。这种方法是在同一个层次对影响因素重要性进行两两比较。衡量尺度（标尺类型1—9）划分为5个等级，分别是绝对重要、十分重要、比较重要、稍微重要、同样重要，分别对应9、7、5、3、1的数值。左边的衡量尺度表示左列因素重要于右列因素,靠右边的衡量尺度表示右列因素重要于左列因素。

(2)内容(此处只举例说明一下核心内容,问卷全部内容见附录)。

①第2层要素。影响因素及其说明见表5-3。

表5-3　　　　　　　　影响因素及其说明

影响因素	说明
申报征收模块	包括:强制管理层面1、服务引导层面1
税源管理模块	包括:强制管理层面2、服务引导层面2
税务稽查模块	包括:强制管理层面3、服务引导层面3

各组比较要素,对于"新公共管理视角下我国税收征管绩效"的相对重要性可用表5-4衡量。

表5-4　评估"新公共管理视角下我国税收征管绩效"的相对重要性

A	评价尺度								B
	9	7	5	3	1	3	5	7	9	
申报征收模块										税源管理模块
申报征收模块										税务稽查模块
税源管理模块										税务稽查模块

②第3层要素(举例)。表5-5是"申报征收模块"的影响因素及其说明。

表5-5　　　　　　　　影响因素及其说明

影响因素	说明
强制管理层面1	包括:按期申报率、税款按期入库率、欠税增减率、滞纳金加收率、税收与征税成本弹性系数、人均征税额
服务引导层面1	包括:按税户的电子报税率、网络办税覆盖率、平均办理时限、发票代开率

各组比较要素对于"申报征收模块"的相对重要性可用表5-6衡量。

表5-6　　评估"申报征收模块"的相对重要性

A	评价尺度									B
	9	7	5	3	1	3	5	7	9	
强制管理层面1										服务引导层面1

③第4层要素（举例）。各组要素相对于"强制管理层面1"的相对重要性可用表5-7衡量。

表5-7　　各组要素相对于"强制管理层面1"的相对重要性

A	评价尺度									B
	9	7	5	3	1	3	5	7	9	
按期申报率										税款按期入库率
按期申报率										欠税增减率
按期申报率										滞纳金加收率
按期申报率										税收与征税成本弹性系数
按期申报率										人均征税额
税款按期入库率										欠税增减率
税款按期入库率										滞纳金加收率
税款按期入库率										税收与征税成本弹性系数
税款按期入库率										人均征税额
欠税增减率										滞纳金加收率
欠税增减率										税收与征税成本弹性系数
欠税增减率										人均征税额
滞纳金加收率										税收与征税成本弹性系数
滞纳金加收率										人均征税额
税收与征税成本弹性系数										人均征税额

（三）本书建立的征管绩效评估体系的权重测算结果（以2012年为测算期）

根据问卷调查的结果，通过对评价指标体系进行层次分析和计算，可以得出评价指标体系中各层级指标的权重结果。

1. 指标层各指标权重的测算结果

指标层的指标权重包括两个方面的内容：一是指标层的所有指标对指标体系目标层（税收征管绩效）的重要程度；二是指标层的所有指标对所隶属的特性层（新公共管理理念特征性指标）相应指标的重要程度。其测算结果分别如下。

（1）对目标层指标的重要程度，见表5-8。

表5-8　　　方案层指标对目标层的权重计算结果

备选方案	权重
按期申报率	0.0530
税款按期入库率	0.0802
欠税增减率	0.0337
税收预征税成本弹性系数	0.0135
滞纳金加收率	0.0199
人均征税额	0.0096
按税户的电子报税率	0.1096
网络办税覆盖率	0.0178
平均办理时限	0.0819
发票代开率	0.0376
税务登记率	0.0177
税收检查收入贡献率	0.0594
重点税源企业税收贡献率	0.0930
税收收入环比增长率	0.0319
税收优惠受益企业增长率	0.0711
纳税服务支出占比	0.0188
催报催缴提醒率	0.0448
纳税人投诉率	0.0480
纳税人自查率	0.1185
查后回访率	0.0195
稽查计算机选案率	0.0015

续表

备选方案	权重
税务稽查查补率	0.0090
重大稽查案件审理率	0.0029
稽查处罚率	0.0073

（2）对特性层指标的重要程度，见表5-9至表5-14。

表5-9　　　　　　　　　　　强制管理1

强制管理	按期申报率	税款按期入库率	欠税增减率	税收预征税成本弹性系数	滞纳金加收率	人均征税额	Wi
按期申报率	1.0000	0.5000	2.0000	4.0000	3.0000	5.0000	0.2525
税款按期入库率	2.0000	1.0000	3.0000	5.0000	4.0000	6.0000	0.3820
欠税增减率	0.5000	0.3333	1.0000	3.0000	2.0000	4.0000	0.1608
税收预征税成本弹性系数	0.2500	0.2000	0.3333	1.0000	0.5000	2.0000	0.0645
滞纳金加收率	0.3333	0.2500	0.5000	2.0000	1.0000	2.0000	0.0947
人均征税额	0.2000	0.1667	0.2500	0.5000	0.5000	1.0000	0.0456

判断矩阵一致性比例：0.0173；对总目标的权重：0.2099；λ_{max}：6.1090

表5-10　　　　　　　　　　　服务引导1

服务引导	按税户的电子报税率	网络办税覆盖率	平均办理时限	发票代开率	Wi
按税户的电子报税率	1.0000	4.0000	2.0000	3.0000	0.4438
网络办税覆盖率	0.2500	1.0000	0.2000	0.3333	0.0720
平均办理时限	0.5000	5.0000	1.0000	3.0000	0.3318
发票代开率	0.3333	3.0000	0.3333	1.0000	0.1524

判断矩阵一致性比例：0.0551；对总目标的权重：0.2469；λ_{max}：4.1470

表 5 – 11　　　　　　　　　强制管理 2

强制管理	税务登记率	税收检查收入贡献率	重点税源企业税收贡献率	税收收入环比增长率	Wi
税务登记率	1.0000	0.2500	0.2500	0.5000	0.0875
税收检查收入贡献率	4.0000	1.0000	0.5000	2.0000	0.2941
重点税源企业税收贡献率	4.0000	2.0000	1.0000	3.0000	0.4604
税收收入环比增长率	2.0000	0.5000	0.3333	1.0000	0.1580

判断矩阵一致性比例：0.0171；对总目标的权重：0.2019；λ_{max}：4.0457

表 5 – 12　　　　　　　　　服务引导 2

服务引导	税收优惠受益企业增长率	纳税服务支出占比	催报催缴提醒率	Wi
税收优惠受益企业增长率	1.0000	3.0000	2.0000	0.5278
纳税服务支出占比	0.3333	1.0000	0.3333	0.1396
催报催缴提醒率	0.5000	3.0000	1.0000	0.3325

判断矩阵一致性比例：0.0516；对总目标的权重：0.1346；λ_{max}：3.0536

表 5 – 13　　　　　　　　　强制管理 3

强制管理	稽查计算机选案率	税务稽查查补率	重大稽查案件审理率	稽查处罚率	Wi
稽查计算机选案率	1.0000	0.2500	0.3333	0.2000	0.0710
税务稽查查补率	4.0000	1.0000	3.0000	2.0000	0.4376
重大稽查案件审理率	3.0000	0.3333	1.0000	0.2500	0.1398
稽查处罚率	5.0000	0.5000	4.0000	1.0000	0.3516

判断矩阵一致性比例：0.0768；对总目标的权重：0.0207；λ_{max}：4.2050

表 5-14　　　　　　　　　服务引导 3

服务引导	纳税人投诉率	纳税人自查率	查后回访率	Wi
纳税人投诉率	1.0000	0.3333	3.0000	0.2583
纳税人自查率	3.0000	1.0000	5.0000	0.6370
查后回访率	0.3333	0.2000	1.0000	0.1047
判断矩阵一致性比例：0.0370；对总目标的权重：0.1860；λ_{max}：3.0385				

2. 特性层的指标权重测算结果

特性层指标权重包括两个方面的内容：一是特性层（新公共管理理念特征性指标）的所有指标对目标层指标（税收征管绩效）的重要程度；二是特性层（新公共管理理念特征性指标）的所有指标对所隶属的模块层（系统模块指标）相应指标的重要程度。测算结果见表 5-15 至表 5-17。

表 5-15　　　　　　　　　申报征收模块

申报征收模块	强制管理	服务引导	Wi
强制管理	1.0000	0.8500	0.4595
服务引导	1.1765	1.0000	0.5405
判断矩阵一致性比例：0.0000；对总目标的权重：0.4568；λ_{max}：2.0000			

表 5-16　　　　　　　　　税源管理模块

税源管理模块	强制管理	服务引导	Wi
强制管理	1.0000	1.5000	0.6000
服务引导	0.6667	1.0000	0.4000
判断矩阵一致性比例：0.0000；对总目标的权重：0.3366；λ_{max}：2.0000			

表 5-17　　　　　　　　　税务稽查模块

税务稽查模块	服务引导	强制管理	Wi
服务引导	1.0000	9.0000	0.9000
强制管理	0.1111	1.0000	0.1000
判断矩阵一致性比例：0.0000；对总目标的权重：0.2067；λ_{max}：2.0000			

3. 模块层的指标权重测算结果

模块层的指标权重是指模块层的所有指标对指标体系目标层（税收征管绩效）的重要程度，测算结果见表 5-18。

表 5-18　　　　　　　税收征管绩效评估

税收征管绩效评估	申报征收模块	税源管理模块	税务稽查模块	Wi
申报征收模块	1.0000	1.5000	2.0000	0.4568
税源管理模块	0.6667	1.0000	1.8000	0.3366
税务稽查模块	0.5000	0.5556	1.0000	0.2067
判断矩阵一致性比例：0.0096；对总目标的权重：1.0000；λ_{max}：3.0100				

第六章　新公共管理视角下税收征管绩效的实证分析

——以 H 市地税为案例

本书第三章已经分别从现实和理论层面，对新公共管理理念和我国税收征管演进历程的结合过程、税收征管在新公共管理视角下的定位进行了全面的阐述和分析，第四章又在介绍了税收征管一般模式的前提下对 H 市地税的征管创新做了系统的梳理。在此基础上，本章期望从实证分析的角度，对以 H 市地税为案例的税收征管绩效进行量化评估，分析税收征管绩效整体的变化趋势，并对模型指标层、特性层和模块层分别进行分析，通过数据分析来检验 H 市地税征管创新对税收征管绩效是否存在影响以及影响的程度。

第一节　H 市地税税收征管绩效模型的指标层数据

本节主要介绍 H 市地税征管绩效模型的基础数据——指标层数据获取的方式、方法和时间归属的选择，并通过对基础数据初步整理，进而对数据所代表的征管内容进行趋势分析，为下一步全面、客观地对 H 市地税的征管绩效进行评估奠定数据基础。

一　基础数据的收集

（一）数据收集的情况说明

从第四章第二节对 H 市地税征管改革创新的介绍中可知，该市从 2004 年开始陆续、全面地启动了整个地税系统的税收征管改革。为了与这个重要的现实背景相结合，通过不同年度各类数据的对比、趋势分析，以实现从模型的不同层面来检验创新改革对当地征管绩效水平有无影响以及影响程度的问题，本章结合当地税收征管基础数据保管年限的规定以及数据可得性的多种考虑，选定收集数据的时间跨度为2003—2012 年。

此项基础数据的收集经历了以下的过程：由 H 市地税征管和科技发展处牵头，纳税服务局、税政管理处、稽查局、督查内审处、规划财务处参与，共同组建了税收征管绩效评估数据收集小组，通过对税收征管绩效评估模型指标层数据进行分类，由各处分工负责收集自己业务范围内的数据；为保证数据的客观性、真实性，全部基础数据都来自现行的税收征管系统软件，每笔数据的背后都有现实的各类征管业务与之相对应。征管绩效模型底层的各项指标值，是由各处室负责人员根据征管系统中获取的基础数据按照第五章第二节所界定的各个比率的计算公式计算而得。由此可知，数据收集的全过程保障了基础数据的客观性，为对 H 市地税税收征管绩效进行真实、客观的评估奠定了良好的数据基础。

（二）基础数据情况汇总表

（1）申报征收模块指标的基础数据见表6 – 1。

表6 – 1   申报征收模块指标的基础数据汇总

年度	强制管理						服务引导			
	按期申报率（％）	税款按期入库率（％）	欠税增减率（％）	滞纳金加收率（％）	人均征税额（万元）	税收与征税成本弹性系数	按税户的电子报税率（％）	网络办税覆盖率（％）	业务平均办理时限（分钟）	发票代开率（％）
2003	97.78	93.24	-22.36	100.00	12.74	125.40	0.13	0.02	21.42	0.21
2004	98.87	93.66	-27.52	99.71	19.73	164.00	10.57	10.11	14.58	0.12
2005	98.52	95.38	-1.49	100.00	11.15	203.96	49.96	33.59	10.91	0.08
2006	99.01	94.74	-4.71	100.00	13.68	241.17	57.69	45.77	10.75	0.05
2007	99.80	96.08	-2.76	100.00	13.97	360.74	72.32	63.97	7.89	0.08

续表

年度	强制管理						服务引导			
	按期申报率（%）	税款按期入库率（%）	欠税增减率（%）	滞纳金加收率（%）	人均征税额（万元）	税收与征税成本弹性系数	按税户的电子报税率（%）	网络办税覆盖率（%）	业务平均办理时限（分钟）	发票代开率（%）
2008	99.69	99.52	-7.26	98.66	11.71	469.43	90.69	85.33	7.82	0.12
2009	98.71	98.83	-10.10	98.85	27.45	558.63	86.57	80.96	6.99	0.13
2010	98.59	99.89	-16.82	100.00	36.67	1009.87	85.63	79.63	5.01	0.14
2011	99.31	99.37	-14.21	100.00	32.09	1352.95	92.47	81.49	4.63	0.21
2012	99.12	99.11	-21.95	100.00	41.32	1755.18	96.52	81.77	2.45	0.28

资料来源：由 H 市地税"征管信息系统"的数据计算而得。

（2）税源管理模块指标的基础数据见表 6-2。

表 6-2　　　　　税源管理模块指标的数据汇总　　　　单位：%

年度	强制管理				服务引导		
	税务登记率	税收检查收入贡献率	重点税源企业税收贡献率	税收收入环比增长率	税收优惠企业增长率	纳税服务支出占比	催报催缴提醒率
2003	97.78	4.44	45.60	23.46	7.43	5.72	5.02
2004	97.71	3.80	45.79	33.00	10.53	6.10	4.40
2005	97.86	2.43	46.00	24.06	18.10	7.28	3.39
2006	98.55	1.87	46.11	20.00	-11.29	7.91	3.23
2007	98.20	1.60	46.43	48.48	14.55	8.18	3.55
2008	98.84	1.97	47.54	32.65	3.97	8.37	3.03
2009	98.45	2.95	48.65	29.49	16.03	8.53	2.34
2010	99.01	1.97	48.97	82.38	26.32	8.78	1.66
2011	98.39	1.73	49.02	49.54	10.94	9.50	1.29
2012	99.10	7.10	50.06	29.09	29.58	10.78	1.09

资料来源：由 H 市地税"征管信息系统"的数据计算而得。

(3) 税务稽查模块指标的基础数据见表6-3。

表6-3　　税务稽查模块指标的基础数据汇总　　单位：%

年度	强制管理				服务引导		
	税务稽查查补率	重大稽查案件审理率	稽查处罚率	稽查计算机选案率	纳税人投诉（举报）率	纳税人自查率	查后回访率
2003	3.67	10.00	19.47	0	9.00	19.00	73.00
2004	3.16	11.00	20.15	0	8.00	18.00	77.00
2005	1.76	10.00	26.39	0	10.00	19.00	75.00
2006	1.01	10.00	24.50	0	9.00	21.00	74.00
2007	1.02	10.00	38.65	0	9.00	21.00	81.00
2008	1.05	11.00	20.19	0	11.00	27.00	85.00
2009	2.18	10.00	14.75	0	12.00	29.00	84.00
2010	1.41	12.00	17.02	21.00	11.00	25.00	87.00
2011	1.31	15.00	38.15	73.00	9.00	32.00	90.00
2012	1.41	14.00	74.67	80.00	13.00	34.00	89.00

二　对基础数据纵向变化趋势的分析

（一）"按期申报率"指标

由图6-1可以看出，H市地税的"按期申报率"除了2003年是97.78%，以后年份均在98%—100%，变动平缓，整体呈直线趋势，说明该指标是个相对稳定、成熟的指标，也说明"按期申报"是纳税人纳税遵从度较高的涉税业务，是征纳双方建立各种涉税关联的重要基础。

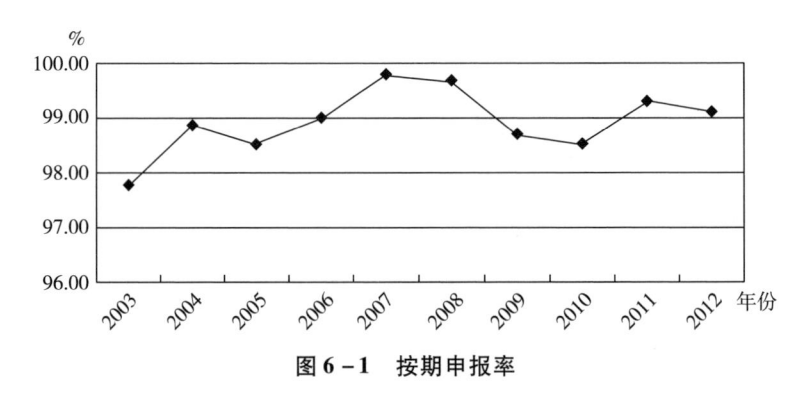

图6-1　按期申报率

（二）"税款按期入库率"指标

由图6-2可知，H市地税的"税款按期入库率"自2003年开始由 93.24% 小幅提升，2008 年增快，达到 99.51%，以后一直稳定在接近 100% 的水平。该指标值整体呈趋近水平直线的缓增趋势，说明是一个稳定、成熟的指标，纳税人的按期纳税意识已普遍具备，税务机关较高的征管能力是促使纳税人按期纳税的重要保证。

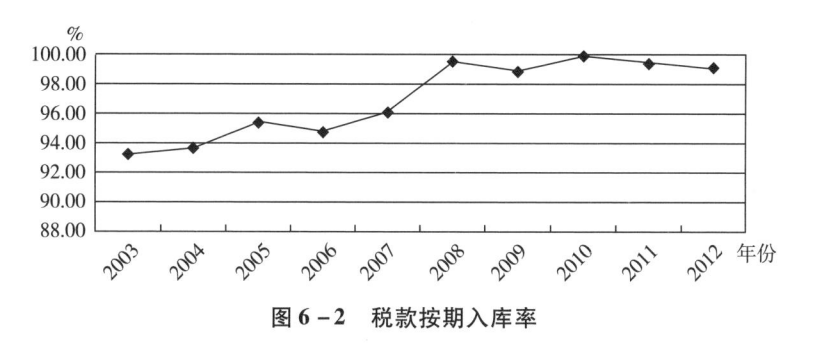

图 6-2　税款按期入库率

（三）"欠税增减率"指标

"欠税增减率"指标是个负向指标，该指标值越小说明清理欠税的力度越大。从图 6-3 中可以看出，除 2005 年有大幅的正向变化，整体呈现不断减小的负向变化趋势。2005 年正向变化的原因是按照税务系统的统一规定，该年度对该指标的统计口径按照计财部门的标准进行了调整，在统计时间点的实际在途资金不再计入已清欠税的统计中，导致已清欠税数额大幅减少；但在之后年份，该指标又恢复负向增加，说明 2010 年、2012 年的清欠力度加大，反映了税务机关对欠税管理能力的不断增强。

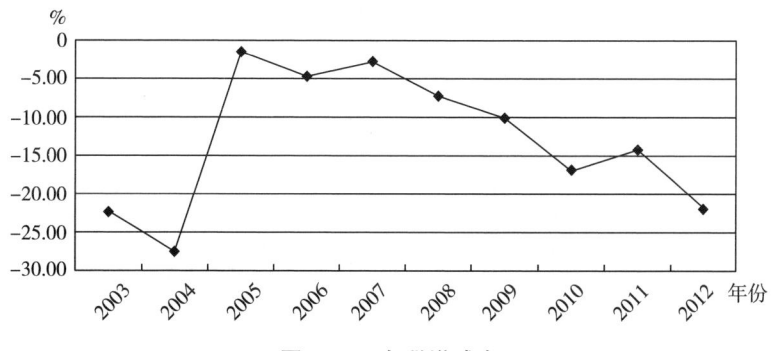

图 6-3　欠税增减率

(四)"滞纳金加收率"指标

由图6-4可知,"滞纳金加收率"指标除2008年、2009年两年有小幅波动外,自2003—2012年整体呈稳定趋势,指标值相对平稳,能很好地体现申报征收模块中"强制管理"的特性。

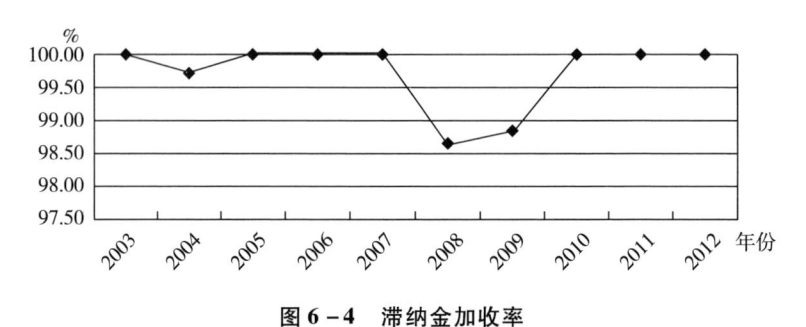

图6-4 滞纳金加收率

(五)"税收与征税成本弹性系数"指标

"税收与征税成本弹性系数"是反映税收征管绩效很有代表性的指标,由图6-5中可知,除2008年有小幅波动外,整体呈上升趋势。指标值在2003—2012年从12.74%大幅上升到了41.32%,说明这十年间H市地税税收征管效率的提升相对于成本支出的增长有了更大幅度的提高,能够很好地体现申报征收模块的"强制管理"特性。

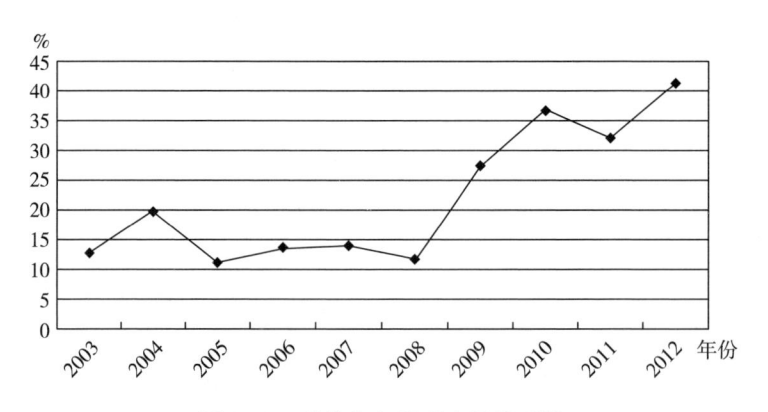

图6-5 税收与征税成本弹性系数

(六)"人均征税额"指标

从图6-6中不难看出,"人均征税额"整体一直在上升,上升趋势分为两段：2003 年指标值从 125.4 万元持续小幅攀升；2009 年开始增幅提速，至 2012 年达到 1755.18 万元。指标的变化趋势反映了税务机关强制管理能力的不断增强。

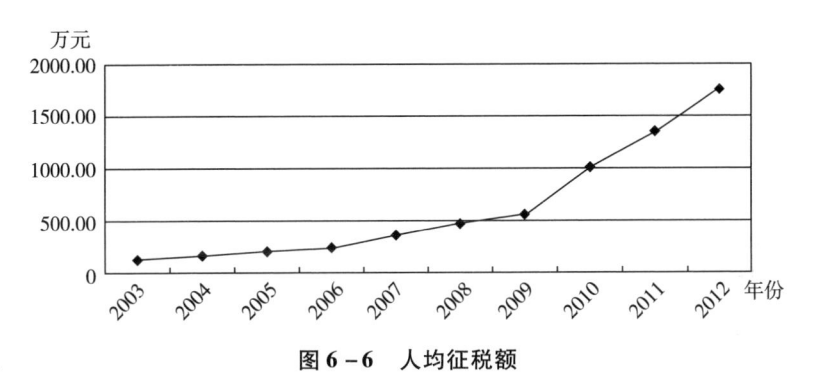

图 6-6　人均征税额

（七）"按税户的电子报税率"指标

依法按期纳税是纳税人应承担的义务，但纳税方式的变化却体现了税务机关的服务理念。由图 6-7 可知，"按税户的电子报税率"由 2003 年的几乎为 0 开始，以后各年均大幅增长，到 2008 年接近 100%；以后该指标在 100% 附近稳定。这充分说明了 H 市地税辖区的纳税人已几乎全部实现了由大厅人工报税向网络报税的转变，大大节省了纳税人的办税成本，是税务机关"服务引导"理念的重要落实。

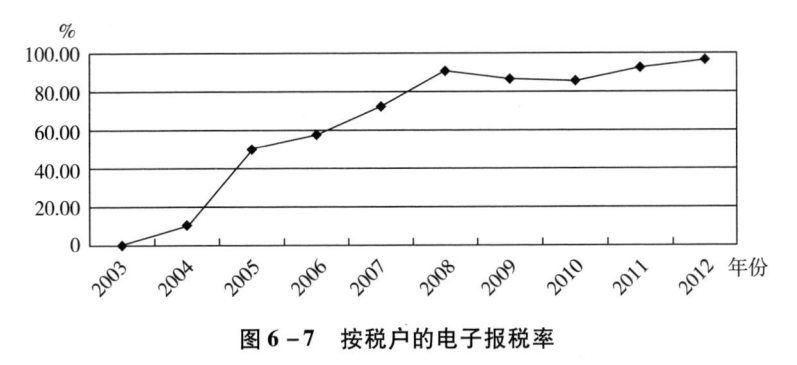

图 6-7　按税户的电子报税率

（八）"网络办税覆盖率"指标

"网络办税覆盖率"指标经历了一个先平缓增长、接着急速上升、后保持稳定的过程。其中，2007年的增长幅度最快，这是因为该市地税局在全国税务系统率先研发和运行了"H市地税电子办税服务厅""企业财务数据采集系统"等电子信息系统，全市83652户纳税户也全部纳入计算机管理，其中电子申报和税库银联网户数51210户，占总户数的63.97%。信息化建设从此开始实现了由信息化支撑向信息化驱动的跨越。这个指标是体现"服务引导"特性的代表性指标。

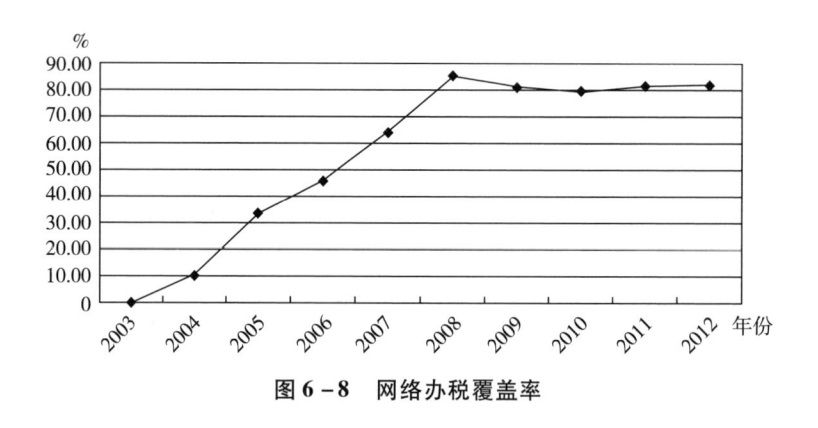

图6-8　网络办税覆盖率

（九）"业务平均办理时限"指标

"业务平均办理时限"指标十年间由每项21.42分钟下降为2.45分钟，平均效率提高了近9倍，整体呈向下倾斜的近直线变化趋势。这种变化源于该市地税局在全省地税系统率先实行了"还责还权于纳税人，取消涉税审批权，改审批为备案"的改革，取消了44项涉税审批，改审批为备案，将办税的"受理、审核、调查、上报、集体评议、审批、评估"7个环节简并为"审核、备案"2个环节，为纳税人开辟了"绿色通道"，实现了纳税人在前台窗口一次性办结延期申报、领购发票、减免税等多个涉税事项，大大降低了征纳双方的办税成本，提高了社会效益。这个指标充分反映了该市地税局通过再造工作流程实现效率服务、通过公平公开实现阳光服务、通过前台一步到位办税实现优质服务的"服务引导"特性。

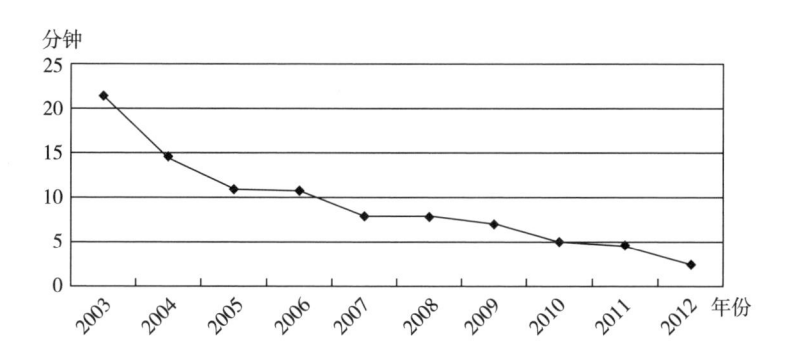

图 6-9 业务平均办理时限

(十)"发票代开率"指标

发票代开工作是税务机关为无开票条件的纳税人或者临时经营的纳税人提供的一种服务,是征税方式的补充。该指标以 2006 年为分界点,经历了先下降后增长的发展历程。产生这一变化趋势的原因是政策的调整:之前,对于临时经营的纳税人可以通过缴纳保证金领购发票自开票,代开业务需求量下降;之后,由于 H 市取消了发票保证金制度,在 H 市的外地企业一律实行代开,加之建筑行业的蓬勃发展,外来经营建筑企业大量增加,代开发票数量增加较多。这个指标能够体现税务机关"服务引导"的特性。

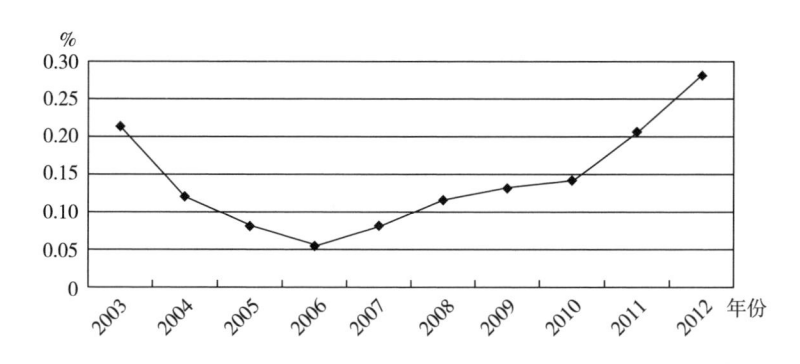

图 6-10 发票代开率

(十一)"税务登记率"指标

"税务登记"是实施税源管理重要的基础性工作,是体现税务机关"强制管理"理念的代表性指标之一。由图 6-11 可知,2003—

2012 年该指标数值都是在 98%—100%，基本呈围绕一条水平直线上下微幅波动的变化趋势，这个指标相对稳定、成熟，能较好地体现税务机关"强制管理"的特性。

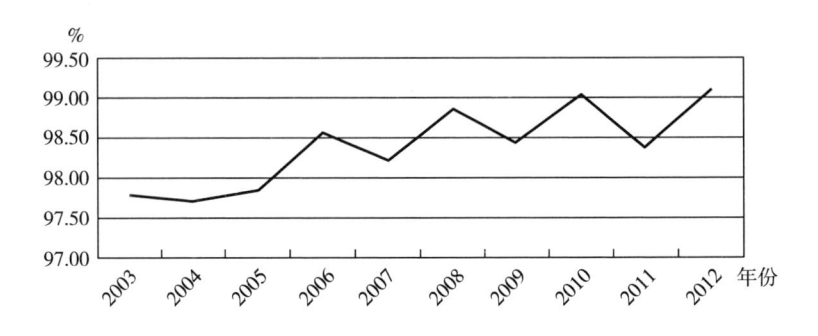

图 6-11　税务登记率

（十二）"税收检查收入贡献率"指标

这个指标体现了税源监控过程中通过查补和评估等方式增加的税款对税收总收入的贡献程度，指标值在一定范围内体现税源管理对可能流失税款的查控能力，能反映"强制管理"的特性。由图 6-12 可知，该指标较平稳，变化幅度小，基本在 4% 左右，2012 年上升较快，达到 7.1%，这是因为该局依托税收风险控制系统自行设计了风险指标和风险模型，强化税收风险识别工作，充分利用信息资源有针对性地开展纳税评估工作。这说明在入库税款主要依靠纳税人自主纳税的同时，税源管理部门也积极作为，强化管理；对符合立案查处标准的移送稽查部门查处，做到了以评促管，以查促管，以管促收。

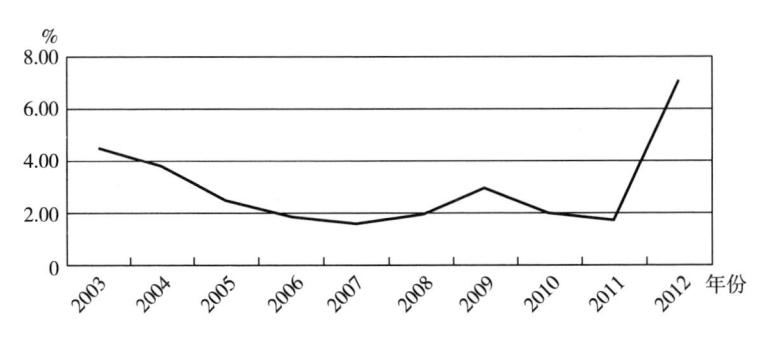

图 6-12　税收检查收入贡献率

(十三)"重点税源企业税收贡献率"指标

"重点税源企业税收贡献率"指标反映的是该市重点税源企业的入库税款占地区总入库税收的比重,体现了税源精细化管理的意义所在,是反映税源"强制管理"特性的代表性指标。由图 6-13 可知,十年间,该指标由 2003 年的 45.6% 上升到 2012 年的 50.06%,呈现平缓斜向上的近直线增长态势。年纳税额 30 万元以上的纳税人,以及所有房地产开发企业都被纳入了重点税源监控,通过提升重点税源软件应用分析水平,掌握相关企业的经营状况和税负情况,实时进行微观和宏观税负对比分析,为加强税收征管提供有力依据。

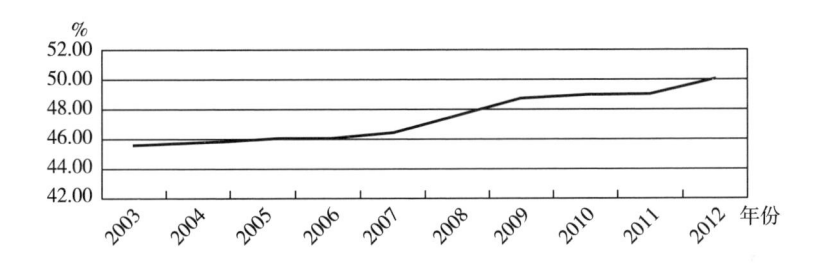

图 6-13 重点税源企业税收贡献率

(十四)"税收收入环比增长率"指标

税收收入的变化受多方面因素的影响,但最核心的是税源管理因素,这也正是多年来税收收入的增长速度远高于 GDP 增速的重要原因所在,因此,税收收入环比增长率是衡量税源管理水平高低的重要指标。由图 6-14 可知,宏观方面:由于金融危机的影响,2008 年、2009 年税收收入增速下降;国家应时出台的积极财政政策使 2010 年的增速有所回升;中央为使经济持续、健康发展而坚决采取的经济结构转型方针政策,短期内对地方经济的发展不能起到助推作用,所以 2011 年、2012 年的税收收入增速速度又相对趋缓。微观方面:在国家经济发展时代大背景下,H 市地税的税收收入增长率总体保持较高的增速,十年平均增长率为 37.2%,充分体现了税源管理的重要性。

图 6-14　税收收入环比增长率

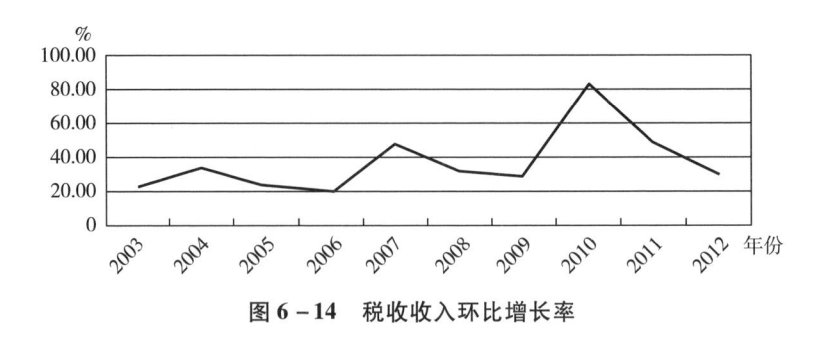

(十五)"纳税服务支出占比"指标

这一指标代表的是税务机关用于服务纳税人的各项支出总额占同一年度内税务经费支出的比重,是体现"服务引导"特性的重要指标。由图 6-15 可知,该指标由 2003 年的 5.72% 上升为 2012 年的 10.78%,一直处于平缓斜向上的增长趋势,说明该指标反映的专项费用开支的增加正是 H 市地税为实现"最大限度方便纳税人"理念而采取的各项纳税服务创新的财力保障。

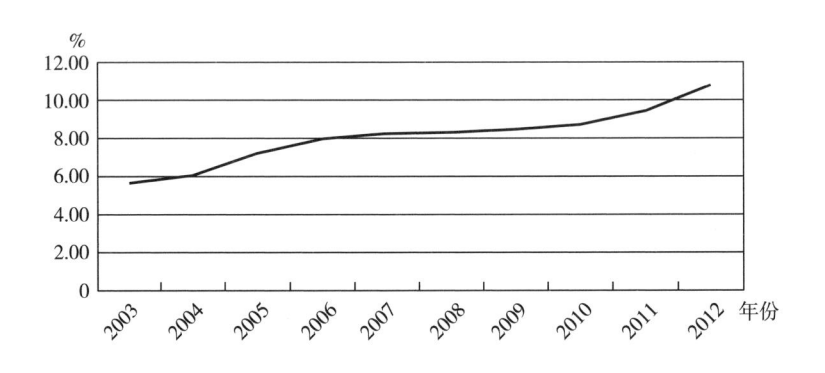

图 6-15　纳税服务支出占比

(十六)"催报催缴提醒率"指标

这一指标反映的是税务机关为维护税法的严肃性和规范性,在实施处罚前所采取的最后的劝告、提醒服务。这个指标值的负向变化,能够很好地检验纳税人的纳税遵从度和税务机关涉税事项宣传引导的成效。由图 6-16 可知,该指标由 2003 年的 5.02% 下降到了 2012

的1.09%，十年呈现幅度较大的向下倾斜的类直线变化趋势，侧面体现了税务管理部门引导纳税人遵守税法的"服务引导"特性。

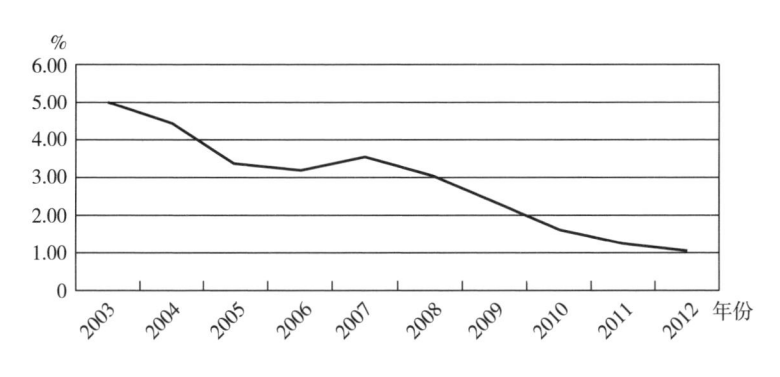

图 6-16 催报提醒率

（十七）"税收优惠政策受益企业增长率"指标

在我国经济发展的不同阶段，国家会不定期出台多项引导、鼓励、扶持的税收优惠政策，这个指标反映的是该市享受税收优惠政策的纳税人的年增长率，体现的是税务部门的"服务引导"特性。由图6-17可知，该指标由2003年的7.43%上升到2012年的29.58%，总体呈现上升趋势，2006年出现负增长初步分析是影响H市为数较多企业的税收优惠政策发生了一定程度的调整、一些企业变更了被管辖的隶属关系不再归地税管理等客观原因造成的。

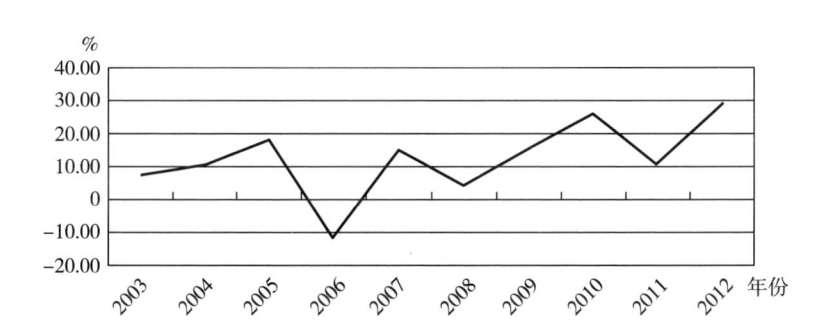

图 6-17 享受税收优惠的企业增长率

(十八)"税务稽查查补率"指标

这个指标反映的是稽查查补入库的税款占当期实现的全部税收收入的比重，体现了查补对税收收入的贡献率，是说明稽查部门"强制管理"特性的重要指标。由图6-18可知，该指标在2003年、2004年比较高，都在3%以上，而以后年份虽有微变，但基本在2%左右小幅波动，主要是因为近些年常规入库的税收收入增幅较大，相对而言快于查补入库税款的增幅。

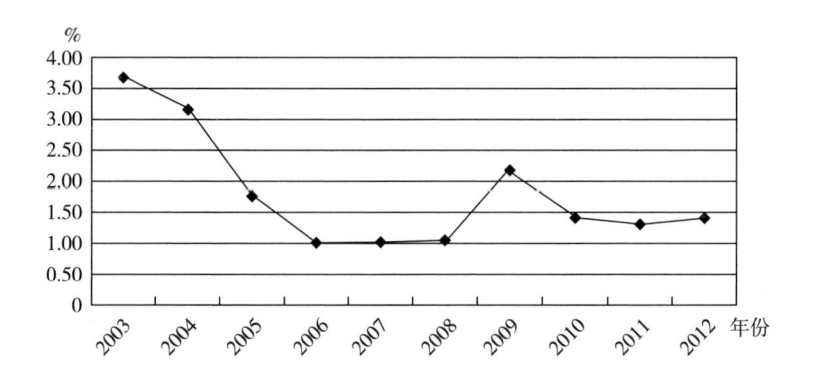

图6-18 税务稽查查补率

(十九)"重大稽查案件审理率"指标

该指标是指当期立案调查的案件中被纳入重大案件审理的比例，在一定程度内，指标值变大说明稽查案件的立案、审查过程更加严谨、规范，是能体现稽查部门"强制管理"特性的指标。由图6-19可知，该指标一直在10%左右，相对平稳，从2011年开始有较高增幅，上升到15%。作为税收征管改革的组成部分，H市地税设立了由分管局长负责、多部门参与的重大税务案件审理委员会，对重大税务案件的审理进行组织、协调和落实，稽查办案质量有了明显提高，在切实维护纳税人合法权益的同时，税法的严肃性也得到了进一步加强。

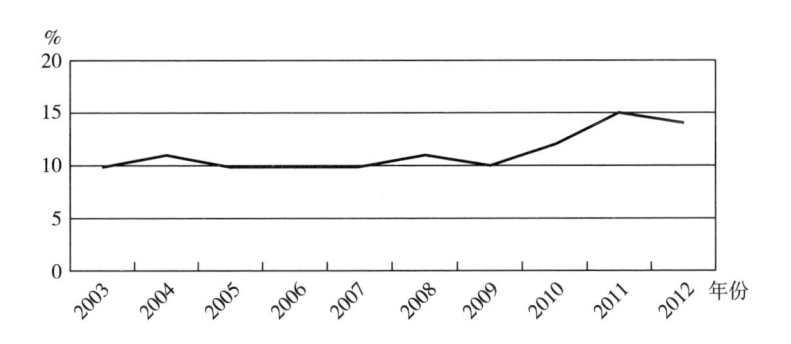

图 6-19　重大稽查案件审理率

(二十)"稽查处罚率"指标

这个指标的设立初衷是在对问题纳税人查出偷漏税款的同时，通过要求其缴纳一定比例的罚款，对其违规涉税行为实施惩罚，因此该指标具有明显的"强制管理"特性。由图 6-20 可知，该指标自 2003 年始一直在 20% 左右变动，相对平稳，而 2011 年、2012 年有了较大幅度的提升，这是因为稽查部门加强了对违法行为的处罚力度，对一些大案在税法规定的范围内按照偷漏税款的 1—2 倍实施处罚，以起到严肃税法、震慑违规行为的作用。

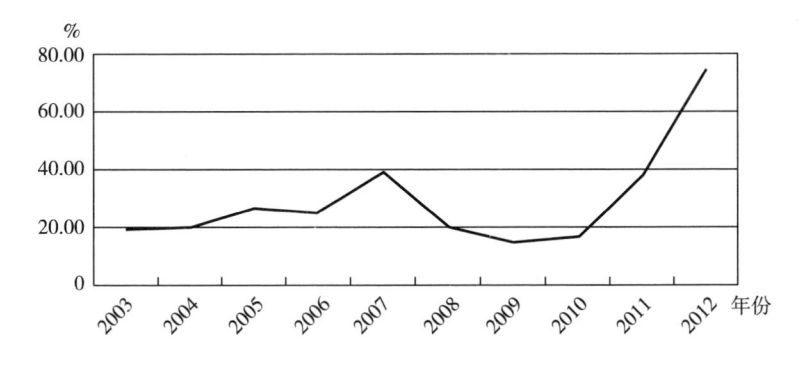

图 6-20　稽查处罚率

(二十一)"稽查计算机选案率"指标

"稽查计算机选案率"能够反映稽查选案的科学化、规范化，具有"强制管理"的特性。由图 6-21 可知，该指标 2003—2009 年均为 0，说明这些年还是以人工选案为主。自2010年开始计算机选案为21%，后陡增至2012年的80%，三年时间计算机选案实现了"以人为主"向"机器为主"的转变，为稽查有效性奠定了坚实基础。

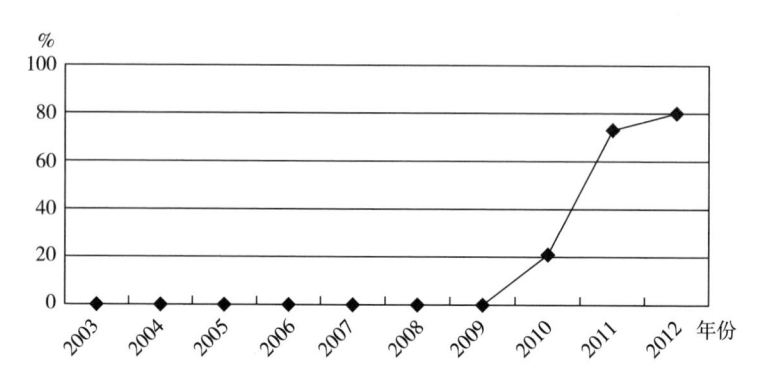

图6-21 稽查计算机选案率

（二十二）"纳税人投诉/举报率"指标

该指标是反映稽查立案调查的案件中由纳税人主动投诉、举报的案件情况。由图6-22可知，在2003—2012年，该指标值总体呈缓慢上升趋势，说明在税务机关的宣传引导下纳税人的维权、护法意识在提高，通过监督、举报违法案件，在社会形成了遵守税法的整体氛围，侧面反映了税务机关的"服务引导"特性。

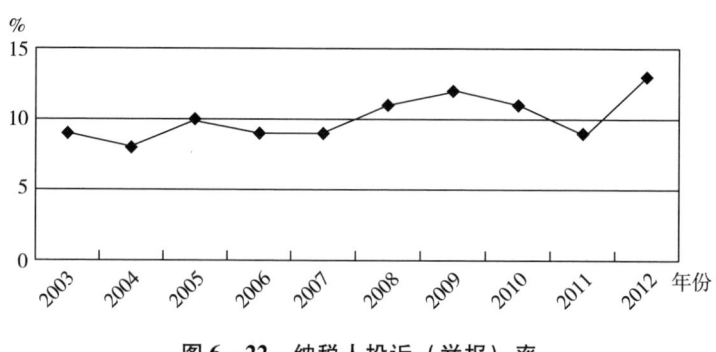

图6-22 纳税人投诉（举报）率

（二十三）"纳税人自查率"指标

由图6-23可知，这个指标值由2003年的19%上升到2012年的34%，整体是呈斜向上稳步增长的态势。"纳税人自查率"指标值的上升，说明了稽查部门在对涉嫌违规的纳税人实施检查之前给其提供自我检查、改正机会的增多，这是稽查部门尊重纳税人合法权益、践行"以人为本"纳税服务理念的重要体现，反映了"服务引导"特性。

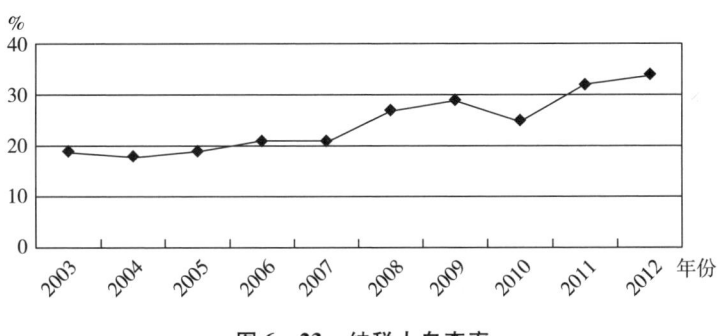

图 6-23　纳税人自查率

（二十四）"查后回访率"指标

查后回访率这个指标由2003年的73%上升到2012年的89%，整体呈平缓的增长态势。"查后回访率"指标的上升，说明稽查部门工作更加精细，通过回访，实现税务机关查补工作漏洞、维护纳税人合法权益的目标，体现了税务稽查的"服务引导"特性。

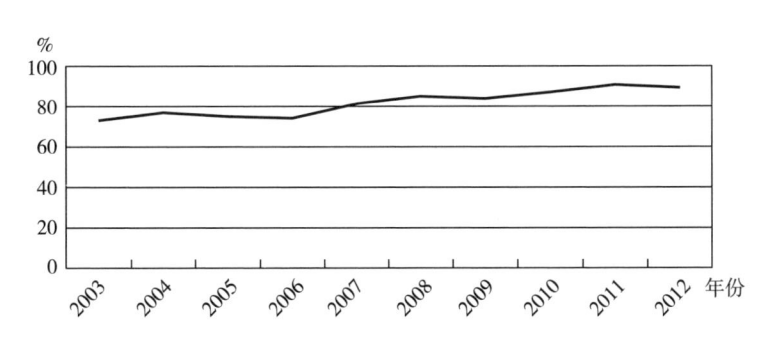

图 6-24　查后回访率

三　指标层数据的无量纲化处理及横向比较

（一）指标层数据的无量纲化处理

我国的税收征管体系是一个涉及申报征收、税源管理、税务稽查三大领域多项业务的综合性系统，要达到尽可能客观反映、评价对象全貌的目标,就必须从其核心领域中选择若干有代表性的单项指标并将其组合成能反映整体的综合指标,反映多指标综合评价征管绩效优劣。本书以此为建立征管绩效评估模型的出发点,统筹考量,共选取了24个单项指标(见第五章第二节)。从本书所建的多指标综合评价体系中不难发现,有的是指标值越大越好的正向指标,有的是指标值越小越好的负向指标,而且既有相对值也存在绝对值,这就客观导致不同指标无法在同一频段内进行综合比较分析,即存在量纲差异问题。

量纲差异的存在是影响整体评价的重要因素,为消除异量纲性对系统指标所带来的不可公度性,本节对已经获取的24个单项指标的具体数值进行无量纲化处理(对数据进行标准化、规范化处理),这是实现税收征管绩效规范评估的先决条件。具体而言,本章采取的是有效性较高的直线无量纲化中的极差化法:对正向指标,按照公式 $(6-1) y_i = \dfrac{x_i - \min\limits_{1 \leqslant i \leqslant n} x_i}{\max\limits_{1 \leqslant i \leqslant n} x_i - \min\limits_{1 \leqslant i \leqslant n} x_i}$ 对指标值逐一进行无量纲化处理;对负向指标,按照公式 $(6-2) y_i = \dfrac{\max\limits_{1 \leqslant i \leqslant n} x_i - x_i}{\max\limits_{1 \leqslant i \leqslant n} x_i - \min\limits_{1 \leqslant i \leqslant n} x_i}$ 对指标值逐一进行无量纲化处理。计算结果见表6-4。

(二)指标层数据的横向比较

通过对各指标进行分值化处理,不仅可以对单个指标进行趋势分析,也可以在不同指标之间进行横向对比分析,有利于对影响征管总绩效的各个因素进行全面把握。分值化处理后指标值的变化幅度被放大,每个指标都在[0,1]的区间内变动。正向指标分值接近于1的点越多,说明原始数据分布更接近指标的最大值,该指标对税收征管绩效水平的提高越有贡献;反之,则说明原始数据分布更接近指标的最小值,其对税收征管绩效水平的提高贡献越小。下面以三个模块层为研究对象,分别进行相关指标的对比分析:

1. 申报征收模块

(1)"强制管理1"层。

各指标的变化趋势见图6-25。

表 6-4　指标层数据无量纲化处理结果

目标层	模块层	特性层	指标层各指标	2003	2004	2005	2006	2007	2008	2009	2010	2011	2012
税收征管绩效	申报征收	强制管理1	按期申报率	0.0000	0.5396	0.3663	0.6089	1.0000	0.9455	0.4604	0.3713	0.7574	0.6634
			税款按期入库率	0.0000	0.0633	0.3210	0.2250	0.4267	0.9434	0.8398	1.0000	0.9219	0.8822
			欠税增减率	0.8018	1.0000	0.0000	0.1235	0.0489	0.2215	0.3309	0.5891	0.4887	0.7861
			滞纳金加收率	1.0000	0.7877	1.0000	1.0000	1.0000	0.0000	0.1416	1.0000	1.0000	1.0000
			税收与征税成本弹性系数	0.0527	0.2844	0.0000	0.0839	0.0935	0.0186	0.5403	0.8459	0.6941	1.0000
			人均征税额	0.0000	0.0237	0.0482	0.0710	0.144	0.2111	0.2658	0.5427	0.7532	1.0000
		服务引导1	按税户的电子报税率	0.0000	0.1083	0.5170	0.5972	0.7489	0.9395	0.8967	0.8870	0.9580	1.0000
			网络办税覆盖率	0.0000	0.1183	0.3935	0.5363	0.7496	1.0000	0.9488	0.9332	0.9550	0.9583
			业务平均办理时限	0.0000	0.3606	0.5540	0.5625	0.7132	0.7169	0.7607	0.8651	0.8851	1.0000
			发票代开率	0.7015	0.2919	0.1164	0.0000	0.1191	0.2715	0.3396	0.3860	0.6703	1.0000
	税源管理	强制管理2	税务登记率	0.0558	0.0000	0.1071	0.6017	0.3539	0.8146	0.5327	0.9362	0.4883	1.0000
			税收检查收入贡献率	0.5174	0.4007	0.1504	0.0482	0.0000	0.0679	0.2464	0.0678	0.0237	1.0000
			重点税源企业税收贡献率	0.0000	0.0425	0.0893	0.1147	0.1859	0.4350	0.6852	0.7559	0.7666	1.0000
			税收收入环比增长率	0.0554	0.2084	0.0651	0.0000	0.4567	0.2029	0.1521	1.0000	0.4736	0.1458
			税收优惠受益企业增长率	0.4581	0.5338	0.7190	0.0000	0.6322	0.5734	0.6685	0.9202	0.5439	1.0000
		服务引导2	纳税服务支出占比	0.0000	0.0744	0.3086	0.4516	0.4857	0.5238	0.5550	0.6048	0.1462	1.0000
			催报催缴提醒率	0.0000	0.1579	0.4142	0.4563	0.3752	0.5069	0.6833	0.8555	0.9497	1.0000

续表

目标层	模块层	特性层	指标层各指标	年度									
				2003	2004	2005	2006	2007	2008	2009	2010	2011	2012
税收征管绩效	税务稽查	强制管理3	稽查计算机选案率	0.0000	0.0000	0.0000	0.0000	0.0000	0.0000	0.0000	0.2625	0.9125	1.0000
			税务稽查查补率	1.0000	0.8062	0.2806	0.0000	0.0039	0.0155	0.4385	0.1507	0.1114	0.1486
			重大稽查案件审理率	0.0000	0.2000	0.0000	0.0000	0.0000	0.2000	0.0000	0.4000	1.0000	0.8000
			稽查处罚率	0.0788	0.0901	0.1943	0.1627	0.3989	0.0908	0.0000	0.0379	0.3905	1.0000
		服务引导3	纳税人投诉（举报）率	0.2000	0.0000	0.4000	0.2000	0.2000	0.6000	0.8000	0.6000	0.2000	1.0000
			纳税人自查率	0.0625	0.0000	0.0625	0.1875	0.1875	0.5625	0.6875	0.4375	0.8750	1.0000
			查后回访率	0.0000	0.2353	0.1176	0.0588	0.4706	0.7059	0.6471	0.8235	1.0000	0.9412

[图表：分值 1.2000–0，年份 2003–2012，图例：按期申报率、税款按期入库率、欠税增减率、滞纳金加收率、税收与征税成本弹性系数、人均征税额]

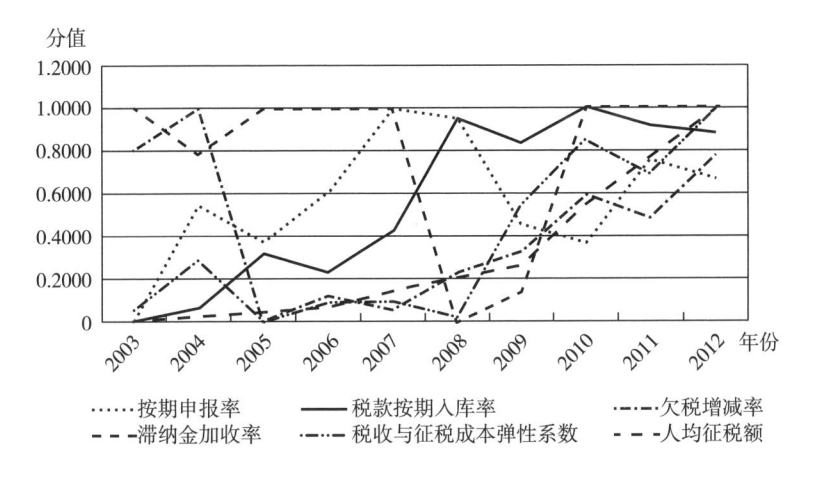

图 6-25　"强制管理 1"各指标分值情况

由图 6-25 可知，在 2003—2012 年，"滞纳金加收率"除了 2008 年、2009 年分值下降外，其余年份均分值较高；"税款按期入库率"自 2008 年始分值都处于高位平稳状态；"按期申报率"经历了一些波动，但相较于其他指标，分值总体仍处于较高水平；"欠税增减率"起步分值较高，但自 2005 年起，一直处于低水平状态，2010 年后才有小幅回升；"税收与征税成本弹性系数"和"人均征税额"两个指标，都经历了一个由低到高、近两年大幅增长的变化趋势，说明随着征管改革的深入 H 市地税的征管效率有了明显提升。总体而言，在不考虑权重的情况下，"强制管理 1"的得分更多受"滞纳金加收率""税款按期入库率""按期申报率"三个指标的影响，受其他三个指标的影响次之；各指标值之和大致呈逐年上升趋势，对"强制管理 1"层分值起正向引导作用。

（2）"服务引导 1"层。

各指标的变化趋势见图 6-26。

由图 6-26 可知，"按税户的电子报税率""网络办税覆盖率"和"业务评价办理时限"三个指标分值的变化趋势比较接近，都经历了从 2003 年的零值快速增长，尤其是自 2008 年以后各年指标的分值都接近或达到"1"，说明 H 市地税体现"新公共管理服务导向"理念的征管改革成效已经显著体现；"发票代开率"指标的分值呈现两

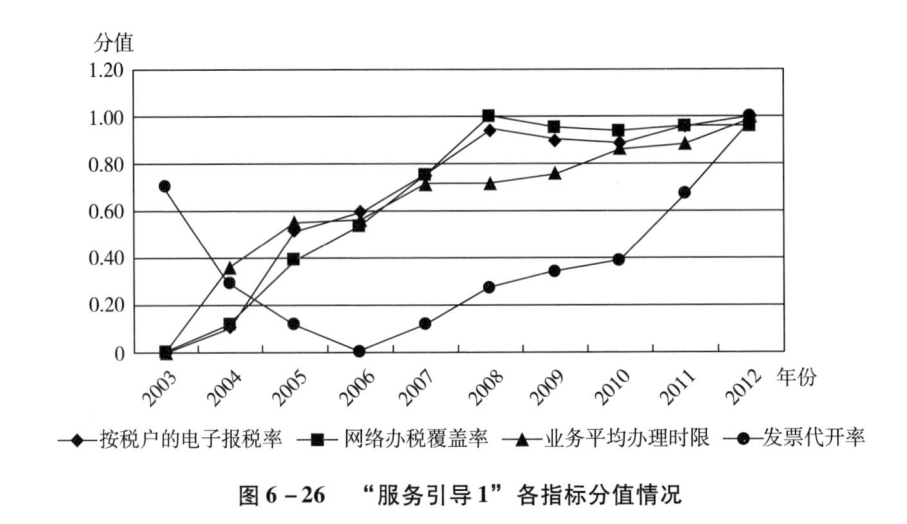

分值情况图表

图6-26 "服务引导1"各指标分值情况

图例：按税户的电子报税率、网络办税覆盖率、业务平均办理时限、发票代开率

头高、中间低的趋势，根据前文对基础数据分析可知是政策调整的缘故，但近两年也有了较快增长。总之，从这四个指标分值的变化趋势来看，有利于"服务引导1"总分值的不断提升，有利于"申报征收模块"总分值的增长，进而也反映出税收征管绩效总体水平的不断提升。

（3）"申报征收模块"五年各指标分值比较。

各指标值的年度分布趋势见图6-27。

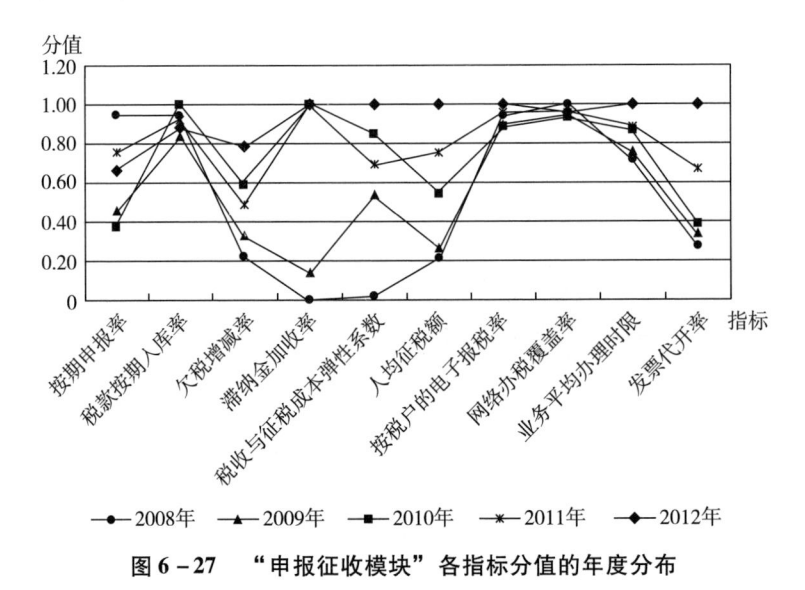

图例：按期申报率、税款按期入库率、欠税增减率、滞纳金加收率、税收与征税成本弹性系数、人均征税额、按税户的电子报税率、网络办税覆盖率、业务平均办理时限、发票代开率

年份：2008年、2009年、2010年、2011年、2012年

图6-27 "申报征收模块"各指标分值的年度分布

由图 6-27 可知，2008 年"按期申报率""税款按期入库率""按税户的电子报税率""网络办税覆盖率"指标分值相对较高（大于 0.8），而"欠税增减率""滞纳金加收率""税收与征税成本弹性系数""人均征税额""发票代开率"指标分值都小于 0.2，其他指标分值中等；2009 年除"欠税增减率""滞纳金加收率""人均征税率"和"发票代开率"指标分值仍在低位徘徊外，其他指标值都有不同程度的增长；2010 年，除"按期申报率"分值有所下降、"发票代开率"分值仍较低外，其他指标值又进一步提高，使整体分值分布较前两年更集中；2011 年和 2012 年，"申报征收模块"的各个指标值几乎都有不同程度的增长，使分值连线在高位逐渐趋近直线分布。总之，各指标在近两年分值大都呈正向增长，随着征管改革的不断深入和完善，管理的高效和服务质量的提高都有不同程度的体现，这对征管绩效总水平能起到积极拉动作用。

2. 税源管理模块

（1）"强制管理 2"层。

各指标的变化趋势见图 6-28。

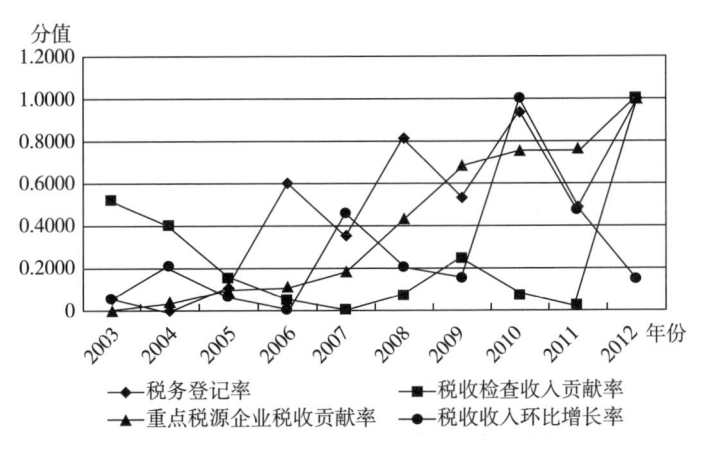

图 6-28 "强制管理 2"指标分值变化趋势

由图 6-28 可知，"强制管理 2"中各指标分值呈不同的变化趋势："税务登记率"和"重点税源企业税收贡献率"指标分值在波动中总体呈上升趋势；"税收检查收入贡献率"指标由于税收检查收入的增速滞后于税收总收入的增速，所以指标值一直在低位徘徊；"税收收入环比增长率"分值的变化更多受宏观经济环境的影响，如2009年受国际金融危机的影响，分值下降较快，而2010年国家采取了"双松"的财政政策和货币政策对经济产生较大的刺激作用而使当年的税收增速骤升，从而该指标分值上升很快，但在原有经济模式上的刺激效果是短暂的，发展方式转型却是个相对缓慢的过程，2011年、2012年指标分值又呈下降趋势，这在一定程度上冲减了税收征管改革带来的正向影响。总之，在这个层面的指标中，得分较高的是"税务登记率"和"重点税源企业税收贡献率"指标。

（2）"服务引导2"层。

各指标的变化趋势见图6-29。

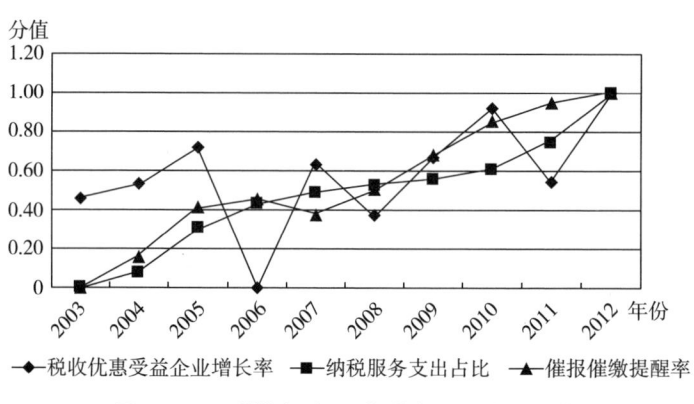

图6-29 "服务引导2"指标分值变化趋势

由图6-29可知，"纳税服务支出占比"从2003年的"0"上升到2012年的"1"，说明了H市地税为更好地服务纳税人持续所做的努力：无论是开发网络办税平台，还是整合办税服务大厅以及广泛宣传提高纳税人的维权意识等，都需要物力支持，这个指标的不断增长就是最好的印证。"催报催缴率"指标分值也大致呈逐年上升趋势，说明以提供"效率服务"为宗旨的征管改革在税源管理工作中得以贯彻，税务管理人员对纳税人进行了有效的宣传引导使按时申报、缴纳税款已成为纳税人的习惯；"税收优惠受益企业增长率"指标分值呈现较大的波动趋势，因为这个指标更多地受宏观税收政策的影响，一定程度上遮掩了征管改革对维护纳税人应享受的优惠政策权利的影响。

（3）"税源管理模块"五年各指标分值比较。

各指标值的年度分布趋势见图6-30。

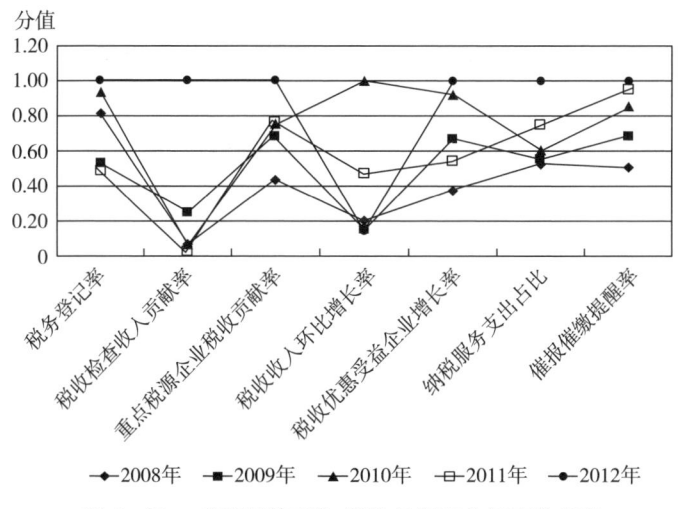

图6-30 "税源管理"模块各指标分值变化趋势

由图6-30可知，横向来看，"税收收入检查贡献率""税收收入环比增长率""税收优惠受益企业增长率"是"税源管理"模块七个指标中得分较低的三个指标，因为它们除了受征管改革的影响外，还受宏观形势、政策等影响；而"税务登记率""重点税源企业贡献率""纳税服务支出占比""催报催缴提醒率"四个指标则是相对稳定、分值较高的指标，能够较好地体现改革带来的变化。纵向看：也是"税收收入检查贡献率""税收收入环比增长率""税收优惠受益企业增长率"这三个指标五年内各自分值变化幅度大，稳定性相较于其他指标差。总之，在"税源管理"模块，"税务登记率""重点税源企业贡献率""纳税服务支出占比""催报催缴提醒率"这四个指标值的稳步增长，反映了H市地税税收征管绩效总水平的提高，其他指标次之。

3. 税务稽查模块

（1）"强制管理3"层。

各指标的变化趋势见图6-31。

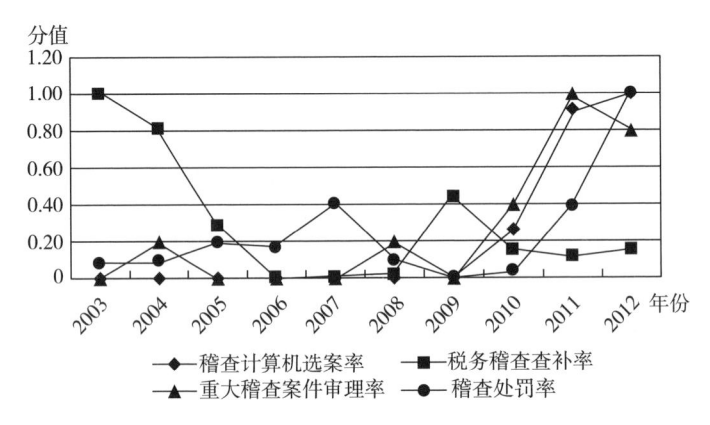

图 6-31　"强制管理 3"指标分值变化趋势

由图 6-31 可知，"稽查计算机选案率""重大稽查案件审理率""稽查处罚率"三个指标都有一个相似的变化趋势：2003—2010 年分值普遍较低（不到 0.4），"稽查计算机选案率"的分值在 2010 年之前甚至都是 0，而 2011 年、2012 年这三个指标的分值都迅速增长到"1"附近，说明税收征管中涉及稽查部分的改革较前两个模块晚，征管改革要求在重视纳税服务的同时，也要维护税法的权威，使管理更加科学、规范。"稽查计算机选案"分值的陡增，说明稽查改革了原有的凭人工经验选定对象的做法而大部分甚至全部采取计算机根据指标数据分析圈定稽查对象，这种做法大幅提升稽查工作的科学性；"重大稽查案件审理率"分值的增长，说明了更多案件在稽查完结后还要由审理委员会进行审理，从而确保了案件定论的准确性；"稽查处罚率"分值的提高，说明稽查加大了对违法违规案件的处罚力度，维护税法权威，震慑违法纳税人。这三个指标分值近两年的大幅增长，对税收征管绩效总水平的提升有较大的促进作用；"税务稽查查补率"指标分值整体呈下降趋势，主要是查补入库税款的增幅小于税收总收入的增幅所致。

（2）"服务引导 3"层。

各指标的变化趋势见图 6-32。

由图 6-32 可知，稽查模块中体现"服务引导"特性的 3 个指标分值总体都呈动态上升趋势，但变化幅度各不相同。其中，"查后回

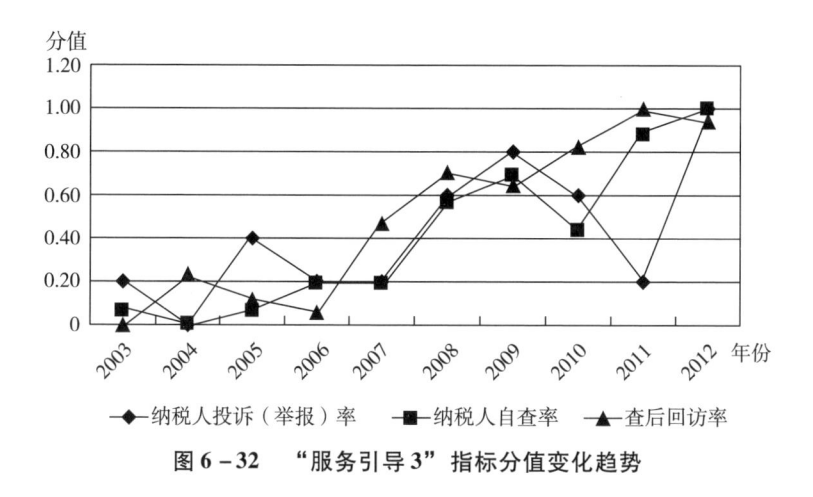

图 6-32 "服务引导 3"指标分值变化趋势

访率"指标值自 2007 年始在较高位小幅波动,近一两年接近"1",说明该市稽查部门较早开展了体现"服务引导"特性的查后回访工作,近年日趋完善、形成制度,较好地保障了纳税人的合法权益。"纳税人自查率"指标自 2008 年后分值相对较高,说明稽查在实施强制管理处罚前通过给予纳税人自查机会,尽可能减少对非主观故意涉嫌违规的纳税人造成权益受损,这体现了稽查部门维护守法纳税人合法权益的善意初衷。"纳税人投诉(举报)率"指标分值虽自 2008 年以来也有较大提高,但波动较大,主要是在稽查案件总数不大的情况下,来源于纳税人投诉案件的量的变化,反映在数值上就会有较大的起伏,因此该指标对"服务引导 3"模块的分值影响程度比前两个指标要小。

(3)"税务稽查模块"5 年各指标分值比较。

各指标值的年度分布趋势见图 6-33。

由图 6-33 可知,横向来看,"税务稽查查补率""稽查处罚率"这两个指标分值普遍较低,除 2012 年"稽查处罚率"分值为最高以外,其他年度这两个指标的分值没有达到 0.4,说明其对整体分值的贡献率较低;其他指标值表现尚可。纵向来看,体现"强制管理"特性的四个指标比体现"服务引导"特性的三个指标的分值变化幅度大,说明稽查管理工作的科学性、规范性是近五年开始逐步完善的,较"申报征收"和"税源管理"模块起步较晚。总的来说,"税务稽查"

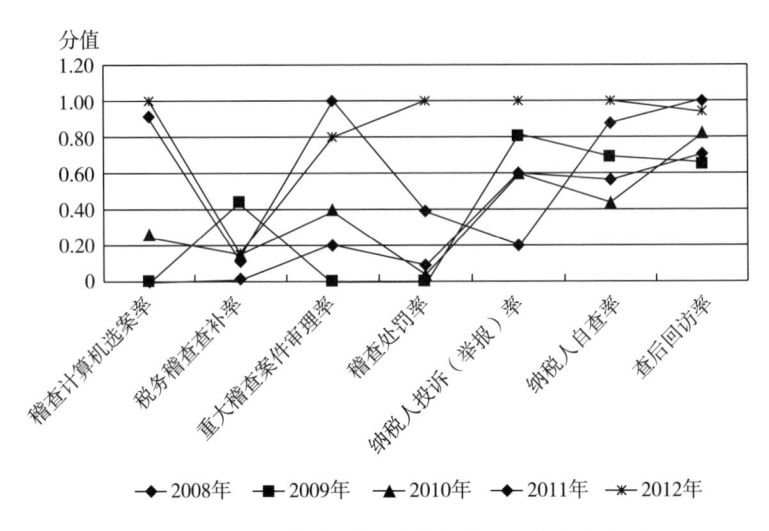

图 6-33 "税务稽查"模块各指标分值变化趋势

模块中,"强制管理"类指标的分值普遍低于"服务引导"类指标,在不考虑权重的情况下,"服务引导"类指标对"税务稽查"模块的分值贡献更大一些。

第二节 均等权重下的 H 市地税税收征管绩效评估

本节在对指标层、特性层、模块层内的各个指标都赋予等值权重的基础上,测算 H 市地税的税收征管绩效总水平。通过测算各层次指标数值的十年变化趋势,分析在征管改革背景和不考虑权重作用的情形下,各指标对绩效总水平的不同影响。

一 不同特性层评价结果的测算及趋势分析

(一)不同特性层评价结果的计算过程

特性层分值的计算过程:先通过对表 6-4 中已经无量纲化处理的隶属于不同特性层的指标均等分配权重,然后将隶属于同一特性层的不同指标分值与其权重相乘后加总,最后得出各个特性层在均等权重下的分值。计算过程见表 6-5、表 6-6。

第六章 新公共管理视角下税收征管绩效的实证分析 / 159

表6-5 特性层分值的计算过程

目标层	模块层	特性层	名称	平均权重	2003年	2004年	2005年	2006年	2007年	2008年	2009年	2010年	2011年	2012年
税收征管绩效	申报征收	强制管理1	按期申报率	1/6	0.0000	0.5396	0.5663	0.6089	1.0000	0.9455	0.4604	0.3713	0.7574	0.6634
			税款按期入库率	1/6	0.0000	0.0633	0.3210	0.2250	0.4267	0.9434	0.8398	1.0000	0.9219	0.8822
			欠税增减率	1/6	0.8018	1.0000	0.0000	0.1235	0.0489	0.2215	0.3309	0.5891	0.4887	0.7861
			滞纳金加收率	1/6	1.0000	0.7877	1.0000	1.0000	1.0000	0.0000	0.1416	1.0000	1.0000	1.0000
			税收与征税成本弹性系数	1/6	0.0527	0.2844	0.0000	0.0839	0.0935	0.0186	0.5403	0.8469	0.6941	1.0000
			人均征税额	1/6	0.0000	0.0237	0.0482	0.0710	0.1444	0.2111	0.2658	0.5427	0.7532	130000
		服务引导1	按税户的电子报税率	1/4	0.0000	0.0183	0.5170	0.5972	0.7489	0.9395	0.8967	0.8870	0.9580	1.0000
			网络办税覆盖率	1/4	0.0000	0.1183	0.3935	0.5363	0.7496	0.0000	0.9488	0.9332	0.9550	0.9583
			平均办理时限	1/4	0.0000	0.3606	0.5540	0.5625	0.7132	0.7169	0.7607	0.8651	0.8851	1.0000
			发票代开率	1/4	0.7051	0.2919	0.1164	0.0000	0.1191	0.2715	0.3396	0.3860	0.6703	0.1458
	税源管理	强制管理2	税务登记率	1/4	0.0558	0.0000	0.1071	0.6017	0.3539	0.8146	0.5327	0.9362	0.4885	1.0000
			税收检查人贡献率	1/4	0.5174	0.4007	0.1504	0.0482	0.0000	0.0679	0.2464	0.0678	0.0237	1.0000
			重点税源企业税收贡献率	1/4	0.0000	0.0425	0.0898	0.1147	0.1859	0.4350	0.6852	0.7559	0.7666	1.0000
			税收收入环比增长率	1/4	0.0554	0.2084	0.0651	0.0000	0.4567	0.2029	0.1521	1.0000	0.4736	0.1458
		服务引导2	税收优惠受益企业增长率	1/3	0.4581	0.5338	0.7190	0.0000	0.6322	0.3734	0.6685	0.9202	0.5439	1.0000
			纳税服务支出占比	1/3	0.0000	0.0744	0.3086	0.4316	0.4857	0.5238	0.5550	0.6048	0.7462	1.0000
			催报催缴提醒率	1/3	0.0000	0.1579	0.4142	0.4563	0.3752	0.5069	0.6833	0.8555	0.9497	1.0000

续表

目标层	模块层	特性层	名称	平均权重	2003年	2004年	2005年	2006年	2007年	2008年	2009年	2010年	2011年	2012年
税收征管绩效	税务稽查	强制管理3	稽查计算机选案率	1/4	0.0000	0.0000	0.0000	0.0000	0.0000	0.0000	0.0000	0.2625	0.9125	1.0000
			税务稽查案件补率	1/4	1.0000	0.8062	0.2806	0.0000	0.0039	0.0155	0.4385	0.1507	0.1114	0.1486
			重大稽查案件审理率	1/4	0.0000	0.2000	0.0000	0.0000	0.0000	0.2000	0.0000	0.4000	1.0000	0.8000
			稽查处罚率	1/4	0.0788	0.0901	0.1943	0.1627	0.3989	0.0908	0.0000	0.0379	0.3905	1.0000
		服务引导3	纳税人投诉（举报）率	1/3	0.2000	0.0000	0.4000	0.2000	0.2000	0.6000	0.8000	0.6000	0.2000	1.0000
			纳税人自查率	1/3	0.0625	0.0000	0.0625	0.1875	0.1875	0.5625	0.6875	0.4375	0.8750	1.0000
			查后回访率	1/3	0.0000	0.2353	0.1176	0.0588	0.4706	0.7059	0.6471	0.8235	1.0000	0.9412

第六章 新公共管理视角下税收征管绩效的实证分析 / 161

表 6 – 6　　　　　　　　特性层分值情况一览

目标层	模块层	特性层									
		名称	2003年	2004年	2005年	2006年	2007年	2008年	2009年	2010年	2011年	2012年
税收征管绩效	申报征收	强制管理1	0.3091	0.4498	0.2893	0.3520	0.4522	0.3900	0.4298	0.7248	0.7692	0.8886
		服务引导1	0.1754	0.2198	0.3952	0.4240	0.5827	0.7320	0.7364	0.7678	0.8671	0.9896
	税源管理	强制管理2	0.1572	0.1629	0.1031	0.1911	0.2491	0.3801	0.4041	0.6900	0.4381	0.7864
		服务引导2	0.1527	0.2554	0.4806	0.2960	0.4977	0.4680	0.6356	0.7935	0.7466	1.0000
	税务稽查	强制管理3	0.2697	0.2741	0.1187	0.0407	0.1007	0.0766	0.1096	0.2128	0.6036	0.7372
		服务引导3	0.0875	0.0784	0.1934	0.1488	0.2860	0.6228	0.7115	0.6203	0.6917	0.9804

（二）特性层评价结果的趋势分析

1. 模块内部不同特性的分值变化趋势比较

（1）申报征收模块。

不同特性的分值变化趋势见图 6 – 34。

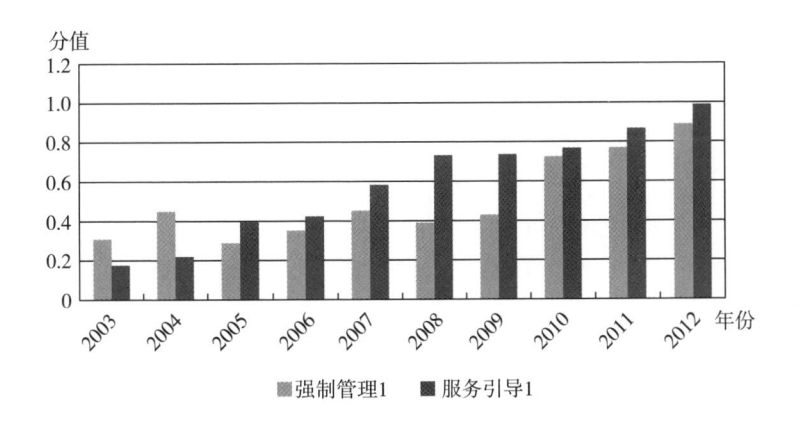

图 6 – 34　特性层 1 的分值变化趋势

由图 6 – 34 可知，在申报征收模块下，"强制管理"和"服务引导"特性分值的变化趋势是：总体来看，两种特性的分值基本上都逐年递增。其中，"强制管理"的分值由 2003 年的 0.31 上升到了 2012 年的 0.89，"服务引导"的分值由 2003 年的 0.17 上升到了 2012 年的

0.98；比较来看，2003年和2004年，"强制管理"的分值高于"服务引导"的分值，而从2005年起，该模块下的"服务引导"特性的分值增长迅速，超越了"强制管理"的分值并将优势保持到以后的各年份。这说明在"申报征收"领域，多数年份纳税服务工作的成效比涉税管理工作成效对税收征管绩效水平的贡献更大些。

（2）税源管理模块。

不同特性的分值变化趋势见图6-35。

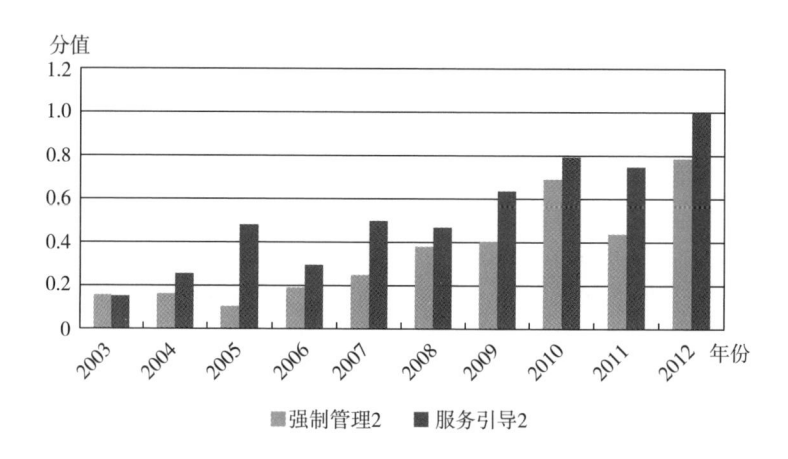

图6-35 特性层2的分值变化趋势

由图6-35可知，在税源管理模块下，"强制管理"和"服务引导"特性分值的变化趋势是：总体来看，两种特性的分值大致都呈现逐年递增的趋势，但2011年指标分值下降明显，主要是受"税收检查收入贡献率"和"税收收入增长率"两个指标分值下降的影响；比较来看，"服务引导"的分值自2004年起开始超过"强制管理"并将此格局保持到以后各年，差距经历了逐渐增大后又缩小的变化过程。这说明在"税源管理"领域，体现"服务引导"特性的工作成效比体现"强制管理"特性的工作成效更显著一些。

（3）税务稽查模块。

不同特性的分值变化趋势见图6-36。

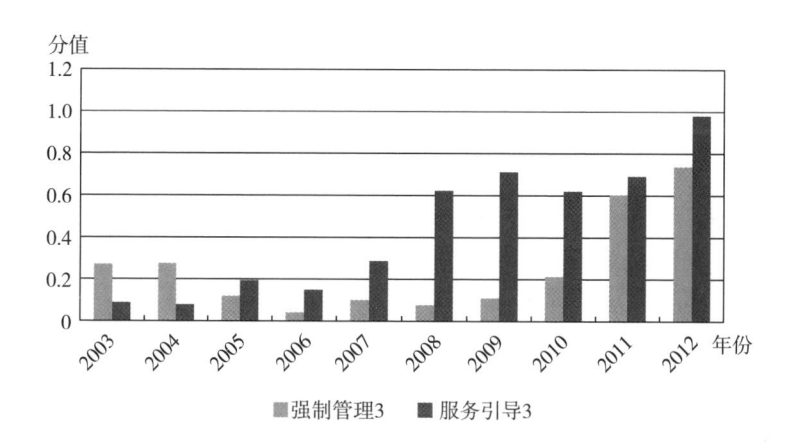

图 6-36 特性层 3 的分值变化趋势

由图 6-36 可知：①在"税务稽查"模块下，"强制管理"的分值经过了一个先降后升的过程，主要原因有二：一是直到 2010 年才开展稽查计算机选案工作；二是"稽查查补率"指标分值在 2005—2008 年一直较低。②"服务引导"的分值基本处于逐年上升的趋势且自 2005 年起"服务引导"的分值一直高于"强制管理"的分值，说明相较于以前年度，税务稽查工作中体现"服务引导"部分的改革创新力度要大于体现"强制管理"部分的改革创新力度。但总体来看，特别是近两年，稽查模块的管理与服务功能都得到了进一步的加强。

2. 各模块间同一特性的分值变化趋势比较

（1）"强制管理"特性。

在不同模块的分值变化趋势见图 6-37。

由图 6-37 可知，"申报征收""税源管理""税务稽查"三个模块的"强制管理"特性经对比分析，有以下特点：一是三个模块"强制管理"层的分值虽都经历了小幅波动，但总体是向上增长的趋势，其中，"申报征收"模块的"强制管理"分值由 2003 年的 0.31 上升到了 2012 年的 0.89，"税源管理"模块的"强制管理"分值由 2003 年的 0.16 上升到了 2012 年的 0.79，"税务稽查"模块的"强制管理"分值由 2003 年的 0.27 上升到了 2012 年的 0.74。二是三个模块"强制管理"层的分值大小关系由最初的"强制管理1"＞"强制管

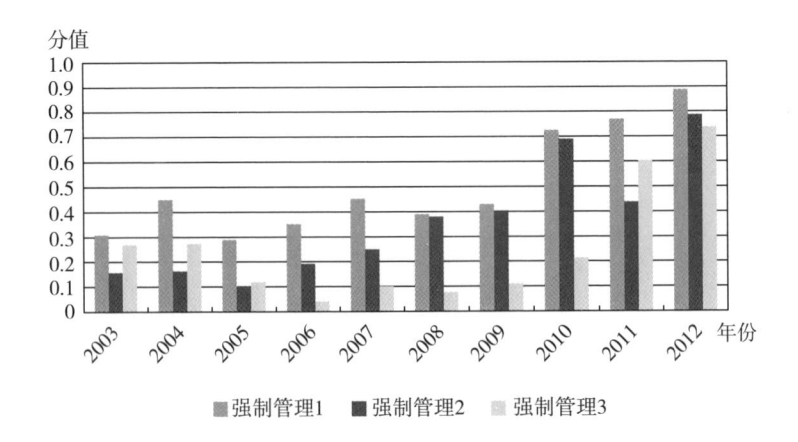

图 6-37　各模块间"强制管理"特性的分值比较

理 3"＞"强制管理 2"，转变为"强制管理 1"＞"强制管理 2"＞"强制管理 3"，说明税源管理模块的管理质量和水平的提升速度要快于税务稽查模块。三是近几年三模块的强制管理层分值增长迅速且差距逐渐缩小。这些变化特点说明，经过多年的征管体制改革，征管三个主要模块管理的质量和水平都有了较大的提升。

（2）"服务引导"特性。

在不同模块的分值变化趋势见图 6-38。

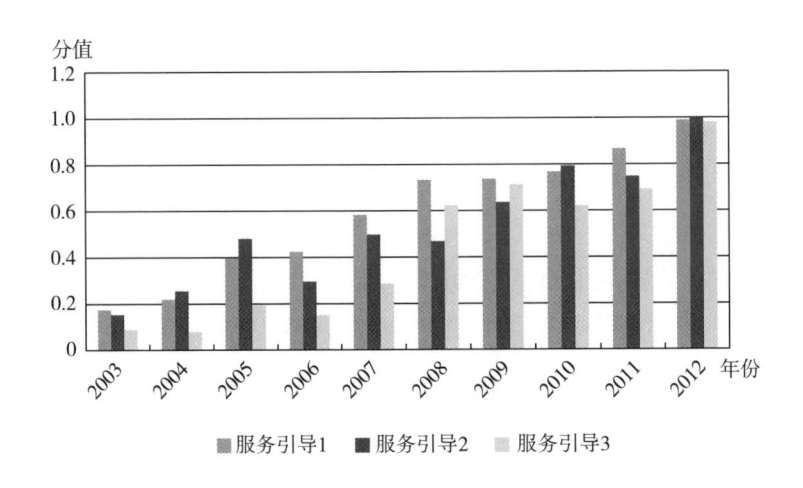

图 6-38　各模块间"服务引导"特性的分值比较

由图 6-38 可知，"申报征收""税源管理""税务稽查"三个模块的"服务引导"特性经对比分析，有以下特点：一是三个模块"服务引导"层的分值总体是向上增长的趋势，尤其是近三年；二是十年间"服务引导 1"和"服务引导 2"的分值大小顺序交替变化，但总体都高于"服务引导 3"的分值；三是近几年，三个模块的"服务引导"层的分值差距逐渐缩小。

二　模块层评价结果的测算及趋势分析

（一）模块层评价结果的测算过程

先对表 6-7 中隶属于不同模块层的特性层指标均等分配权重，然后将隶属于同一模块层的不同指标分值与其权重相乘后加总，最后得出各模块层在均等权重下的分值。计算过程见表 6-7、表 6-8。

表 6-7　　　　　　　　　模块层分值的计算过程

目标层	模块层	权重	名称	特性层									
				2003 年	2004 年	2005 年	2006 年	2007 年	2008 年	2009 年	2010 年	2011 年	2012 年
税收征管绩效	申报征收	1/2	强制管理 1	0.3091	0.4498	0.2893	0.3520	0.4522	0.3900	0.4298	0.7248	0.7692	0.8886
		1/2	服务引导 1	0.1754	0.2198	0.3952	0.4240	0.5827	0.7320	0.7364	0.7678	0.8671	0.9896
	税源管理	1/2	强制管理 2	0.1572	0.1629	0.1031	0.1911	0.2491	0.3801	0.4041	0.6900	0.4381	0.7864
		1/2	服务引导 2	0.1527	0.2554	0.4806	0.2960	0.4977	0.4680	0.6356	0.7935	0.7466	0.0000
	税务稽查	1/2	强制管理 3	0.2697	0.2741	0.1187	0.0407	0.1007	0.0766	0.1096	0.2128	0.6036	0.7372
		1/2	服务引导 3	0.0875	0.0784	0.1934	0.1488	0.2860	0.6228	0.7115	0.6203	0.6917	0.9804

表 6-8　　　　　　　　　模块层分值一览

目标层	模块层										
	名称	2003 年	2004 年	2005 年	2006 年	2007 年	2008 年	2009 年	2010 年	2011 年	2012 年
税收征管绩效	申报征收	0.2422	0.3348	0.3422	0.3880	0.5175	0.5610	0.5831	0.7463	0.8181	0.9391
	税源管理	0.1549	0.2091	0.2918	0.2436	0.3734	0.4241	0.5198	0.7471	0.5923	0.8932
	税务稽查	0.1786	0.1763	0.1560	0.1947	0.1934	0.3497	0.4106	0.4166	0.6476	0.8588

（二）模块层评价结果趋势分析

模块层的分值变化趋势见图 6-39。

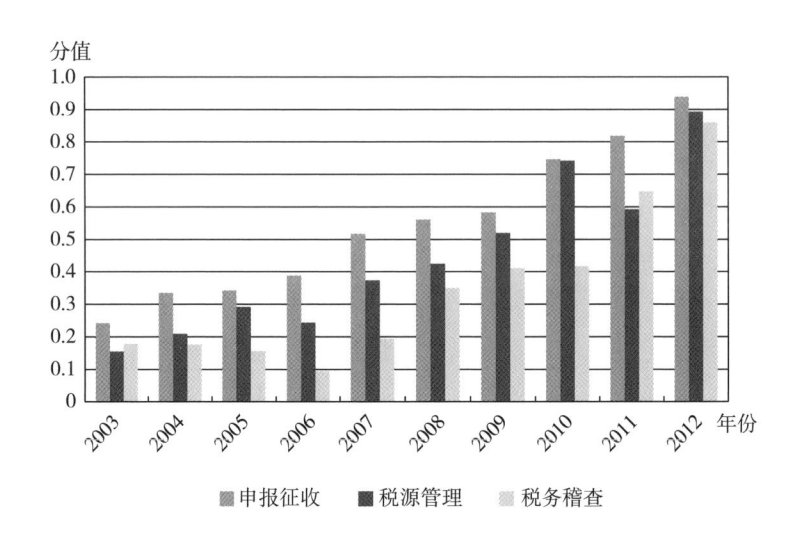

图 6-39　各模块层的分值比较

由图 6-39 可知，对比分析"申报征收""税源管理""税务稽查"三个模块，有以下特点：（1）三个模块的分值整体都呈现逐年递增的趋势，其中申报征收模块分值由 2003 年的 0.24 上升到了 2012 年的 0.94，税源管理模块分值由 2003 年的 0.15 上升到了 2012 年的 0.89，税务稽查模块由 2003 年的 0.18 上升到了 2012 年的 0.86。（2）申报征收模块的分值历年都比其他两个模块高，说明 H 市地税多年的税收征管改革成效在申报征收模块的各项涉税业务中体现得更明显。（3）三个模块的分值差距近两年在逐步缩小，这种变化趋势有利于税收征管绩效总水平的提高。

三　目标层评价结果的测算及趋势分析

（一）目标层评价结果的测算过程

先对表 6-9 中的三个模块层均等分配权重，然后将各个模块层的分值与其权重相乘后加总，得出税收征管绩效的总分值。计算过程见表 6-9、表 6-10。

第六章 新公共管理视角下税收征管绩效的实证分析 / 167

表6-9 目标层分值的计算过程

目标层	平均权重	模块层									
		名称	2003年	2004年	2005年	2006年	2007年	2008年	2009年	2010年	2011年	2012年
税收征管绩效	1/3	申报征收	0.2422	0.3348	0.3422	0.3880	0.5175	0.5610	0.5831	0.7463	0.8181	0.9391
	1/3	税源管理	0.1549	0.2091	0.2918	0.2436	0.3734	0.4241	0.5198	0.7417	0.5923	0.8932
	1/3	税务稽查	0.1786	0.1763	0.1560	0.0947	0.1934	0.3497	0.4106	0.4166	0.6476	0.8588

表6-10 税收征管绩效的历年分值一览

税收征管绩效	分值									
	2003年	2004年	2005年	2006年	2007年	2008年	2009年	2010年	2011年	2012年
	0.1919	0.2401	0.2634	0.2421	0.3614	0.4449	0.5045	0.6349	0.6860	0.8970

（二）目标层评价结果的趋势分析

目标层的分值变化趋势见图6-40。

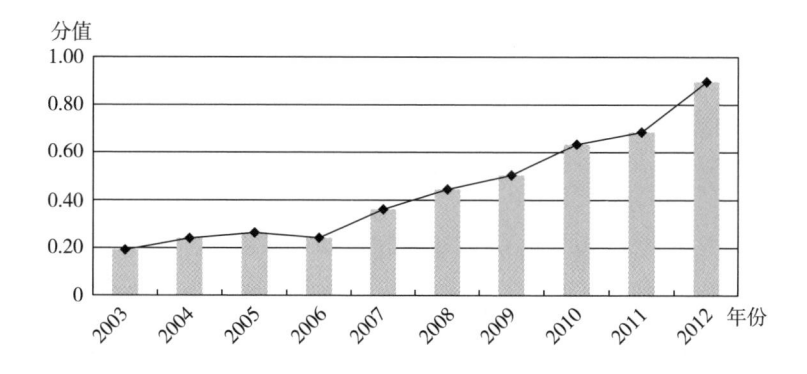

图6-40 H市地税税收征管绩效水平变化趋势（等权）

由图6-40可知，在不考虑各指标权重影响的前提下，H市地税税收征管绩效分值自2003年的0.192一直上升到了2012年的0.897。总体来看，该市地税征管绩效水平基本处于逐年上升的趋势，尤其是近三年增长速度进一步加快。实证结果进一步验证了H市地税改革的成效：通过"引入 ISO 9000 质量管理体系进行征管流程再造，精简流程、下放权力，依托信息技术开发软件完善服务强化监督、完善税收征管体制结构的优化，实行'征收、管理、稽查'相分离"等的改革措施，使征管绩效总水平有了较大幅度的提高。同时，这个绩效分值的计算没有考虑权重差别，为下一节在调查方法测得权重计算税收征管绩效分值水平的衡量提供了一个较为客观的参照。

第三节　层次分析调查权重下的 H 市地税税收征管绩效评估

本节在对 2012 年指标层、特性层、模块层内的各个指标都赋予由专家打分测算的权重的基础上，计算 H 市地税十年税收征管绩效总水平。通过研究各层次指标值的变化趋势，着重分析其对绩效总水平的影响程度。

一　特性层评价结果的测算及趋势分析

（一）特性层评价结果的测算

将表 5－1 至表 5－11 中通过层次分析法获取并经过一致性检验的各指标调查权重，与其对应的指标分值相乘得到相应的乘积，然后将隶属于同一特性层的不同指标的乘积进行加总，最后得出各个特性层在调查权重下的分值。计算过程见表 6－11、表 6－12。

（二）特性层评价结果的趋势分析

1. 模块内部不同特性的分值变化趋势比较

（1）申报征收模块。

不同特性的分值变化趋势见图 6－41。

由图 6－41 可知，在申报征收模块下：一，总体来看，"强制管理"和"服务引导"两种特性的分值都呈现逐年递增的趋势，其中，"强制管理"的分值由 2003 年的 0.23 上升到了 2012 年的 0.84，"服务引导"的分值由 2003 年的 0.11 上升到了 2012 年的 0.99；2005 年分值的小幅下降是受"税收与征税成本弹性系数"指标值变化的影响。

第六章 新公共管理视角下税收征管绩效的实证分析

表6-11 特性层分值的计算过程

目标层	模块层	特性层	名称	调查权重	2003年	2004年	2005年	2006年	2007年	2008年	2009年	2010年	2011年	2012年
税收征管绩效	申报征收	强制管理1	按期申报率	0.2525	0.0000	0.5396	0.3663	0.6089	1.0000	0.9455	0.4604	0.3713	0.7574	0.6634
			税款按期入库率	0.3820	0.0000	0.0633	0.3210	0.2250	0.4267	0.9434	0.8398	1.0000	0.9219	0.8822
			欠税增减率	0.1608	0.8018	1.0000	0.0000	0.1235	0.0489	0.2215	0.3309	0.5891	0.4887	0.7861
			滞纳金加收率	0.0947	1.0000	0.7877	1.0000	10000	1.0000	0.0000	0.1416	1.0000	1.0000	1.0000
			税收与征税成本弹性系数	0.0645	0.0527	0.2844	0.0000	0.0839	0.0935	0.0186	0.5403	0.8459	0.6941	1.0000
			人均征税额	0.0456	0.0000	0.0237	0.0482	0.0710	0.1444	0.2111	0.2658	0.5427	0.7532	1.0000
		服务引导1	按税户的电子报收税率	0.4438	0.0000	0.1083	0.5170	0.5972	0.7489	0.9395	0.8967	0.8870	0.9580	0.9583
			网络办税覆盖率	0.0720	0.0000	0.1183	0.3935	0.5363	0.7496	1.0000	0.9488	0.9332	0.9550	0.9583
			平均办理时限	0.3318	0.0000	0.3606	0.5540	0.5625	0.7132	0.7169	0.7607	0.8651	0.8851	1.0000
			发票代开率	0.1524	0.7015	0.2919	0.1164	0.0000	0.1191	0.2715	0.3396	0.3860	0.6703	1.0000
	税源管理	强制管理2	税务登记率	0.0875	0.0558	0.0000	0.1071	0.6017	0.3539	0.8146	0.5327	0.9362	0.4883	1.0000
			税收检查收入贡献率	0.2941	0.5174	0.4007	0.1504	0.0482	0.0000	0.0679	0.2464	0.0678	0.0237	1.0000
			重点税源企业税收贡献率	0.4604	0.0000	0.0425	0.0898	0.1147	0.1859	0.4350	0.6852	0.7559	0.7666	1.0000
			税收收入环比增长率	0.1580	0.0554	0.2084	0.0651	0.0000	0.4567	0.2029	0.1521	1.0000	0.4736	0.1458

续表

目标层	模块层	特性层	名称	调查权重	2003年	2004年	2005年	2006年	2007年	2008年	2009年	2010年	2011年	2012年
税收征管绩效	税源管理	服务引导2	税收优惠受益企业增长率	0.5278	0.4581	0.5338	0.7190	0.0000	0.6322	0.3734	0.6685	0.9202	0.5439	1.0000
			纳税服务支出占比	0.1396	0.0000	0.0744	0.3086	0.4316	0.4857	0.5238	0.5550	0.6048	0.7462	1.0000
			催报催缴提醒率	0.3325	0.0000	0.1579	0.4142	0.4563	0.3752	0.5069	0.6833	0.8555	0.9497	1.0000
		强制管理3	稽查计算机选案率	0.0710	0.0000	0.0000	0.0000	0.0000	0.0000	0.0000	0.0000	0.2625	0.9125	1.0000
			税务稽查稽查补率	0.4376	1.0000	0.8062	0.2806	0.0000	0.0039	0.0155	0.4385	0.1507	0.1114	0.1486
			重大稽查案件审理率	0.1398	0.0000	0.2000	0.0000	0.0000	0.0000	0.2000	0.0000	0.4000	1.0000	0.8000
			稽查处罚率	0.3516	0.0788	0.0901	0.1943	0.1627	0.3989	0.0908	0.000	0.0379	0.3905	1.0000
	税务稽查	服务引导3	纳税人投诉（举报）率	0.2583	0.2000	0.000	0.4000	0.2000	0.2000	0.6000	0.8000	0.6000	0.2000	1.0000
			纳税人自查率	0.6370	0.0625	0.0000	0.0625	0.1875	0.1875	0.5625	0.6875	0.4375	0.8750	1.0000
			查后回访率	0.1047	0.0000	0.2353	0.1176	0.0588	0.4706	0.7059	0.6471	0.8235	1.0000	0.9412

表 6-12　　　　　　　　特性层分值情况一览

目标层	模块层	特性层 名称	2003年	2004年	2005年	2006年	2007年	2008年	2009年	2010年	2011年	2012年
税收征管绩效	申报征收	强制管理1	0.2270	0.4153	0.3120	0.3629	0.5307	0.6456	0.5506	0.7445	0.7958	0.8357
		服务引导1	0.1069	0.2207	0.4593	0.4903	0.6411	0.7682	0.7704	0.8067	0.8897	0.9970
	税源管理	强制管理2	0.1658	0.1703	0.1052	0.1196	0.1887	0.3236	0.4586	0.6079	0.4775	0.8650
		服务引导2	0.2418	0.3447	0.5603	0.2120	0.5262	0.4387	0.6575	0.8546	0.7070	0.9999
	税务稽查	强制管理3	0.4653	0.4124	0.1911	0.0572	0.1419	0.0666	0.1919	0.1538	0.3906	0.5995
		服务引导3	0.0915	0.0246	0.1555	0.1773	0.2204	0.5872	0.7123	0.5199	0.7137	0.9938

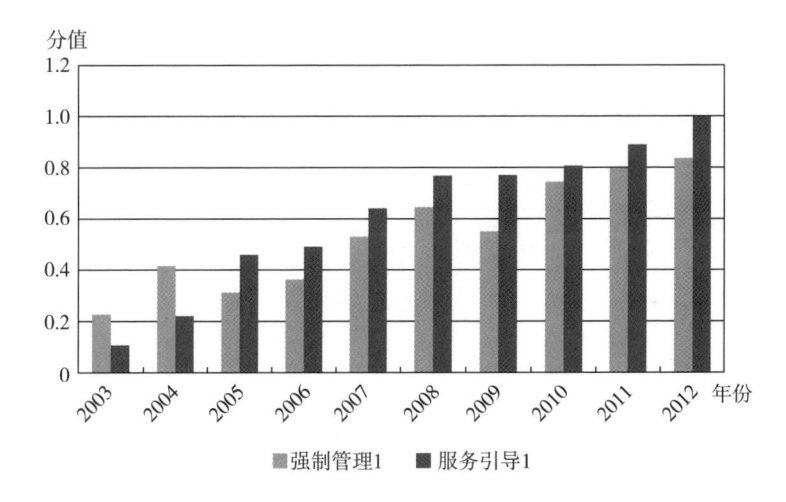

图 6-41　特性层 1 分值变化趋势

二，比较来看，2003 年、2004 年两年，"强制管理"的分值高于"服务引导"的分值，自 2005 年起"服务引导"特性的分值便一直高于"强制管理"的分值，说明在提升税收征管绩效方面，服务类工作发挥的功效比管理类更好一些。三，结合实际情况，该市地税局在管理理念上进行了由单纯执法者向执法服务者的转变，自 2004 年起开始实施机构设置的"征收、管理、稽查"三分离改革措施，并按照专业化分工的思路，逐步将申报征收、发票管理、涉税事项受理等业务集中到新成立的纳税服务局实行集约化管理，在提高管理有效性的同时突出形成服务合力，管理和服务的效率在近些年有了显著的提升。

(2) 税源管理模块。

不同特性的分值变化趋势见图 6-42。

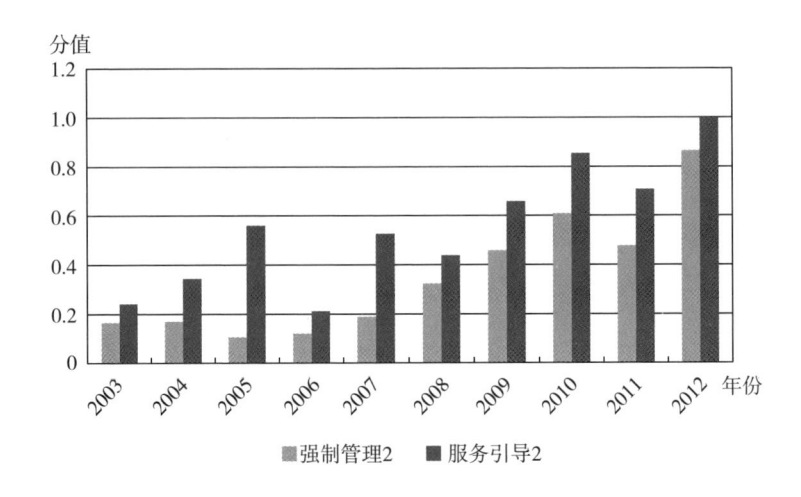

图 6-42 特性层 2 分值变化趋势

由图 6-42 可以说明以下问题：一，总体来看，税源管理模块下的"强制管理"和"服务引导"两种特性的分值大致都呈上升趋势；但 2006 年"服务引导"特性分值下降明显，主要是受"税收优惠受益企业增长率"指标分值下降的影响；2011 年"强制管理"特性分值的下降主要受"税收收入检查贡献率"和"税收收入增长率"指标分值下降的影响。二，比较来看，十年间"服务引导"特性的分值一直比"强制管理"特性的分值高，但两者的差距值经历了逐渐增大后又缩小的过程。三，结合实际分析，H 市地税自 2004 年 9 月起，实行简化办税流程改革，全面取消 40 余项涉税审批权，通过完善再监督机制确保业务的合法合规，充分还权还责于纳税人，更多地将"涉税管理"转化为"纳税服务"，使税收征管工作的管理和服务水平都有了较大的提高。

(3) 税务稽查模块。

不同特性的分值变化趋势见图 6-43。

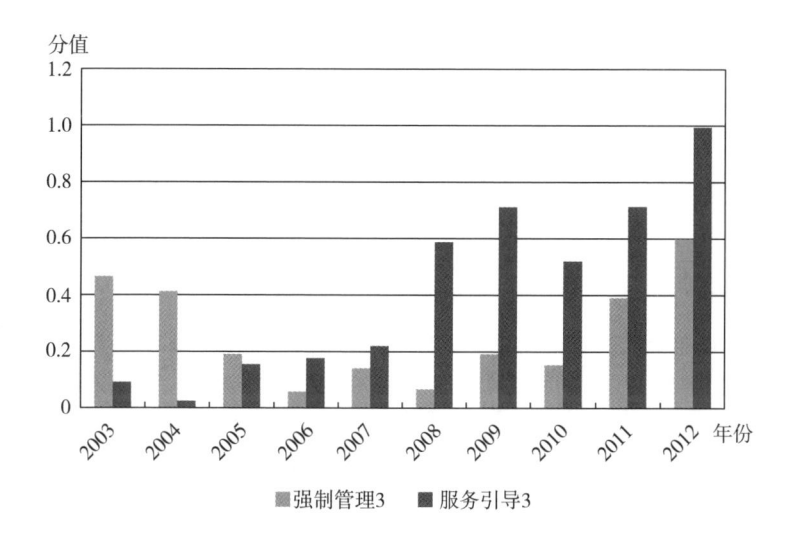

图 6-43　特性层 3 分值变化趋势

由图 6-43 可知：①在"税务稽查"模块下，"强制管理"的分值经过了一个"U"形的变化过程，表现为 2003 年、2004 年分值较高，2005—2010 年一直处于较低的分值，直到 2011 年分值开始大幅回升，这个变化的主要原因：一是"稽查计算机选案率"指标分值头几年一直是 0，因为之前是人工选案，直到 2010 年才开始推行计算机选案工作；二是"重大稽查案件审理率"指标分值在 2010 年以前一直在 0—0.2，因为这期间是按案件固定比例（10%）进行审理，近几年案件审理率有了较大增长；三是"税务稽查查补率"指标分值相对较低，因为相较于税收总收入的增长，稽查查补税款的增长相对滞后。后两年，"计算机选案率"指标和"稽查处罚率"指标的分值陡增，拉动了"强制管理"特性分值的整体增长。②"服务引导"分值处于逐年上升的趋势，自 2006 年起"服务引导"的分值一直高于"强制管理"的分值，说明相较于以前年度，税务稽查工作中体现"服务引导"部分的改革创新力度要大于体现"强制管理"的部分。总体来看，近几年稽查模块的管理与服务功能都得到了一定程度的加强。

2. 模块间同一特性的分值变化趋势比较

(1)"强制管理"特性。

在不同模块的分值变化趋势见图6-44。

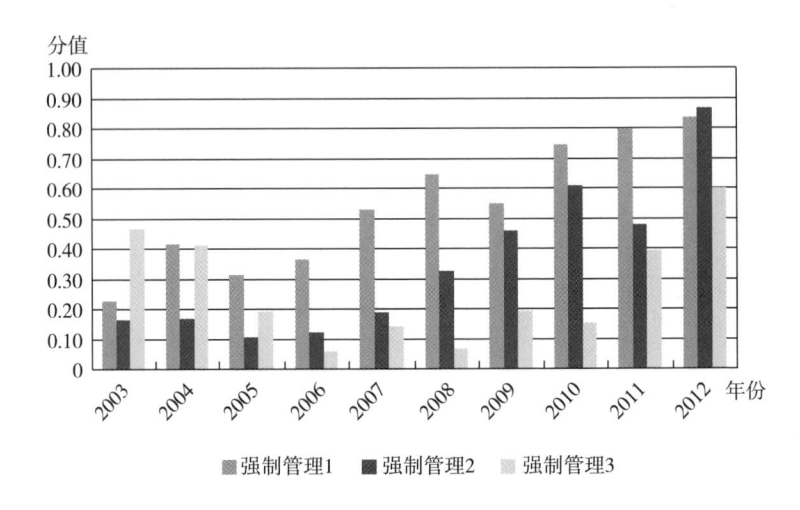

图6-44　各模块"强制管理"特性的分值比较

由图6-44可知,"申报征收""税源管理""税务稽查"三个模块的"强制管理"特性经对比分析,有以下特点:一是申报征收模块"强制管理1"的分值和税源管理模块"强制管理2"的分值都处于较为平稳的逐年增长趋势,而税务稽查模块"强制管理3"的分值却经历一个先低后高的变化过程,其中"申报征收"模块的"强制管理"分值由2003年的0.23上升到了2012年的0.84,"税源管理"模块的"强制管理"分值由2003年的0.17上升到了2012年的0.86,"税务稽查"模块的"强制管理"分值由2003年的0.46下降到2006年的0.06后又逐渐上升到了2012年的0.60。二是三个模块"强制管理"层的分值大小关系由最初的"强制管理1">"强制管理3">"强制管理2",后来转变为"强制管理1">"强制管理2">"强制管理3",说明申报征收模块的管理质量和水平在三个模块中是最高的,税源管理模块的管理质量和水平的提升速度要快于税务稽查模块。

(2)"服务引导"特性。

在不同模块的分值变化趋势见图6-45。

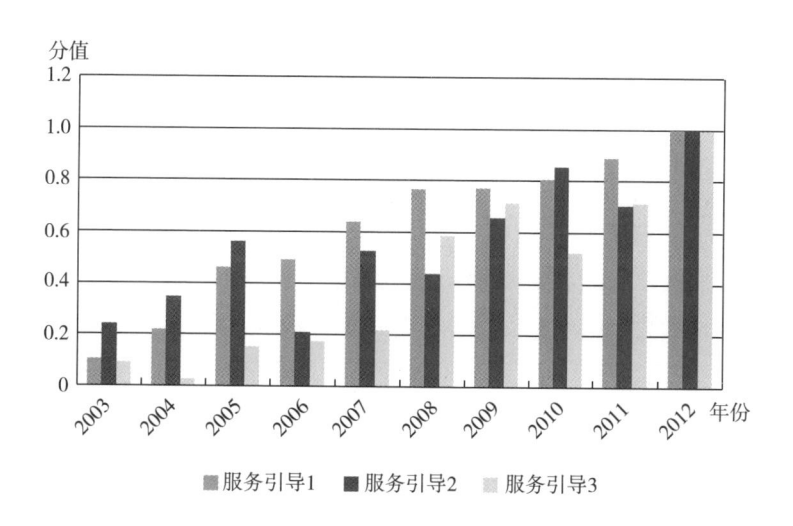

图6-45 各模块"服务引导"特性的分值比较

由图6-45可知,比较分析"申报征收""税源管理""税务稽查"三个模块的"服务引导"特性,可发现以下规律:一是三模块"服务引导"特性的分值总体呈上升趋势;二是在调查年度内,申报征收模块下的"服务引导1"和税源管理模块下的"服务引导2"的分值大小排序交替变化,但两者总体高于同期税务稽查模块下的"服务引导3"的分值;三是"服务引导3"特性的分值近年增长较快,三个模块的"服务引导"层的分值差距缩小。

这些变化特点说明,经过多年的征管体制改革,税务机关的执法理念发生了明显转变,服务意识深入人心,税收征管的三个主要领域内的纳税服务工作成效都较为明显,纳税服务各项工作的质量差距逐步缩小,整体呈上升趋势。

二 模块层评价结果的测算及趋势分析

(一)模块层评价结果的测算

先通过对表6-7中隶属于不同模块层的特性层指标均等分配权

重，然后将隶属于同一模块层的不同指标分值与其权重相乘后加总，最后得出各模块层在均等权重下的分值。计算过程见表6-13、表6-14。

表6-13　　　　　模块层分值的计算过程

目标层	模块层	权重	特性层 名称	2003年	2004年	2005年	2006年	2007年	2008年	2009年	2010年	2011年	2012年
税收征管绩效	申报征收	0.4595	强制管理1	0.2270	0.4153	0.3120	0.3629	0.5307	0.6456	0.5506	0.7445	0.7958	0.8357
		0.5405	服务引导1	0.1069	0.2207	0.4593	0.4903	0.6411	0.7682	0.7704	0.8067	0.8897	0.9970
	税源管理	0.60	强制管理2	0.1658	0.1703	0.1052	0.1196	0.1887	0.3236	0.4586	0.6079	0.4775	0.8650
		0.40	服务引导2	0.2418	0.3447	0.5603	0.2120	0.5262	0.4387	0.6575	0.8546	0.7070	0.9999
	税务稽查	0.90	强制管理3	0.4653	0.4124	0.1911	0.0572	0.1419	0.0666	0.1919	0.1538	0.3906	0.5895
		0.10	服务引导3	0.0915	0.0246	0.1555	0.1773	0.2204	0.5872	0.7123	0.5199	0.7137	0.9838

表6-14　　　　　模块层分值情况一览

目标层	模块层 名称	2003年	2004年	2005年	2006年	2007年	2008年	2009年	2010年	2011年	2012年
税收征管绩效	申报征收	0.1621	0.3101	0.3916	0.4317	0.5904	0.7118	0.6694	0.7781	0.8466	0.9229
	税源管理	0.1962	0.2401	0.2873	0.1566	0.3237	0.3696	0.5381	0.7066	0.5693	0.9190
	税务稽查	0.4279	0.3736	0.1875	0.0692	0.1498	0.1187	0.2439	0.1904	0.4230	0.6389

（二）模块层评价结果的趋势分析

模块层的分值变化趋势见图6-46。

由图6-46可知，对比分析"申报征收""税源管理""税务稽查"三个模块，有以下特点：（1）申报征收模块和税源管理模块的分值大致都经历了一个逐步增长的上升过程，而税务稽查模块的分值

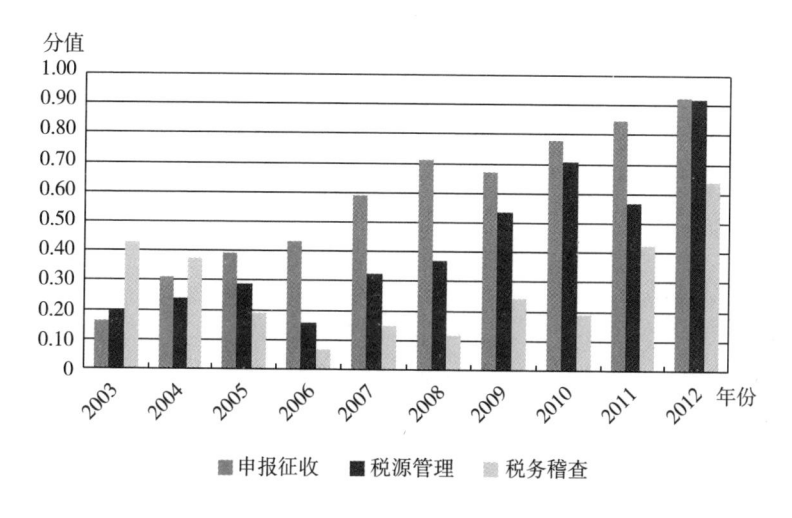

图 6-46 各模块层分值的比较

在调查年度内则经过了一个先下降后上升的过程,其中申报征收模块分值由 2003 年的 0.16 上升到了 2012 年的 0.92,税源管理模块分值由 2003 年的 0.20 上升到了 2012 年的 0.92,税务稽查模块由 2003 年的 0.43 先下降到 2006 年的 0.07 后又上升到了 2012 年的 0.64。(2) 三个模块分值大小的排名除 2003 年和 2004 年以外,其他年份都是"申报征收"的分值 > "税源管理"的分值 > "税务稽查"的分值,结合调查权重对三个模块赋权的排序也是申报征收 (0.4568) > 税源管理 (0.3366) > 税务稽查 (0.2067),这说明对税收征管绩效总水平而言,申报征收环节的管理和服务水平的重要程度要高于税源管理和税务稽查两个环节。(3) 税源管理模块和税务稽查模块的分值近几年也有较大的提升,这对拉动税收征管绩效总水平有积极的推动作用。

三 目标层评价结果的测算及趋势分析

(一) 目标层评价结果的测算

将表 6-15 中的三个模块层分值测算的结果,分别乘以第五章第三节通过调查测算的相应权重,然后将各个乘积的结果进行加总,最后得到税收征管绩效的总分值。计算过程见表 6-15、表 6-16。

表6-15　　　　　　　　目标层分值的计算过程

目标层			模块层									
	权重	名称	2003年	2004年	2005年	2006年	2007年	2008年	2009年	2010年	2011年	2012年
税收征管绩效	0.4568	申报征收	0.1621	0.3101	0.3916	0.4317	0.5904	0.7118	0.6694	0.7781	0.8466	0.9229
	0.3366	税源管理	0.1962	0.2401	0.2873	0.1566	0.3237	0.3696	0.5381	0.7066	0.5693	0.9190
	0.2067	税务稽查	0.4279	0.3736	0.1875	0.0692	0.1498	0.1187	0.2439	0.1904	0.4230	0.6389

表6-16　　　　　　　　税收征管绩效的历年分值一览

税收征管绩效	分值									
	2003年	2004年	2005年	2006年	2007年	2008年	2009年	2010年	2011年	2012年
	0.2285	0.2997	0.3143	0.2642	0.4096	0.4741	0.5374	0.6326	0.6658	0.8630

(二) 目标层评价结果的趋势分析

目标层的分值变化趋势见图6-47。

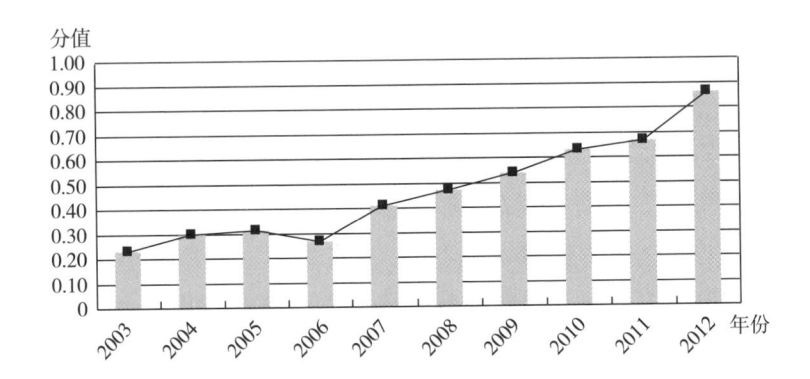

图6-47　H市地税征管绩效水平的变化趋势 (调查权重)

由图6-47可知, 在调查权重测算的基础上, 虽2006年 "税收优惠受益企业增长率" 和 "稽查查补率" 两个指标分值下降影响到当年的税收征管绩效总水平, 但总体而言, H市地税的税收征管绩效水平总体呈逐年上升的发展趋势 (由2003年的0.2285逐步上升为2012年的0.8630), 征管绩效水平的增长速度也是显而易见的。在

2008年面临国际金融危机、国内经济结构转型等对税收工作不利因素的前提下,该市地税系统能保持税收征管绩效水平不断上升的形势,与其长期坚持的税收征管改革是分不开的,实证研究结果也从侧面验证了H市地税改革的成效。

第四节 均等权重和调查权重下的评估结果的对比

一 两种权重下绩效评估体系的特性层和模块层的比较

（一）特性层的比较

1. 按模块比较

申报征收模块下"强制管理"特性和"服务引导"特性的分值,在两种权重影响下呈现相似的变化规律:一是总体表现出逐年增长的趋势;二是自2005年开始,服务引导特性的分值一直比强制管理的分值高。这说明申报征收模块下两种特性的变化规律受权重变化的影响不大。

在两种权重下,税源管理模块"强制管理"特性和"服务引导"特性的分值变化存在异同。相同之处是两种情况下总体都表现出逐年增长的上升趋势,且两种特性的分值差距在逐渐缩小;不同之处是调查权重下"服务引导"的分值优势比均等权重下明显,在调查权重下税源管理模块"服务引导"特性的分值始终都高于"强制管理"特性的分值,而在均等权重下则是在2004年之后才体现这种规律。

税务稽查模块下"强制管理"和"服务引导"特性的分值,在两种权重影响下虽波动程度不同（调查权重下分值波动更明显）,但变化规律相似:一是"强制管理"特性分值呈现先降后升的趋势,而"服务引导"特性分值则表现出逐年上升的态势;二是自2005年开始,服务引导特性的分值一直比强制管理的分值高。这说明在税务稽查模块下两种特性的变化规律受权重变化的影响比较小。

2. 整体分析

总体来看，在两种权重下，申报征收模块的"强制管理"特性分值相较于其他两个模块都是最高的，而税务稽查模块"强制管理"特性的分值要小于税源管理模块的分值。说明不同的权重对各模块"强制管理"特性分值的相对关系影响不大，它影响的是分值的变化幅度。这进一步印证了在现实工作中，申报征收领域内的各项管理工作成效较为显著，而税务稽查范围内的各项管理工作有待于进一步加强。

在不同权重下，调查年度内三个模块"服务引导"特性的分值都呈现不断增长的趋势，其中申报征收模块和税源管理模块的"服务引导"特性分值排序处于交替变化状态，税务稽查模块的"服务引导"特性分值近几年增长较快，三模块的"服务引导"特性分值差距逐步缩小。这说明不同的权重对各模块"服务引导"特性分值的相对关系的变化趋势没有太多影响，但对分值的变化幅度有一定影响。对不同权重下特性层分值的测算结果，可以印证在实际工作中，申报征收、税源管理和税务稽查三大税收征管核心领域的纳税服务意识都明显增强，各项涉税服务工作的质量和水平都得到了不断提升。

（二）模块层的比较

经过对比分析，在均等权重和调查权重下，模块层的分值大都经过了一个相似的变化过程：一是申报征收模块和税源管理模块的分值在调查年度内总体都呈现逐步增长趋势，而税务稽查模块的分值却经历了一个先下降后上升的过程；二是由于申报征收模块的分值总是处于三个模块之首，所以申报征收环节的管理和服务水平对税收征管绩效总水平的重要程度相对要高于税源管理和税务稽查两个环节；三是税源管理模块和税务稽查模块的分值近年也有较高增长，能对税收征管绩效总水平提高有积极作用。根据对比分析可以看出，在不同的权重作用下，各模块层分值之间相对关系的趋势没有变化，影响的只是各模块分值之间相对关系的变动幅度。

二　两种权重下征管绩效评估结果的对比分析

两种权重下的税收征绩效对比见图 6-48。

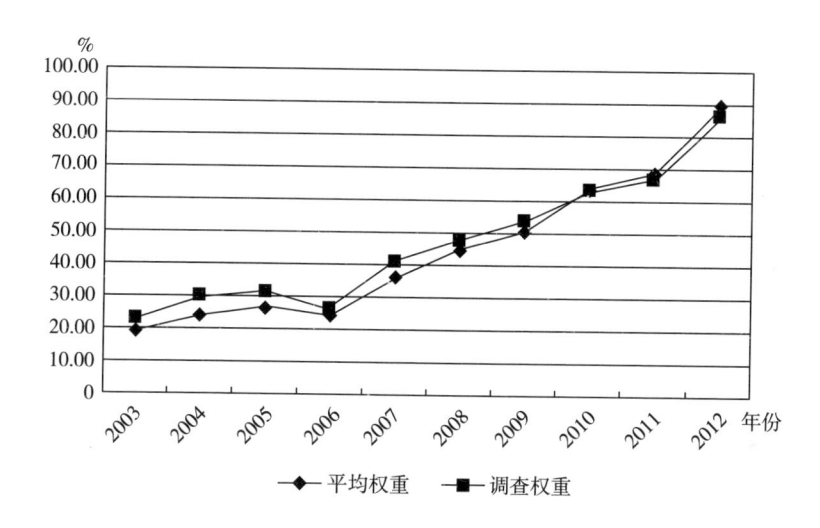

图 6-48　两种权重下税收征管绩效的比较

本节以采用平均权重方法测算的税收征管绩效值为参照标的,以考虑权重影响而采用层次分析法调查问卷方式获取的税收征管绩效值为目标值,根据图 6-48 所示,我们不难发现,两条数据线有很好的拟合度,这能说明三个问题:一是权重的调整对征管绩效的变化趋势影响不大,而对绩效值的变化幅度有影响,调查权重对数据趋势波动的幅度影响更大一些;二是各个指标分值的差距越大,两条曲线的分离趋势就越明显,由图 6-48 可知,在调查年度的后几年,由于征管改革的不断深入,各指标分值普遍较高,相互之间的分值差距在缩小,所以权重的变化对征管绩效水平变化的影响逐渐减小,两条曲线的拟合程度越来越高;三是由两条曲线的拟合性可知,本市实证研究的结果应该基本能反映 H 市地税实际税收征管绩效水平。

三　进一步提高 H 市地税税收征管绩效的建议

本章通过层层深入的实证分析,采用以"双权重"分别测算征管绩效的方法,得出了 H 市地税系统的征管绩效水平在过去十年保持不断上升的良好态势的结论。虽然实证结果比较令人欣慰,但并不代表没有进一步改进的空间。为了更好地保持和提升 H 市地税的征管绩效水平,结合实证数据所反映的实际情况,提出以下具体的改革建议。

第一，进一步强化稽查部门的管理力度，增强税务稽查"强制管理"的震慑力。由本章前三节的测算分析可知，税务稽查模块在三个模块中对税收征管绩效总水平的贡献率是最低的，而税务稽查模块下的"强制管理"特性的分值与"申报征收"模块和"税源管理"模块相比，也是最低的。从对测算数据分析的角度来推断，虽然税务稽查的职能定位是通过对偷逃税等违法行为进行严厉打击维护税法的权威，但就目前来看，虽然改革后的数据分析局通过计算机选案提高了稽查选案的精度，但稽查工作的开展以及对查处问题的处罚力度等方面可能还有可以进一步改进之处。建议通过不断完善稽查规制、深入高效开展工作、提升干部政治业务素质、加大合法处罚力度等措施，实现对严重违法行为准确而有力度的打击，切实提升稽查的社会震慑力。

第二，进一步完善税源管理各项工作，实现税源管理的精细化。由本章前面几节测算分析可知，虽然税源管理模块在三个模块中对税收征管绩效水平的贡献居中，模块的分值基本呈现历年增长的良好态势，但其中有几个指标的分值情况并不甚理想，如"税收检查收入贡献率""税收收入增长率"等指标。因此，从测算所得数据的角度来分析，虽然H市地税通过机构调整、下放涉税审批权限等改革措施为税收征管各主要领域理顺了部门工作的衔接问题，厘清了各项业务的组织脉络，但在此基础上，切实实现税源管理的科学化和精细化尚需时间。纳税评估作为税源管理的核心业务内容，在经风险管理系统明确评估对象后，还需要通过完善评估规章制度、改进完善评估指标和评估方法、提高评估人员业务素养以及强化对查处问题的处罚力度等措施进一步提高税源管理的水平。

第三，进一步强化涉税管理和纳税服务，通过两者的不断融合促进征管绩效的不断提升。由前面的测算分析可知，相较于"服务引导"分值，申报征收、税源管理和税务稽查三大模块"强制管理"分值都经历了先高后低的过程，说明税收征管核心业务环节的纳税服务相对于以前都有了较大的改进和完善，新公共管理的核心理念与税收征管工作有了较高的融合，但为提高征管绩效总水平，不断强化管理也是必然选择，如申报征收环节欠税的清理力度有待于进一步加强。只有根据征管业务特点，各有侧重地加强涉税管理和纳税服务，才能实现税收征管绩效最大化的目标。

第七章 主要结论及需要进一步研究的问题

第一节 主要结论

本书在新公共管理视角下，以 H 市地税为案例对我国税收征管绩效进行了较为系统的理论研究，主要得出了以下结论。

第一，阐述新公共管理理论与我国税收征管的融合进程，通过系统论述，明确了我国税收征管体系发展的现状以及存在的问题。具体而言，本书在对我国税收征管发展历程进行梳理和总结的基础上，以新公共管理产生和发展进程为依据，将我国税收征管的发展划分为三个阶段，即税收征管相对分权时期、税收征管趋向服务性时期和税收征管趋向综合性发展时期。在此基础上，对新公共管理在我国税收征管不同阶段中的特点、模式、发展程度以及作用进行了阐述和分析，通过从新公共管理相关角度（如绩效导向、顾客导向、市场机制引入等方面）的论述，得出了我国税收征管在新公共管理视角下存在的问题，即新公共管理理论及其相关理念在我国税收征管中的发展还有待进一步改进和完善，尤其是在政府管理部门的相关业务由强制管理性向服务引导性转变、融合的能力和理念尚有待加强，以及与此相关的对税收征管的研究和水平效率的评判方面尚显不足。

第二，从新公共管理角度对税收征管进行了定位分析，通过明确税收征管的属性和边界，运用新公共管理理论及其相关理念，对税收征管提出了改进的方向和空间。具体而言，首先，通过对税收征管的定位分析，得出了在传统理论视角下税收征管的属性和边界，即以注重强制管理性为导向的政府行政部门定位,与社会和市场的关系相对独立,注重公共服务的供给面;其次,通过对新公共管理视角下的税收征管进行分析,得出了税收征管中新公共管理理念的特点和作用,即以强制管理性和服务引导性相结合的公共部门建设和运作理念,注重公共事务的供给面和需求面的融合;再次,通过对税收征管引入新公共管理相关理念的必要性和可行性进行分析,论证了运用新公共管理理论对税收征管进行理论研究和实践改进的积极作用:随着经济社会的发展和制度的变革,我国税收征管也不断发展完善,同时,其受公共层面的影响因素也逐渐增多,在这一过程中,将新公共管理理论的相关研究成果和先进的理念与税收征管相融合,可为税收征管的研究和进一步发展提供一定的理论基础和依据。

第三,通过构建我国税收征管绩效评估模型,在新公共管理理论的基础上,建立了融合新公共管理理念的我国税收征管绩效评估系统。具体而言,本书借鉴系统论的相关思想,按照功能的不同将税收征管划分为三个子模块,即申报征收模块、税源管理模块、税务稽查模块。在此基础上,将新公共管理的相关理念融入税收征管绩效评估系统的构建,将三个模块的特性分别归纳为强制管理层和服务引导层,并对这两个层面中的相关影响因素进行归纳、分析,将税收征管绩效评估系统细化到具体的指标层,从而为本书对税收征管绩效的评估构建了模型分析框架。

第四,确立了税收征管绩效评估模型的指标体系。在定位分析和系统构建的基础上,建立了新公共管理视角下我国税收征管绩效评估体系,并运用层次分析法模型设计了调查问卷对各层级所有指标的重要程度进行了测算。具体而言:一是在税收征管系统构建和相关分析结果的基础上,按照系统构建中提出的影响因素,通过将新公共管理的相关理念进行融合,建立了以目标层(税收征管进行总指标)、模块层(不同功能子模块指标)、特性层(不同特性指标)和指标层(具体标准指标)为主要层级结构的评价指标体系。二是根据指标选取的代表性、操作性和独立性等原则,结合考虑融合新公共管理理念的特性层要求,有针对性地筛选了 24 个能够符合征管绩效评估要求的指标,并通过对指标逐一进行概念化和操作化分析,完成了评估系统指标体系的理论框架与税收征管实务指标基础数据的对接。三是为使研究更加规范、严谨,采用两种方法确定各指标的权重,从而达到使两种权重下测算的绩效结果能够相互比对、参考的目的。具体而言,一种方法是通过对税收征管绩效评估系统的各层指标进行均等化赋权,排除主观因素影响,为征管绩效的评估确定一个客观的参照物;另一种方法是为了使权重能更贴近现实,运用所建立的层次分析法模型对我国税收征管绩效评估系统的指标权重通过问卷调查方式进行测算,得出了评价指标体系各层级中所有指标对其所属上一级和系统总目标的重要程度的量化数据结果;两种权重的测算方式为本书进行实证研究以更准确地测算税收征管绩效水平奠定了权重方面的数据基础。

第五,进行了以 H 市地税为案例的征管绩效评估的实证研究。在本书所构建的系统模型、指标体系和两种权重测算结果的基础上,以 H 市地税的税收征管实际情况为例,对其税收征管绩效进行了相对全面客观的评估,并对过程和结果进行详细分析。具体而言,本书按照以下步骤逐层进行了全面测算和分析:一是对指标层数据进行了全面的收集、整理,并结合 H 市地税税收征管实际,对每个指标逐一进行了初步的趋势变化分析,从而形成对 H 市地税的税收征管面上的直观感受;二是以平均权重和调查权重为两个平行分支,分别对特性层、模块层和目标层进行了结果的测算及多维度趋势对比分析,为更加客观、准确地界定 H 市地税的税收征管绩效奠定了计算和分析的数据基础,从而形成了对 H 市地税征管绩效相对全面、准确的定量认识;三是在前两步的基础上,本书对两种权重下特性层、模块层和目标层的绩效评估结果分别进行了比对分析,分析差异产生的原因,并以此推定了 H 市各年地税税收征管绩效各年总水平和大致的发展趋势,从而完成了对 H 市地税税收征管绩效水平的定性认识;四是根据前面分析所指出的当前该市税收征管体系各个层级模块、特性和具体指标的优劣,为进一步提高税收征管的绩效水平提出了有针对性的建议。

综上所述,本书通过在新公共管理视角下,对我国税收征管绩效进行了相关问题的研究，主要得出了包括问题识别、定位分析、系统构建、指标评价和实证分析五个方面的相关结论。从具体研究结论中能够看出，本书所得结论从新公共管理角度基本能够反映和解释我国税收征管绩效的现状和部分问题，为税收征管绩效的理论研究和实践分析提供了一个研究思路和视角。

第二节　需要进一步研究的问题

本书在新公共管理的视角下对我国税收征管体系绩效进行研究，通过对相关内容的问题识别、定位分析、系统构建、测算分析和实证研究过程，得出了一系列的结论。在此过程中，本书将新公共管理的有关理念引入对我国税收征管绩效的研究，同时运用量化评价方法对所建立的绩效评估模型指标体系进行了测算分析和应用。虽然本书得出的研究结论能够对所研究的问题进行一定程度上的论证和解释，但由于税收征管是公共管理领域中涉及面广也非常复杂的重要研究对象，税收征管的绩效客观上受多方面因素的影响，本书所建立的模型指标体系不一定能够全面覆盖。同时，新公共管理理论提出的理念和观点也很多，涉及公共事务处理的多个方面，而本书的研究只是选取了新公共管理理论和税收征管体系两者相关程度较高的若干方面进行了分析、测算和应用，所以客观来讲，尚存需要进一步研究的空间。归纳起来，主要包括理论和方法两个方面。

第一，本书对新公共管理视角下我国税收征管绩效的研究，主要是引入了新公共管理理论中强制管理性和服务引导性相结合的理念，并将其应用于对税收征管绩效评估的具体分析过程；但新公共管理理论还提出了许多其他具体的理念，本书并没有将所有相关理念引入研究。这虽然在一定程度上保证了分析过程的针对性，但是对研究的完备性必然会产生影响，因此，从理论运用的全面性角度看尚存值得进一步研究的问题。

第二，本书运用层次分析法对新公共管理视角下我国税收征管绩效评估系统的权重进行测算分析，虽然在测算过程和结果分析方面，提出了相对全面的处理方式，但囿于现存方法存在只能对现状进行相对客观评价而不能准确溯及既往的缺点，调查权重的获取不能做到按年分别测算，而是采用以2012年测算结果为基础的定基方式，进行了以相对客观的历年指标数据为主的税收征管绩效水平的跨年度评估，并以此进行了趋势分析和评价。出于尽可能使测算结果接近现实的考量，本书采用以避免主观因素影响的均等化权重方法的绩效测算值为参照物，使调查权重测算的绩效值有相对客观的估量范围，但若能实现调查权重的精细化就能对税收征管绩效的水平有更加精确的评估。另外，受现实条件的限制，指标基础数据的时间跨度不算太长，随着时间推移若能在以后研究中加以完善，将有助于更准确地把握征管绩效水平的变化规律。

附　录

税收征管绩效评估调查问卷
——指标重要程度调查

一　问题描述

此调查问卷以评估我国税收征管绩效为调查目标，对其多种影响因素使用层次分析法进行分析。模型架构见附图1。

二　问卷说明

此调查问卷的目的在于确定我国税收征管绩效模型中各个功能模块、不同特性和具体影响因素之间相对权重。调查问卷根据层次分析法（AHP）的形式进行设计，这种方法是在同一个层次对影响因素重要性进行两两比较。衡量尺度划分为5个等级，分别是绝对重要、十分重要、比较重要、稍微重要、同样重要，分别对应9、7、5、3、1的数值。标尺从左到右是指标 A 相对于指标 B 的重要程度的递增过程。根据您的看法，在对应方格中打钩（√）即可；对于个别不能精确地表达您对某个比较问题看法的，可通过在相近的两个方格间画圈（○）来表达。举例说明：若 A 对 B 来说比较重要，则在对应标尺刻度"5"下面打钩（√）；若 B 对 A 来说比较重要，则在对应标尺刻度"1/5"下面打钩（√）。

三　问卷内容

在问卷中，备选方案中的数值1、2、3表示不同的系统模块，分别为申报征收模块、税源管理模块、税务稽查模块。

附图1 税收征管绩效指标体系

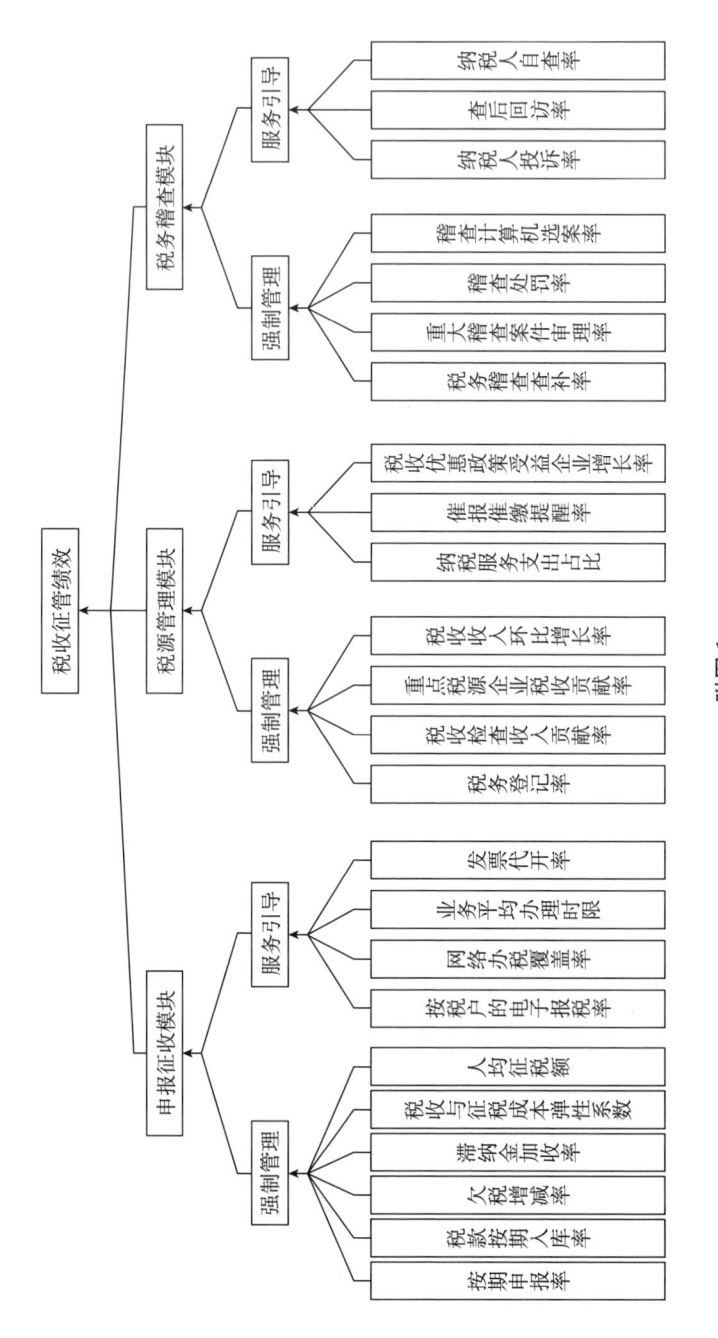

- 税收征管绩效
  - 税务稽查模块
    - 服务引导
      - 纳税人自查率
      - 查后回访率
      - 纳税人投诉率
    - 强制管理
      - 稽查计算机选案率
      - 稽查处罚率
      - 重大稽查案件审理率
      - 税务稽查查补率
  - 税源管理模块
    - 服务引导
      - 税收优惠政策受益企业增长率
      - 催报催缴提醒率
      - 纳税服务支出占比
    - 强制管理
      - 税收收入环比增长率
      - 重点税源企业税收贡献率
      - 税收检查收入贡献率
      - 税务登记率
  - 申报征收模块
    - 服务引导
      - 发票代开率
      - 业务平均办理时限
      - 网络办税覆盖率
      - 按税户的电子报税率
    - 强制管理
      - 人均征税额
      - 税收与征税成本弹性系数
      - 滞纳金加收率
      - 欠税增减率
      - 税款按期入库率
      - 按期申报率

- 第 2 层要素
  - 评估"新公共管理视角下我国税收征管绩效"的相对重要性

影响因素	说明
申报征收模块	包括强制管理层面1、服务引导层面1
税源管理模块	包括强制管理层面2、服务引导层面2
税务稽查模块	包括强制管理层面3、服务引导层面3

下列各组比较要素,对于"新公共管理视角下我国税收征管绩效"的相对重要性如何?

A	评价尺度									B
	1/9	1/7	1/5	1/3	1	3	5	7	9	
申报征收模块										税源管理模块
申报征收模块										税务稽查模块
税源管理模块										税务稽查模块

- 第 3 层要素
  - 评估"申报征收模块"的相对重要性

影响因素	说明
强制管理层面1	包括按期申报率、税款按期入库率、欠税增减率、滞纳金加收率、税收与征税成本弹性系数、人均征税额
服务引导层面1	包括按税户的电子报税率、网络办税覆盖率、平均办理时限、发票代开率

下列各组比较要素,对于"申报征收模块"的相对重要性如何?

A	评价尺度									B
	1/9	1/7	1/5	1/3	1	3	5	7	9	
强制管理层面1										服务引导层面1

■ 评估"税源管理模块"的相对重要性

影响因素	说明
强制管理层面2	包括税务登记率、税收检查收入贡献率、重点税源企业税收贡献率、税收收入环比增长率
服务引导层面2	包括纳税服务支出占比、税收优惠政策受益企业增长率、催报催缴提醒率

下列各组比较要素，对于"税源管理模块"的相对重要性如何？

A	评价尺度								B
	1/9	1/7	1/5	1/3	1	3	5	7	9	
强制管理层面2										服务引导层面2

■ 评估"税务稽查模块"的相对重要性

影响因素	说明
强制管理层面3	包括税务稽查查补率、重大稽查案件审理率、稽查处罚率、稽查计算机选案率
服务引导层面3	包括纳税人投诉（举报）率、纳税人自查率、查后回访率

下列各组比较要素，对于"税务稽查模块"的相对重要性如何？

A	评价尺度								B
	1/9	1/7	1/5	1/3	1	3	5	7	9	
强制管理层面3										服务引导层面3

● 第4层要素

■ 评估"强制管理层面1"的相对重要性

下列各组比较要素，对于"强制管理层面1"的相对重要性如何？

A	评价尺度									B
	1/9	1/7	1/5	1/3	1	3	5	7	9	
按期申报率										税款按期入库率
按期申报率										欠税增减率
按期申报率										滞纳金加收率
按期申报率										税收与征税成本弹性系数
按期申报率										人均征税额
税款按期入库率										欠税增减率
税款按期入库率										滞纳金加收率
税款按期入库率										税收与征税成本弹性系数
税款按期入库率										人均征税额
欠税增减率										滞纳金加收率
欠税增减率										税收与征税成本弹性系数
欠税增减率										人均征税额
滞纳金加收率										税收与征税成本弹性系数
滞纳金加收率										人均征税额
税收与征税成本弹性系数										人均征税额

■ 评估"服务引导层面1"的相对重要性

下列各组比较要素,对于"服务引导层面1"的相对重要性如何?

A	评价尺度									B
	1/9	1/7	1/5	1/3	1	3	5	7	9	
按税户的电子报税率										网络办税覆盖率
按税户的电子报税率										平均办理时限
按税户的电子报税率										发票代开率
网络办税覆盖率										平均办理时限
网络办税覆盖率										发票代开率
平均办理时限										发票代开率

■ 评估"强制管理层面 2"的相对重要性

下列各组比较要素，对于"强制管理层面 2"的相对重要性如何？

A	评价尺度									B
	1/9	1/7	1/5	1/3	1	3	5	7	9	
税务登记率										税收检查收入贡献率
税务登记率										重点税源企业税收贡献率
税务登记率										税收收入环比增长率
税收检查收入贡献率										重点税源企业税收贡献率
税收检查收入贡献率										税收收入环比增长率
重点税源企业税收贡献率										税收收入环比增长率

■ 评估"服务引导层面 2"的相对重要性

下列各组比较要素，对于"服务引导层面 2"的相对重要性如何？

A	评价尺度									B
	1/9	1/7	1/5	1/3	1	3	5	7	9	
纳税服务支出占比										税收优惠政策受益企业增长率
纳税服务支出占比										催报催缴提醒率
税收优惠政策受益企业增长率										催报催缴提醒率

■ 评估"强制管理层面 3"的相对重要性

下列各组比较要素，对于"强制管理层面 3"的相对重要性如何？

A	评价尺度								B
	1/9	1/7	1/5	1/3	1	3	5	7	9	
税务稽查查补率										重大稽查案件审理率
税务稽查查补率										稽查处罚率
税务稽查查补率										稽查计算机选案率
重大稽查案件审理率										稽查处罚率
重大稽查案件审理率										稽查计算机选案率
稽查处罚率										稽查计算机选案率

■ 评估"服务引导层面3"的相对重要性

下列各组比较要素,对于"服务引导层面3"的相对重要性如何?

A	评价尺度								B
	1/9	1/7	1/5	1/3	1	3	5	7	9	
纳税人投诉(举报)率										纳税人自查率
纳税人投诉(举报)率										查后回访率
纳税人自查率										查后回访率

(问卷结束,谢谢合作!)

参考文献

一 中文文献

安体富、秦泮义:《西方国家税源管理的经验及借鉴》,《税务研究》2002年第4期。

安体富、任强:《论为纳税人服务》,《财贸经济》2006年第2期。

安体富、王海勇:《激励理论与税收不遵从行为研究》,《中国人民大学学报》2004年第3期。

敖汀:《论税收信用》,《辽宁税务高等专科学校学报》2004年第4期。

邴志刚:《纳税人权利保障与税收法治》,《涉外税务》2003年第2期。

蔡磊:《基于目标管理的税务绩效管理研究》,《经济师》2007年第5期。

陈捷:《纳税服务的国际比较与借鉴》,《涉外税务》2003年第4期。

陈立兵、周宏慧:《基层税务机关绩效管理中的问题与完善措施》,《税务研究》2009年第11期。

陈平路、王玲玲:《个人所得税偷漏现象的博弈分析》,《税务研究》2003年第3期。

陈晓清、代莉:《提升纳税遵从度:新型纳税服务模式探析》,《学习与实践》2010年第10期。

陈振明:《公共部门战略管理》,中国人民大学出版社2004年版。

陈振明:《公共管理学——转轨时期我国政府管理的理论与实践》,中国人民大学出版社1999年版。

陈振明:《政府再造——西方"新公共管理运动"述评》,中国人民大学出版社 2003 年版。

陈振明、宋红:《流程再造在税收征管改革中的应用——基于 H 市国税局流程再造实践的分析》,中国税务出版社 2006 年版。

陈工、陈习定、何玲玲:《基于随机前沿的中国地方税收征管》,《税务研究》2009 年第 6 期。

崔文秀:《实现税务组织绩效管理的探讨》,《税务研究》2008 年第 10 期。

崔兴芳、樊勇、吕冰洋:《税收征管效率提高测算及对税收增长的影响》,《税务研究》2006 年第 4 期。

[美] 戴维·奥斯本、彼德·普拉斯特里克:《摒弃官僚制:政府再造的五项战略》,谭功荣、刘霞译,中国人民大学出版社 2002 年版。

邓保生:《基于客户关系管理理念的纳税服务体系探讨》,《税务研究》2008 年第 7 期。

邓力平:《优化税制理论与税收征管实践研究》,《中国财经报》1999 年 3 月 4 日。

邓子基:《财政理论与财政实践》,中国财政经济出版社 2002 年版。

董根泰:《从新制度经济学看我国税收征管的优化》,《税务研究》2003 年第 4 期。

董贺亮、胡文婷、吕明丰:《关于公共部门绩效评估的困难性分析及对策》,《法制与社会》2009 年 4 月。

冯伟:《基于层次分析法的税收征管质量评价指标体系研究》,《广西师范学院学报》2011 年第 2 期。

高培勇:《论更新税收观念》,《税务研究》1999 年第 2 期。

葛玲、胡俊坤:《纳税服务内涵分析》,《中国税务报》2004 年 3 月 16 日。

葛元力:《流程再造理论在税收管理领域的应用》,《税务研究》2003 年第 2 期。

谷成:《世界各国税务管理组织机构的改革趋势及借鉴》,《涉外税务》2004 年第 3 期。

郭洪源：《纳税服务作为核心业务与税收征管存在的实质性差异分析》，《税收经济研究》2011年第6期。

郭庆旺、苑新丽、夏文丽：《当代西方税收学》，东北财经大学出版社1994年版。

国家税务总局：《关于印发〈纳税信用等级评定管理试行办法〉的通知》（国税发〔2003〕92号文件）。

国家税务总局编：《中华人民共和国税收大事记（1949—1999）》，中国税务出版社2000年版。

国家税务总局纳税服务司：《国外纳税服务概论》，人民出版社2010年版。

国家税务总局征收管理司纳税服务处：《纳税服务"12366"——全国12366纳税服务热线运行情况分析》，《中国税务》2005年第4期。

韩佩宏：《论税收法定原则与税收成本》，《地方财政研究》2005年第9期。

韩文欣：《"新公共管理"与完善我国税务机构的内部管理》，《税务与经济》2004年第1期。

洪宏：《纳税人权利及其保护措施的国际比较》，《涉外税务》2005年第5期。

侯光明、李存金：《现代管理激励与约束机制》，高等教育出版社2002年版。

胡静静：《完善税务部门绩效管理的思考》，《科技信息》2009年第28期。

黄希庭：《心理学导论》，人民教育出版社1991年版。

黄小勇：《现代化进程中的官僚制——韦伯官僚制理论研究》，黑龙江人民出版社2003年版。

黄红梅、包学雄：《我国公共部门绩效评估困境与出路变革创新》，《产业与科技论坛》2009年第12期。

姜晖：《CCRA纳税服务的工作和启示》，《涉外税务》2005年第9期。

姜跃生：《当前大企业税收管理亟待研究和解决的几个问题》，《涉外税务》2010 年第 3 期。

[美] 科斯·诺思、威廉姆森：《制度、契约与组织——从新制度经济学角度的透视》，刘刚等译，经济科学出版社 2003 年版。

冷秀华：《税务机关绩效管理与绩效文化的思考》，《扬州大学税务学院学报》2008 年第 4 期。

李波：《论我国纳税服务的理念与机制构建》，《涉外税务》2011 年第 7 期。

李查德·M. 伯德等：《发展中国家税制改革》，中国金融出版社 1994 年版。

李传喜：《税收征管社会化简论》，《中南财经政法大学学报》2008 年第 1 期。

李大明：《税收征管效率与税收征管改革》，《财政研究》1998 年第 2 期。

李大明：《我国税收征管改革的回顾与评析》，《涉外税务》2001 年第 10 期。

李洪山、田佳彬：《关于完善税务机关绩效评估体系的思考》，《理论界》2009 年第 5 期。

李建军、张雯、余喆杨：《地方税收效率及公平性实证研究》，《中南财经政法大学学报》2011 年第 5 期。

李建军：《我国国税机关税收征管效率及其影响因素》，《财经论丛》2012 年第 4 期。

李建军：《税收征管效率评估分析：1997—2007》，《中国经济问题》2011 年第 3 期。

李金锋：《博弈模型的扩展分析》，《税务研究》2004 年第 2 期。

李军鹏：《公共服务型政府》，北京大学出版社 2004 年版。

李兰：《从制度成本角度看污染税的开征》，《税务研究》2007 年第 7 期。

李林木：《税收遵从的理论分析与政策选择》，博士学位论文，厦门大学，2004 年。

李鹏：《新公共管理及应用》，社会科学文献出版社 2004 年版。
李胜良：《税收脉络》，经济科学出版社 2004 年版。
李炜光：《宪政：现代税制之纲》，《现代财经》2005 年第 1 期。
李俊霞：《探讨我国公共部门引入绩效管理相关问题分析》，《传承》2011 年第 14 期。
李亚民：《提高税收征管效率的思考》，《中国税务》2011 年第 5 期。
梁俊娇：《纳税遵从意识的影响因素》，《税务研究》2006 年第 1 期。
梁萍、吕丽娜、李新：《发达国家公共部门绩效管理的经验探析》，《中国农业银行武汉培训学院学报》2009 年第 4 期。
林高星：《中国税收征管战略研究》，厦门大学出版社 2005 年版。
刘京娟：《纳税服务机制设计路径探讨》，《税务研究》2010 年第 4 期。
刘佐：《社会主义市场经济中的中国税制改革（1992—2002）》，中国税务出版社 2002 年版。
刘任平、侯巍、罗高亮：《我国公共部门绩效管理困境剖析及改善对策》，《技术与创新管理》2008 年第 1 期。
刘清军、赵鹏华：《优化税收征管效率的几个问题》，《经济论坛》2005 年第 21 期。
刘穷志、卢盛峰：《中国税务机关税收征管效率的动态趋势及其决定因素分解》，《财贸研究》2010 年第 3 期。
罗凤娇：《国外设立大企业税收管理机构的经验与借鉴》，《财会研究》2007 年第 8 期。
吕冰洋、樊勇：《分税制改革以来税收征管效率的进步和省际差别》，《世界经济》2006 年第 10 期。
马国强：《论税收管理的目标、框架与模式》，《税务研究》1999 第 12 期。
毛寿龙：《现代治道与治道变革》，《南京社会科学》2001 年第 9 期。
孟庆国、陈蓉：《电子化公共服务流程再造的成本、收益与模式分析》，中国行政管理出版社 2008 年版。
孟庆启：《中国税务管理现代化概论》，中国税务出版社 2005 年版。

[美] 诺思：《经济史中的结构与变迁》，陈郁等译，上海三联书店1994年版。

庞凤喜：《我国税收征管成本的构成及决定因素》，《税务研究》2004年第8期。

钱淑萍：《论税收征收成本与行政效率》，《当代财经》2000年第3期。

饶立新、刘创：《税收管理质量的评价模型及应用》，《税务研究》2011年第12期。

[美] E.S. 萨瓦斯：《民营化与公私部门的伙伴关系》，周志忍等译，中国人民大学出版社2001年版。

沈肇章、赵丽萍：《税务绩效评估体系探讨》，《暨南学报》（人文科学与社会科学版）2004年第2期。

盛洪：《现代制度经济学》，北京大学出版社2003年版。

[美] 史蒂芬·霍尔姆斯、凯斯·R. 桑斯坦：《权利的成本——为什么自由依赖于税》，毕竞悦译，北京大学出版社2004年版。

孙隆英：《新公共管理视角下的税收管理》，博士学位论文，厦门大学，2005年。

孙世满：《韩国国家税务呼叫服务中心简介》，《税务纵横》2003年第1期。

孙学玉：《企业型政府论》，社会科学文献出版社2005年版。

孙静：《基于DEA方法的税收征收效率研究：以湖北省国税系统为例》，《中南财经政法大学学报》2008年第3期。

尚虎平：《美国与中国公共部门绩效评估研究的比较——基于〈公共管理评论〉与〈中国行政管理〉2002—2007年数据》，《科研管理》2009年第5期。

谭韵：《税收遵从、纳税服务与我国税收征管效率优化》，《中南财经政法大学学报》2012年第6期。

王金田：《和谐税收体系构建中税务协调及税收绩效管理的运用》，《财会研究》2010年第3期。

王乐夫：《试论公共管理的内涵演变与公共管理学的纵向学科体系》，

《管理世界》2005年第6期。

王璞：《流程再造》，中信出版社2005年版。

王玮：《纳税人权利与我国税收遵从度的提升》，《税务研究》2008年第4期。

吴国平：《大企业税收管理的国际实践及启示》，《税务研究》2010年第2期。

［英］锡德里克·桑福德：《成功税制改革的经验与问题》（第1卷），张文春、匡小平译，中国人民大学出版社2001年版。

［英］锡德里克·桑福德主编：《成功税制改革的经验与问题》（第2卷），邓力平主译，中国人民大学出版社2001年版。

［英］锡德里克·桑福德主编：《成功税制改革的经验与问题》（第3卷），杨灿明等译，中国人民大学出版社2001年版。

［英］锡德里克·桑福德主编：《成功税制改革的经验与问题》（第4卷），许建国等译，中国人民大学出版社2001年版。

谢少华：《从新公共管理的兴起看西方税收管理理念的转变——兼议我国纳税服务体系的构建》，《涉外税务》2003年第4期。

谢滨：《税收征管质量和效率的模糊综合评价探析》，《税务研究》2008年第1期。

熊伟：《美国联邦税收程序》，北京大学出版社2006年版。

徐云翔、张爱球：《将流程再造融入金税三期业务设计中》，《中国税务报》2007年8月15日。

薛钢：《浅论纳税服务理念在税收征管中的体现》，《税务研究》2009年第4期。

［英］亚当·斯密：《国民财富的性质和原因的研究》，郭大力、王亚南译，商务印书馆1997年版。

杨斌：《选择税收征管模式的原则》，《税务研究》2000年第3期。

杨斌：《中西文化差异与税制改革》，《税务研究》2003年第5期。

杨卫华：《降低税收成本 提高税收效率》，《税务研究》2005年第3期。

杨艳军、谢敏：《基层税务组织绩效管理系统探讨》，《郑州航空工业管理学院学报》2007年第1期。

杨勇：《关于税收服务创新的思考》，《税务纵横》2003年第6期。

杨得前：《基于DEA方法的我国税收征管效率研究》，《税务与经济》2010年第3期。

杨得前：《我国税收征管效率的动态评价：1997—2007——基于Malmquist指数的分析方法》，《当代财经》2010年第8期。

尹淑平：《借鉴COSO风险管理理论 提高我国税收遵从风险管理水平》，《税务研究》2008年第12期。

应亚珍、陈洪仕：《税收征管效率影响因素评析》，《税务研究》2004年第11期。

岳树民、李建清：《优化税制结构研究》，中国人民大学出版社2010年版。

臧秀清、许楠：《税收征管效率综合评价指标体系研究》，《燕山大学学报》（哲学社会科学版）2005年第4期。

曾飞：《国外纳税服务的经验及借鉴》，《税务研究》2003年第12期。

曾国祥：《税收管理学》，中国财政经济出版社2003年版。

张景华、朱信永：《纳税服务与税收管理的互动关系分析》，《扬州大学税务学院学报》2010年第5期。

张维迎编：《詹姆斯·莫里斯论文精选——非对称信息下的激励理论》，商务印书馆1996年版。

张维迎：《博弈论与信息经济学》，上海人民出版社1996年版。

张炜：《对我国税收征管改革问题的思考》，《财政研究》2011年第9期。

张炜、王诚明：《纳税服务几个基本问题的研究视角》，《税务研究》2010年第12期。

张秀莲：《对控制我国税收成本的研究》，《税务与经济》2005年第2期。

张玉亭：《新时期中国治理结构的转型与第三部门的兴起》，《行政管理》2003年第6期。

赵景华：《2010年全国税收理论研讨会观点综述》，《税务研究》2011

年第 4 期。

赵晓明：《对大企业税收实行专业化管理的实践与思考》，《税收经济调研》2008 年第 8 期。

"中国税务学会纳税服务"课题组：《借鉴国际经验 积极构建现代纳税服务体系》，《税务研究》2010 年第 7 期。

周开君：《纳税评估方法与技术》，安徽人民出版社 2009 年版。

周天勇：《建设新的财政预算体制》，《学习时报》2008 年 2 月 26 日。

二 英文文献

Abe Greenbaun, "The Problem Resolutim Service", *Asian Pacific Bulletin*, No. 2, 2000.

Allan, C. M., *The Theory of Taxation*, Penguin Books Ltd., 1971.

Alm, J., B. Jackson, M. McKee, "Institutional Uncertainty and Taxpayer Compliance", *American Economic Review*, Vol. 82, 1992.

Arnold C. Hrberger, *Taxation and Welfare*, The University of Chicago Press, 1978.

Bazalay, M., *Breaking Bureaucracy: A New Vision for Managing in Government*, Los Angeles: University of Californian Press, 1992.

Claudia Daiber, "Protection of Tax Payer's Rights in Germany", *The Revenue Law Journal*, Vol. 17, 1998.

Davenport, H., E. Short, "The New Industrial Engineering: Information Technology and Business Process Redesign", *Sloan Management Review*, Vol. 31, No. 4, 1990.

Diamond, P. A., Mirrlees, J. A., "Optimal Taxation and Public Production Ⅰ: Production Efficiency", *American Economic Review*, Vol. 61, No. 1, 1971.

Diamond, P. A., Mirrlees, J. A., "Optimal Taxation and Public Production Ⅱ: Tax Rules", *American Economic Review*, Vol. 61, No. 3, 1971.

Duncan Bentley, *Taxpayers' Rights: Current Trends and Themes from an International Perspective*, *Tax Administration – Facing the Challenges of the Future*, Prospect Media Pty Ltd. , 1998.

Hmme, M. , Chmpy, J. , *Reengineering the Corporation: A Manifesto for Business Revolution*, Hrper Collins Publishers, 1993.

James, S. , Christopher Nobes, *The Economics of Taxation*, Prentice Hall Europe, 1998.

Joseph Bankman, "The Economic Substance Doctrine: A Lecture in Colloquium on Tax Policy and Public Finance", New York University School of Law, 2000.

Musgrave, Richrd A. , Marian K. Rzyzaniak, "The Shifting of the Corporation Income Tax: An Empirical Study of Its Short – Run Effect on the Rate of Return", *Journal of Finance*, Vol. 19, 1964.

Musgrave, Richrd A. , *Fiscal Systems*, Yale University Press, 1969.

Nault, B. R. , "Information Technology and Organization Design: Locating Decision and Information", *Management Science*, No. 10, 1998.

Owen Hughes, *Public Management and Administration: An Introduction*, Macmillan Press Ltd. , St. Martins Press, Inc. , 1998.

Reuven S. Avi – Yonah, "Why Tax the Rich? Efficiency, Equity and Progressive Taxation", *The Yale Law Journal*, Vol. 111, No. 6, 2002.

Sandford, C. T. , *Successful Tax Reform*, Fiscal Publication, 1993.

Sour, D. L. , An Analysis of Tax Compliance for the Mexican Case: Experimental Evidence, Ph. D. Dissertation, The University of Chicago, 2002.

Spicer, M. W. , S. B. Lundstedt, "Understanding Tax Evasion", *Public Finance*, Vol. 31, 1976.

Stephen Holmes, Cass R. Sunstein, "The Cost of Rights: Why Liberty Depends on Taxes", *Public Choice*, March 2003.

Thomas Piketty and Emmanuel Saez, "How Progressive is the U. S. Federal Tax System: A Historical and International Perspective", NBER Working Paper No. 12404, Issued in August 2006.